湖南省教育厅科学研究青年项目（21B0615）
湖南省社会科学成果评审委员会一般自筹课题（XSP22YBC540）
湖南文理学院博士启动项目（22BSQD35）研究成果

编译文库

教育

彭恬静 著

通往卓越之路：
乡村基础教育教师专业发展研究

The Path to Excellence:
Research on the Professional Development of Basic
Education Teachers in Rural Areas

中央编译出版社
Central Compilation & Translation Press

图书在版编目（CIP）数据

通往卓越之路：乡村基础教育教师专业发展研究／彭恬静著. —北京：中央编译出版社，2025.1.
ISBN 978-7-5117-4792-1
Ⅰ.G635.12
中国国家版本馆 CIP 数据核字第 2025XG5351 号

通往卓越之路：乡村基础教育教师专业发展研究

责任编辑：	赵可佳　孙百迎
责任印制：	李　颖
出版发行：	中央编译出版社
地　　址：	北京海淀区北四环西路 69 号（100080）
网　　址：	www.cctpcm.com
电　　话：	（010）55627391（总编室）　　（010）55627362（编辑室）
	（010）55627320（发行部）　　（010）55627377（新技术部）
经　　销：	全国新华书店
印　　刷：	三河市华东印刷有限公司
开　　本：	710 毫米×1000 毫米　1/16
字　　数：	213 千字
印　　张：	16
版　　次：	2025 年 1 月第 1 版
印　　次：	2025 年 1 月第 1 次印刷
定　　价：	95.00 元

新浪微博：@ 中央编译出版社　　　　微　信：中央编译出版社（ID: cctphome）
淘宝店铺：中央编译出版社直销店（http://shop108367160.taobao.com）（010）55626985

本社常年法律顾问：北京市吴栾赵阎律师事务所律师　　闫军　梁勤
凡有印装质量问题，本社负责调换，电话：（010）55627320

前　言

百年大计，教育为本。中国是一个教育大国，乡村教育是我国基础教育体系的重要组成部分，是实现我国民族振兴、国家繁荣必不可少的基石。大力发展乡村教育是我国教育发展的重中之重。发展乡村教育、提高乡村教育的普及程度和水平，有助于让乡村孩子获得更好的教育，有助于阻断贫困的代际传递，有助于提高我国人口整体素质及人均文化水平。在乡村教育事业中，有一个群体发挥了关键作用——乡村教师。他们担负着让乡村孩子享受平等的教育的历史重任，是乡村教育事业中最重要、最根本的力量。乡村教师队伍的素质直接影响了人才培养成效和教育质量。知识改变命运，教育蕴藏财富。在大力推进乡村振兴的时代背景下，乡村教师要积极投身于乡村教育实践，在服务与奉献中发展和完善自我，提高业务能力。

目前，我国的乡村教育仍存在许多问题，例如乡村教育发展水平较低、学校地理位置偏僻、学校条件落后等。这些因素使得我国乡村教师的职业吸引力较低，无法及时补充高素质教师，造成乡村教师资源较差、教师配置不合理、教师素质偏低等问题，严重阻碍了我国乡村教育的发展。除了外在环境的制约，乡村教师队伍的专业发展现状也不容乐观。工作内生动力不足、职业倦怠、教育理念滞后且更新缓慢、信息化水平不高等问题，都不同程度桎梏着乡村教师的专业发展。

本书把乡村基础教育教师队伍建设摆在重要的战略地位，在系统阐述乡村基础教育教师专业发展内涵、背景及理论基础和发展走向的基础上，深入分析了乡村基础教育教师专业发展的特点与影响因素，并从心理健康和教学能力发展的角度，进一步论述了乡村基础教育教师专业发展最重要的两个方面，最后有针对性地提出了乡村基础教育教师专业发展的有效路径，以期为打造出一支素质优良、甘于奉献、扎根乡村的卓越的乡村基础教育教师队伍提供理论参考。

本书在编写过程中参考了教育领域的很多专家学者的著作、论文及科研成果，在此对相关作者表示诚挚的谢意。

因时间与能力有限，本书所涉及的内容可能存在遗漏、错误之处，恳请各位读者批评指正。

彭恬静
2021 年 8 月

目 录
CONTENTS

第一章　乡村基础教育教师专业发展概述 …………………… 1

第一节　乡村基础教育教师专业发展的内涵 ………………… 1

一、乡村基础教育教师的概念 ……………………………… 1

二、教师专业成长的含义 …………………………………… 5

三、教师专业发展的阶段 …………………………………… 5

四、教师专业发展的途径 …………………………………… 7

第二节　乡村基础教育教师专业发展的背景与困境 ………… 9

一、基于结构化理论对乡村基础教育教师发展问题的
　　分析 …………………………………………………… 10

二、结构化理论视角下中国乡村教师发展的困境 ………… 12

三、当代中国乡村教师发展的策略和建议 ………………… 16

第三节　乡村基础教育教师专业发展的理论基础 …………… 18

一、人本主义理论 …………………………………………… 18

二、社会支持理论 …………………………………………… 22

三、终身教育理论 …………………………………………… 26

四、信息技术与课程整合理论 ……………………………… 29

五、教师专业发展理论 ……………………………………… 30

第四节　乡村基础教育教师专业发展的走向 ………………… 31

一、城乡教师专业协同发展是乡村教师专业发展的方向 ……… 32
　　二、城乡教师专业协同发展的政策导向 ……………………… 36
　　三、城乡教师专业协同发展的意义 …………………………… 38
　　四、城乡教师专业协同发展的构建路径 ……………………… 39

第二章　乡村基础教育教师专业发展的特点与影响因素　43
第一节　乡村基础教育教师专业发展的特点 ……………………… 43
　　一、专业发展理念上重乡土情怀重建 ………………………… 43
　　二、专业发展知识上重乡土知识体系 ………………………… 44
　　三、专业发展能力上重乡村振兴建设 ………………………… 45
　　四、专业发展评价上重扎根乡土意识 ………………………… 46
第二节　乡村基础教育教师专业发展的影响因素 ………………… 47
　　一、乡村基础教育教师专业发展的外部影响因素 …………… 47
　　二、乡村基础教育教师专业发展的内部影响因素 …………… 52

第三章　乡村基础教育教师心理健康发展 ……………………… 57
第一节　乡村基础教育教师心理健康现状 ………………………… 57
　　一、乡村基础教育教师的工作压力 …………………………… 57
　　二、乡村基础教育教师的职业倦怠 …………………………… 65
第二节　乡村基础教育教师人格的完善 …………………………… 69
　　一、人格魅力的内涵及表现 …………………………………… 69
　　二、乡村基础教育教师应具备的人格魅力 …………………… 70
　　三、乡村基础教育教师人格魅力的培养方法 ………………… 72
　　四、新生代乡村基础教育教师的人格特征及重塑 …………… 76
第三节　乡村基础教育教师职业认同的提升 ……………………… 83
　　一、乡村基础教育教师职业认同的现实困境 ………………… 84
　　二、乡村基础教育教师职业认同的意义 ……………………… 87

三、构建乡村基础教育教师职业认同的支持体系 ……………… 88
　　四、乡村基础教育教师职业认同的提升路径 …………………… 92

第四章　乡村基础教育教师教学能力发展 ……………………… 96
第一节　创建适合乡村学生的学习环境 ……………………… 97
　　一、促进师生良性的交往互动 …………………………………… 98
　　二、构建校园和谐的心理氛围 …………………………………… 106
　　三、创造恰当且必要的保障条件 ………………………………… 110
第二节　选择适合乡村学校的教学策略 ……………………… 120
　　一、有序开展教学活动 …………………………………………… 121
　　二、综合运用教学方法 …………………………………………… 124
　　三、多样互补组织形式 …………………………………………… 127
第三节　设计适合乡村课堂教学的活动过程 ………………… 136
　　一、激发乡村学生的内生动力 …………………………………… 136
　　二、指导乡村学生的学习活动 …………………………………… 144
　　三、提高乡村学生的核心素养 …………………………………… 153
第四节　采取针对乡村学生特征的教学措施 ………………… 166
　　一、构建具有乡村特色的课程体系 ……………………………… 167
　　二、采取适合乡村学生的教学方式 ……………………………… 174
　　三、采取长善救失的育人措施 …………………………………… 177

第五章　乡村基础教育教师专业发展途径 ……………………… **184**
第一节　在与学生的和谐共生中寻求专业发展 ……………… 184
　　一、社会情境下构建师生共生体系 ……………………………… 185
　　二、学校管理中促进师生关系走向和谐共生 …………………… 190
　　三、教育主体间创建民主关怀的师生关系 ……………………… 198
第二节　在自我行动中获得自主性专业发展 ………………… 205

一、完善支持教师专业发展的制度……………………………………205
二、构建激励教师专业自我发展的管理方式……………………………207
三、唤醒教师专业自我发展的意识………………………………………209

第三节 在培训与研修中提升专业能力………………………………212
一、乡村基础教育教师专业发展培训的概况……………………………212
二、乡村基础教育教师专业发展培训的困境……………………………213
三、乡村基础教育教师专业发展培训困境的原因分析…………………214
四、乡村基础教育教师专业发展培训的对策……………………………215

第四节 利用信息技术促进专业发展…………………………………221
一、教师要主动提高自身信息素养………………………………………221
二、学校要改善信息化学习条件…………………………………………225
三、政府要优化投入，搭建信息化平台…………………………………229

附录 乡村基础教育教师人格的心理检核………………………………232

参考文献…………………………………………………………………239

第一章

乡村基础教育教师专业发展概述

教师是教育的基石。教育服务于中华民族伟大复兴这一目标，其中教师队伍的高质量、可持续发展必不可少，而教师的发展则必然伴随教师个体科学、合理的专业化成长。不管是乡村还是城市，教师都有着专业化成长的个人需要和职责要求。在我国的教育体系中，乡村教育有着重要地位，但乡村教育目前还处于相对落后的状态，且城乡间教育差距明显。相较过去，我国乡村教师队伍从数量到质量都有了显著提升，但仍有大量乡村教师在能力和专业水平上存在一些问题。培养一支师德高尚、专业基础扎实、教育教学能力和自我发展能力突出的高素质、专业化、有"乡村属性"的乡村教师队伍，既是实现城乡教育平衡的时代要求，也是乡村教师队伍专业化发展的现实需求。

第一节 乡村基础教育教师专业发展的内涵

一、乡村基础教育教师的概念

乡村基础教育教师是指在乡村地区对学龄儿童进行教育工作的教师，他们授课的主体是乡村学生。

乡村基础教育教师是乡村教育"活的灵魂"，也是乡村学生睁眼看世界的"引路人"。乡村教师的地位与重要性，事实上与乡村社会对待教育的态度息息相关。如果乡村教师具有较高的地位，那就意味着乡村地区的家长、学生比较认同可以通过教育来改变社会阶层、改变命运；反之，则说明乡村地区的人们对教育的不认同。所以，让乡村社会认可乡村教师群体，这不光关乎乡村教师的荣誉，还关乎乡村居民对教育的认同，更关乎我国未来的发展。要想建设好乡村教师队伍，提高乡村学校的教育水平，就必须为乡村教师赋能，有组织、有计划地提高乡村教师的专业能力与水平，提高乡村教师队伍的质量，缩小城乡教育差距，这对于实现中华民族伟大复兴的中国梦具有重要意义。

目前我国城镇化水平达47%左右，正以年平均1个百分点左右的速度增长。① 首先表现为乡村人口大量流向县城，乡村学生在县城继续完成学业，导致乡村学校逐年减少。而城市化进程的加快也导致了乡村教育问题突出，即乡村社区的"空巢化"和乡村学校的"空壳化"。虽然在义务教育均衡发展的推动下中央和地方财政给予了大力支持，也进行了数次的教学点撤并和结构布局调整，但是乡村学校整体落后的局面还是难以扭转。

从学校硬件上来说，在国家实施义务教育均衡发展政策后，乡村学校在硬件配备上有了很大的改善，但是在很多方面与城镇学校相比还存在着很大的差异。比如校舍、操场、校园环境等都比城镇学校要落后，甚至有的学校没有篮球场，体育场地严重不足，很多教学点教学楼破旧、设备落后。图1-1和图1-2显示了乡村与城镇两种截然不同的校园环境。目前乡村学校在经费方面是比较困难的，因为学生减少，经费也会随之减少，学校各项维修、物品购置都是不小的开销，学校的办公经费严重不足。在教学安排方面，以教师编制来说，有的完全小学，教

---

① 凌硕：《乡村教师专业成长的困境与对策研究：以广西P县乡村教师为例》，广西师范大学硕士学位论文，2020年。

学班级按照 1—6 年级划分，共有 6 个教学班，但是因为学生人数少，教师数量也相对较少，这样就造成了一个教师负责一个班级，形成包班的状况。面对日渐繁多的科目，很多乡村教师成了全科教师，每天不停地工作，没有充足的休息时间，导致教师的教学质量下降。

图 1-1　乡村学校操场

图 1-2　城镇学校操场

乡村学校的学生从小受到周围环境、父母关系及家庭教育的影响，这导致他们和城镇学校的学生或多或少地存在着一定的差异。乡村学校的绝大部分学生都是留守儿童，受环境的影响，很多学生不善于交流，见识较少，知识面比较狭窄，接受能力总体较差，而这些因素也导致了乡村教师在授课的时候遇到比较大的困难。个体差异也会影响乡村学生。一个班级里，尽管学生们的学习环境相同，但他们在学习习惯上有着很大的差异。这在一定程度上加大了教师的教学难度。为实现教学目标，教师通常会制订教学计划，明确教学要求，这些内容往往并不适合全体学生，而只适用于部分学生，这就造成了教师在课后还要对差异较大的学生进行个别辅导。而城镇学生的学习能力和接受水平相对平均，教师设计的教学内容基本可以适用于班级的绝大多数学生。

乡村学生和城镇学生的心理也存在着一定差异。很多乡村学生比较害羞，与城镇学生相比往往会显得更加胆小拘谨、不善言谈、缺乏自信，又害怕自己说错话被老师批评、被同学们笑话，久而久之就会在学习中出现不善于表达和不敢提问的问题。乡村学生的自卑感强，尤其对老师的批评非常敏感，遇到困难容易放弃，这种心理会导致他们对学习产生厌恶情绪，教师也从主动教学变成了被动教学。

在教育资源方面，城镇学生获得的教育资源明显多于乡村学生。在家庭教育层面，无论是家长的指导能力还是学生每天接受指导的时间，城镇家庭普遍要比乡村家庭有优势，而且存在着比较明显的差距。城镇家长对子女的学习有明确的要求，虽然乡村家长对子女的学习也有一定的要求，但是大多只局限于笼统的愿望，无法进行具体的、有计划的指导。在家庭教育态度和家庭教育方式层面，城区家长对孩子的教育会持有比较关心的态度，而乡村家长教育孩子则倾向于简单化、放任的态度。不少乡村家长都有着一种比较老旧的思想：我把孩子送到学校就是学校的事、老师的事，教不好也是老师的问题。文化水平偏低也是乡村家长教育和指导子女较为困难的原因之一。这不仅导致乡村家长对孩子的教育力不从心，更削弱了其在教育中的作用，尤其对于大量的乡村留守儿童，许多乡村教师扮演着教师与家长的"双重角色"。

二、教师专业成长的含义

教师是一份专业性很强的工作。教师向学生传授知识的过程，也是教师在教学生涯中不断成长、不断学习的过程，这是教师从新手到专家的专业成长必经之路。

每个人对于教师专业成长的认知都存在差异，有人认为教师专业成长是指以提高教师专业能力为目标，借助各类活动学习增强教师的专业技能，从而改善教学效果的过程；还有人认为教师专业成长主要是指教师专业结构的优化与专业能力的提高。根据目前学者的研究情况可知，教师专业成长和教师专业发展之间的界限还是比较模糊的。从成长及教师专业成长来看，成长更偏重于生态学角度，代表着生命由弱到强的过程；而教师专业成长则与教师的整个教育教学生涯相关，目标指向专业素养的提升。

教师专业成长包括教师的教学态度、教学观念、专业能力、专业水平等要素。教师的教学态度是教师对教学事业的基本态度，包括敬业精神、工作责任感、教学服务意识、职业操守、上进心等。教师的教学观念表现为教师对自身教学工作的理想和实践，这是教师对教育的理解，是教师从事教育工作的初衷。教师的专业水平表现为其对教育本身的理解及自身的理论水平、教学水平、专业知识等，这些都属于教师从事教育工作必须具备的专业水平。此外，教师还需要拥有专业能力，具体表现为胜任工作所需的能力，如教学能力、科研能力、组织能力等。

三、教师专业发展的阶段

相对而言，教师专业发展较为复杂，发展过程有着不同的成长阶段。对于成长阶段的差异、特征，学者们有着不一样的见解。

1969 年，弗兰西斯·富勒（Frances Fuller）编写的《教师关注问卷》中提及了教师专业发展的四个阶段，即任教前关注阶段、早期生存关注阶段、教学情景关注阶段、关注学生阶段。卡茨（Katz）则在此基础上提出了教师专业发展的四个阶段：求生阶段、巩固阶段、更新阶段、成熟阶段。而司德菲（Steffy）认为教师发展应该分为五个阶段：预备阶段、专家阶段、退缩阶段、更新阶段、退出阶段。费斯勒（Fessler）则更为细化地将教师职业发展阶段分为职前教育阶段、引导阶段、能力建设阶段、热情与成长阶段、职业挫折阶段、稳定与停滞阶段、职业衰退阶段、职业退出阶段。

在我国，吴康宁教授也对教师专业发展的阶段进行了划分，将其分成预期专业社会化和继续专业社会化两个阶段。叶澜认为教师专业发展应该分为五个阶段，即非关注阶段、虚拟关注阶段、生存关注阶段、任务关注阶段和自我更新关注阶段。申继亮提出教师专业成长主要包含学徒期、成长期、反思期和学者期。蔡培树认为教师专业发展需要经过适应阶段、能力培养阶段、成熟阶段、稳定阶段与后发展阶段。唐玉光依据职前、入职、在职对教师专业发展的阶段进行划分，分为职前准备阶段、入职辅导阶段、在职提高阶段。朱玉东按照时间划分了教师专业发展的阶段，即职前专业发展阶段与职后专业发展阶段。

表1-1　国内外学者对教师专业发展阶段的划分

学者	阶段数	阶段描述
富勒	4	任教前关注阶段、早期生存关注阶段、教学情景关注阶段、关注学生阶段
卡茨	4	求生阶段、巩固阶段、更新阶段、成熟阶段
司德菲	5	预备阶段、专家阶段、退缩阶段、更新阶段、退出阶段
费斯勒	8	职前教育阶段、引导阶段、能力建设阶段、热情与成长阶段、职业挫折阶段、稳定与停滞阶段、职业衰退阶段、职业退出阶段
吴康宁	2	预期专业社会化阶段、继续专业社会化阶段

续表

学者	阶段数	阶段描述
叶澜	5	非关注阶段、虚拟关注阶段、生存关注阶段、任务关注阶段、自我更新关注阶段
申继亮	4	学徒期、成长期、反思期、学者期
蔡培树	5	适应阶段、能力培养阶段、成熟阶段、稳定阶段、后发展阶段
唐玉光	3	职前准备阶段、入职辅导阶段、在职提高阶段
朱玉东	2	职前专业发展阶段、职后专业发展阶段

四、教师专业发展的途径

教师专业发展的途径有以下几种（如图1-3所示）：

（一）教学反思

教学反思是一种较为常见的教师专业发展途径，其主要是基于教师自身的经历、学生与同事的反馈、相关文献资料，对自身教育思维、行为进行审视、反省、分析。教学反思可以帮助教师增加理性自主分析，敦促教师不断成长。

林崇德教授从认知心理学和教师心理学出发，提出了一个新概念——教师教学监控能力。该能力主要强调教师需要将反思与监控融入工作，以便提升自身的能力。实质上，教学监控就是反思教学过程。谢维和也认为教师不光需要具备教育学生的能力，同时还需要及时反思自己的教学活动。熊川武基于前人研究中的反思型教学提出了反思性教学的概念。在他看来，反思性教学和操作性教学存在着本质区别。反思性教学的基础是解决教学问题，其动力是追求教学实践的合理性，有助于教师全面发展。俞国良等多位学者根据现有研究成果对反思训练方案进行了研究，提出了录像反思法、教学反思法等，这些方案可以帮助教师提升专业能力。

（二）行动研究

《国际教育百科全书》对行动研究进行了界定。行动研究是指为提升对所从事工作的认知，加深对实践活动的理解，在社会情境主体层面展开的反省与研究。以教师为例，教师的行动研究是其通过专业学习促进专业成长的方式，为提高自身专业能力，教师应当将这种方法融于生活，从行动出发，发现、研究并解决问题。教师作为教育情境的主体通过不断反省、研究，探索专业化发展道路。在某种意义上，行动研究不光是研究方法，还是教师专业发展的重要途径之一。它可以有效缩小实践与理论之间的差距，帮助教师实现"知、行、思"合一，有利于教师实现以人为本的教育理念。在实际教学过程中，教师可以将行动和研究进行巧妙融合，通过解决教学实践中的问题，提升专业能力。教师的专业能力决定其教学效果。

（三）校本培训

校本培训是以学校为单位面向教师的学习方式，内容以学校的需求和教学方针为中心。我国关于校本研究有如下观点：第一，校本研究可以基于不同的标准开展，如从学校整体水平进行、从部分或个别学科进行、从多个学校的合作进行；第二，校本培训需要基于本校的教学实际和教师需求，突出培训对象的主体性；第三，校本培训需要注意的是必须从教学实践出发，把基地安排在参训对象所在的学校，由学校组织负责。

从某种角度看，校本培训更像是一种理念。教师要实现专业发展离不开学校，而把培训、教研融于一体则是教师专业发展的策略之一，因此需要通过培训促进教师专业发展。校本培训是一种校内的在职教育形式，基于课程实际教学、教师教学实践，强调教学活动的重要性，从而帮助教师从实际出发提升专业技能与教学能力。此外，该培训方式还提倡教师进行自主学习，相互帮助。在资源利用方面，校本培训在重视校内资源的同时，也关注着其他高等学校和校外培训机构，并努力向他们争取指导机会。

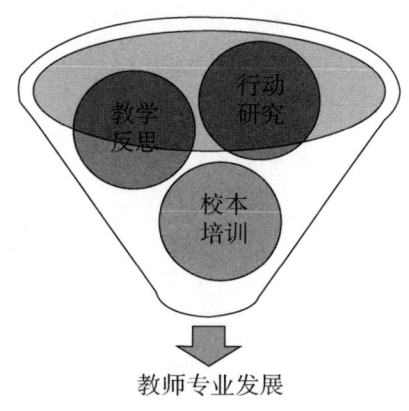

图 1-3　教师专业发展途径

第二节　乡村基础教育教师专业发展的背景与困境

在乡村教育改革的过程中，教师占据着重要地位，他们是改革的中坚力量，决定着乡村教育实践能否取得成功。乡村教师承担了新时代乡村教育的主要任务，因此必须提高乡村教师的专业素养和水平，才能保障乡村教育事业的繁荣昌盛。进入 21 世纪以来，我国非常重视乡村教育的发展，也非常看重乡村教师队伍的建设，出台了一系列相关文件，这为培养乡村教师队伍提供了政策导向。只有办好乡村教育，提高乡村教师的地位和待遇，支持乡村教育服务体系的建设发展，才能打造人民满意的高素质、专业化的乡村教师队伍。然而，由于农村文化空心化、边缘化等一系列问题，乡村教师队伍建设过程中出现了困境，我们有必要具体分析，找到有针对性的解决方案。本节基于结构化理论背景，分析中国乡村教师发展中的困境，同时探讨相应对策。

一、基于结构化理论对乡村基础教育教师发展问题的分析

结构化理论是社会学的本质，它把历史学、地理学融入社会学本体当中，通过时间向度上的探讨，合理地安排社会实践。结构化理论研究的主要目的是对人的存在和行为、社会的存在和社会转型之间的关系进行重新分配。结构化理论强调的是行动者的主观能动性和社会结构的客观地位，同时也强调社会结构和行动者行为之间不可分割的联系。结构化理论坚定不移地认为，无论是主体构建还是客体构建，其根本都必须结合社会实践。从这个角度来讲，社会运行系统存在着明显的结构化特征，在社会生产过程中不断地重复着结构与规则，所以结构化理论的核心概念就是结构的二重性、社会规则与社会资源。

（一）行动者

结构化理论认为，行动者也就是每一个个体都有自己成熟的认知能力，能够分配某种特定的权利。行动者的行动过程并不是不同行为的简单相加，而是一种持续进行的行为体系。行动者的行为可以分为多个环节和步骤，比如行为动机与行为过程，行为反思和监控，其中激发行为动机的过程并不是连续不断地结合在一起的，它包含所有行动的潜在可能。一般来讲，人们会制订不同类型的计划和方案为行动提供完整的保障。当然，在行动者的日常行动中，行为动机是隐形的，并不常被直接激发出来。理性化的行动指的是行动者对自己行为的理性化解释。理性化是一种动态的过程，它通常包含于行动者的行为资格当中。行为的过程监督是指行动者向他人展现出来的，并希望他人也如此展现的，对社会生活秩序的监控。一般来讲，行动者的反思性监控是以理性化作为前提和基础的。在人类的认知能力中，反思性是特别的存在，人们必须经过长时间的社会实践，才能使循环往复的概念根深蒂固。

（二）社会规则与资源配置

从结构化理论的角度看，人的行为是社会结构产生的根本。社会结

构一旦产生，就在某种程度上制约着每一个个体的自由，它表达的是社会关系和某种社会现象、人与人在各种机会下产生的不同类型的社会互动。人们通过不同类型的社会实践制定出符合自己人格的社会规则，而社会规则和社会实践又可以在实际生产实践中变成一般化的程序，最终在日常生活中按照比例进行协调。结构化理论认为，规则具有构成性和管制性。构成性指按照一定的规则衔接整套社会场合和社会情境，它是一种一般化的方法程序；管制性指行动者通过不断的社会劳动和社会实践，接受正式或非正式的法律制度约束，并且把这种规范进行内化，形成对自我行为的约束。但要注意的是，那些法律规则和法条语言并不是规则本身，它只是对规则的一种表述和解释。规则存在的前提条件是资源，资源根据性质可以分成配置性资源与权威性资源。通常而言，配置性资源包括部分物体、现象被转换和操控，而权威性资源的主体则是行动者，他们的控制转换能力被称为权威性资源。实际上，社会系统的各种类型的社会实践，并没有具体的、单一的结构，即便有结构，也是动态的、变化的。这个动态变化的过程被称为结构化。

（三）结构的二重性

结构的二重性是一个较为专业的概念，这也是社会结构化理论最为核心的概念之一。组织实践中存在的中介与结果都是社会系统结构的特征。回归到乡村教师发展的个体上，按照结构化的理论，乡村教师是具有一定知识、具备专业技能的行动者，他们可以利用生产规则和资源配置规则获取主体地位。乡村教师在日常教学活动中进行例行化和区域化教育，这就使他们的日常实践活动被限定在一定的空间范围之内。乡村教师以乡村学校为特定的范围，反复进行教学实践活动，这就构成了制度化的实践，最终制定了一定范围之内的社会制度，然而社会制度本身又是例行化日常实践的中介。我们不难发现，这一过程具有循环往复的特点，组织一系列具有规律性的社会规则和资源配置规则，体现出一定的制度性和规则性。无论乡村教师在场或不在场,也无论他们是否正处在教学活动中,这种已经形成的社会规则都不会轻易被改变,它具有时空记忆的性质;而处在特定教学情境中的行动者——乡村教师,通过教学活动使日常实践和教学活动中的知识进行生产和再生产。

二、结构化理论视角下中国乡村教师发展的困境

(一)社会资源困境

结构化理论认为社会结构具有约束性和促进性。其中,约束性主要有三种,即物质约束、负面约束、社会结构约束。物质约束指的是物质资源对人类生理特性的约束,负面约束指的是对某些行动者的惩罚性约束,社会结构约束指的是把行动者放在特定的社会情境中,通过社会结构性特征对行动者接下来的行为产生的既定的约束。社会结构约束一般来讲是通过行动者的动机和行为的理由,让行动者受到先前生活经验和成长过程的影响。

依照结构化理论,乡村教师在日常教学活动中受到的最大的约束来源于社会资源方面。社会资源是权利分配的前提条件,在乡村教育的特定范围中,主要包括配置性资源和权威性资源两种。配置性资源指的是教学所需要的基础设施,包括教学图书资料、教学经费、教学人员工资待遇和必要的教学物资设备。权威性资源指的是学校的经费投入标准、生活经费标准、教师交流制度、教师职称评选等。乡村教师可以利用这两种类型的资源加强身份认同和角色认同,同时这两种资源也是保障乡村教师顺利开展教学活动的前提。身份认同是乡村教师处在特定乡村教学环境中的一种自我认同。乡村教师在开展教学活动之前,甚至在走上教师岗位之前,要仔细思考教学活动的实施过程。因此,乡村教师资源配置主要是由复杂的关系和特定的过程构成的。受到乡村教学条件的限制,乡村教师接触到的社会活动关系比较单纯,这也就导致在日常教学

活动中很少有能够积累社会文化资源的机会。学校传统的管理规则和同事之间的关系会导致部分教师自我角色认同和归属感出现问题，也让社会大众对乡村教师这一个岗位产生认知偏差。

随着社会的发展，乡村教师的职业定位和自我抉择并不局限于乡村教学环境本身，还要结合学校所处的社会环境进行综合判断。当前乡村教师缺乏自我定位和自我认同，这导致他们不愿意用自己的行动去改善课堂风气、拓展教学空间。虽然乡村教师是名正言顺的教师，承担着社会赋予的责任，但是"乡村教师"这一概念的重点在于乡村，并不在于教师。在教师群体中，乡村教师貌似低人一等，好像他们的专业化水平本身就低于城市的教师。在公众的概念里，乡村教师专业理论、专业技术和专业教学质量都有待提高，这容易让乡村教师先天就带有被歧视的色彩。站在结构化理论的角度，权利本身并不等于资源，但又是得到资源的必要条件。随着资源支配的去中心化，乡村教师在自我身份认同上开始了不断调适自我心理的过程，他们在乡村教学环境中与其他的教学要素形成了依附和被依附的关系。乡村学校可以使用的教学资源并不多，在资源分配上也存在一定的不合理性，同时，乡村教师没有多少机会表达自己的意见，无法深入参与学校的发展建设。即便他们对学校的教学有各种建议，考虑到人际关系和自己的生存发展，也不会主动建言献策，而教师话语权的丧失就是教师自我身份认同的丧失。除此之外，在开展乡村振兴系列工作时，虽然号召一切为了乡村教师，但并没有把乡村教师的权利保障落到实处，导致乡村教师养成了被动等待救赎的习惯，进一步阻碍了乡村教师专业成长的步伐。

（二）社会规则困境

除了社会资源，社会规则也会给乡村教师的专业发展造成困境。社会规则是从社会总体的时空中延伸出来的实践活动，同时社会规则和社会资源又通过社会实践再次被制造出来。从乡村教师的角度来说，乡村教师在教学过程中的活动受到相关政策、组织纪律、职业规范、上级检查等多种约束。但是乡村教师作为行动者具有主观能动性，他们在行动的同时能够监督自己的思想，这就产生了另外的规则。乡村教师按照规则来维护日常的教学活动，但是他们本身在某个范围中就是弱者，面对某些强大的规则，为最大限度地保护自己的合法权益，他们会用隐秘的抵抗或者不合作的方式进行抗争。学校教学活动的政策执行者是上级部门，负责的工作主要包括教育政策、课程改革和非教学工作，需要学校领导自上而下贯彻，但是有很多要求已经超出了资源配置的范围，也超出了一个普通教师能够承受的限度。

时代在不断地变化和进步，由于课程改革，教学方法和教学模式也必须随之改变。乡村教师的自我成长跟不上时代的步伐，这使他们在教学活动中无所适从。教师在这样的环境下很难获得自我成长，导致他们中的很多人会用消极的态度应对，无法产生良好的效果。在学校方面，乡村教师比城市教师承担更多的学生管理责任。除了不同的教学工作，乡村教师还要管理学生的住宿和饮食、对学生进行思想教育、关爱留守儿童、关注学生的日常起居，还有一些乡村学校要求乡村教师建立学生档案，对学生进行家访，除此之外还有教育扶贫等一系列工作。与日俱增的工作量和他们实际获得的工资待遇是不匹配的。工作量的增加难免会导致乡村教师心生不满，他们会采用一些隐秘的对抗方式，比如发牢骚、偷懒、得过且过、开小差，我们将其称作消极反馈。他们既不会彻底反抗，也不会彻底服从，而是采取一种一定限度的自我防卫来维持自己内心秩序和外界规则秩序的平衡。这也就是部分乡村教师在实际教学中容易出现懈怠的原因。他们仅仅把乡村教师这个岗位当作养家糊口的营生，没有付出自己的感情，抱有只要不丢掉这个饭碗就好的心态。加之工作评价体系建设不完善，这也成为部分乡村教师混日子的缘由。

社会是由无数个个体组成的，人们是否愿意服从制度和规范，主要取决于人们内心是否认可规范的公平性。还有一部分乡村教师出于工作原因必须长期居住在乡村，但是他们的家属却居住在城市。两地分居，会使他们被家庭事务所累；两头奔波，会使他们对职业产生烦躁感。在结构化理论的视角之下，制度化的实践减少了乡村教师的教学热情，很多乡村教师出现了应付教学的心态，导致学生成绩不断下滑。这种状况一方面挫伤了教师的教学积极性，另一方面也使学生的学习积极性下降。优秀的学生资源和优秀的教师资源流失，良好的教育氛围始终无法形成，导致教师和学生都抱有混日子的态度。

（三）自主发展和专业文化困境

除了制度和资源方面的原因，乡村教师的自我发展和专业文化方面也存在着困境。乡村教师的个人发展除了要有外部推动，也需要有内部自主发展的意识，这也就意味着乡村教师需要承担起更大的社会责任。根据以往的文献资料可以发现，乡村教师缺乏内部发展动力，导致自我发展受到一定的限制。具体而言，乡村教师缺乏自我学习、自我转变的动力，他们中的很多人都具备良好的专业知识，也具有丰富的乡村教学经验，但是他们并不能及时把自身发展的需要和社会需要进行结合。这在教学活动中表现为难以把握自身所处的阶段和自己的角色定位，缺乏自主发展的科学手段和整体规划；在教学方法上表现为模仿城市教师，没有乡村特色。

同时，乡村教师缺乏自主发展的动力和教学反思能力。很多教师没有关注到学生的情感表达，也不重视对学生价值观、心理健康的培养。乡村教师虽然能够进行学校校本课程研究，但是思维和事业发展有很大的局限。部分教师的教学反思停留在浅显的层次上，无法看到问题的本质和关键，无法形成个性化的教学方法，也无法改变传统教学的弊端。在专业文化上，人类的行为动机在很大程度上受到文化的支撑和影响。乡村教师的自我发展也是这样，乡村环境带来的特定社会文化是影响乡村教师教学行为的关键要素。当前，很多乡村教师虽然接受了朴实的教师专业能力培养，但是缺乏文化自主性和批判性，并没有主动接纳乡村文化，而是把自己排斥在乡村文化之外。

造成这一现象的原因也是多方面的。一方面，很多乡村教师从小接受的是城市的文化教育，城市的教育方式自然会影响他们的潜意识。如果不加强自我调整，他们就容易在乡村生活和工作中被边缘化。同时，在乡村教育专业活动中，乡村文化无法以重要的地位出现在以城市文化为核心的课程体系中，造成乡村文化整体被排斥和边缘化。另一方面，在边缘化的影响下，乡村教师容易出现角色和身份的矛盾与混乱，造成个体与群体文化自信的缺失。如果乡村教师不认可自我价值和岗位价值，那么在低自我认同的心态中就容易出现新一轮的文化困境。

三、当代中国乡村教师发展的策略和建议

（一）提高乡村教师待遇

推动我国乡村教育发展，摆脱乡村教育的困境，首先要做的事就是提高乡村教师的地位和待遇，帮助乡村教师提高生活水平、减小生活压力，让乡村教师队伍能够真正留得住人才。提高乡村教师待遇在我国已经推行了多年，但执行效果一般。很多乡村学校没有教师招聘自主权，乡村教师的职称评审也无法由学校自主决定，因此他们的工资待遇和地位的提升大都停留在政策宣传层面，无法很好地落到实处。改善乡村教师的生活条件一定要依靠国家政策的支持，乡村政府要不断加大扶持力度，从根本上解决乡村教师面临的诸多问题，真正做到帮乡村教师解决后顾之忧，这样才能让乡村教师安心执教。

（二）优化顶层设计

从顶层设计的角度看，我国已经制定了各种各样的法律法规保护乡村教师的权利，《中华人民共和国教师法》和后续出台的一系列政策性文件都明确规定了我国教师的平均工资待遇不低于当地公务员的平均工

资待遇，并且教师工资必须按时足额发放，要求各地政府和教育行政部门坚决执行。随后，我国在多个地区设立了教师专项资金，对于贫困地区的乡村教师给予特定的生活补助。《关于加强新时代乡村教师队伍建设的意见》是中国特色社会主义新时代的重要文件，强调了乡村教师待遇保障机制建设的重要性。以上这些政策措施都体现了政府有关部门对改善乡村教师待遇的决心和重视。

在具体政策执行层面上，我国地方政府改善了乡村地区的办学条件，新建了基础设施，改善了乡村教师的衣食住行等各个方面的物质条件，建立了较为完善的社会保障机制。在舆论宣传上，消除了公众对乡村教师的偏见，努力维护乡村教师的形象，让乡村教师获得应有的尊重。只有从制度上保障乡村教师的合法权益，提高乡村教师的生活待遇，才能从根本上解决乡村教师的后顾之忧，让他们以饱满的精神状态投入日常教学工作中，从根本上促进乡村教师队伍的稳定性。

（三）加强教师的角色认同和身份认同

除了制度和政策的保障，推动乡村教育发展还应当从教师自身解决问题，要加强乡村教师的角色认同和身份认同，培养乡村教师的乡土情怀。这主要包括两个方面：第一，要培养乡村教师的乡土教育情怀，让其在价值观和情感层面上认同自己的乡村教师身份；第二，要提高乡村教师的教学能力，让其在实际教学质量和教学基础上认同自己在乡村教育中的贡献。乡村教师的乡土教育情怀包括正确的乡村教育价值观，正确的乡村传统和乡村归属感、自豪感。乡村教师要具有乡土教育情怀，有责任感和使命感，在教学过程中不能两耳不闻窗外事，还要密切关注乡村社会的发展现状，关注当地农民的生存状况，要对农村留守儿童给予特别的关照和爱护，这些都是乡土教育情怀的重要来源。乡村教师如果想实现职业目标和人生理想，就必须在乡土教育情怀中自我发展和自我成长，用乡村特别的文化符号勾画出乡村教师独一无二的风景线。

（四）建立健全乡村教师评价体系

推动乡村教育发展，提高乡村教师队伍发展质量，还要建立健全乡村教师评价体系。建立健全乡村教师评价体系，要用完善的教学过程评价和教学结果评价促进乡村教师的自我发展。针对传统教师评价的不足，导入发展性评价，把评价和乡村教师教育工作的实际情况有机整合起来，让社会大众看到乡村学校发展的艰难和乡村教师工作的艰辛。建立健全乡村教师激励机制，要为乡村教师的自我发展提供足够的动力，努力为乡村教师打造良好的工作环境，提升乡村教师的社会地位和职业成就感。除此之外，还要建立优胜劣汰的淘汰机制，为乡村教育留下真正有志于从事教育、热爱教育的优秀人才，对混日子的教师要予以劝退，并为乡村教师队伍注入新的血液。

综上所述，在结构化理论背景下，中国乡村教师发展还面临着诸多挑战和困境。面对这些问题，要提高乡村教师待遇，建立健全乡村教师评价体系，加强乡村教师角色认同和身份认同，优化顶层设计，从多个角度打造高质量的乡村教师团队，为乡村教育和乡村教师队伍建设添砖加瓦。

第三节　乡村基础教育教师专业发展的理论基础

一、人本主义理论

人本主义理论以正常人为研究对象。它认为真正的心理学应该将健康正常人的心理作为研究对象，关注人的价值、尊严、潜力、创造力、积极情绪和自我实现。人的自然发展倾向不是趋乐避苦的狭隘私利，而是在基本满足生活必需的基础上，追求真、善、美等精神需要或心理需要。

(一) 以人为中心的教育思想

卡尔·罗杰斯（Carl Rogers）是美国人本主义理论的创始人之一。他认为，人都有一种与生俱来的动机性驱动力，它会赋予人们强大的生存力量，并鼓励个人探索世界、获取知识，形成一种更能发挥人的潜力、让人更快乐的生活方式。罗杰斯创造了以访客为中心的疗法，既不探索访客的潜意识区域，也不试图改变访客的行为反应，而是让访客产生了解自己、改变自己和他人的观点，激发自我导向的内在潜力。在咨询中，访客追求平等的咨询关系，他们以自己为中心，关注自身的主观体验。罗杰斯以人为本的教育思维建立了咨询师和访客之间的关系，将咨询从咨询师的知识和技能转移到访客更明显的心理问题上。人性、需要、理解等要素对于心理教育事业具有独特的意义。

此外，罗杰斯还表达了自己对心理学家资质的独特理解。他认为，即使没有医学学位的人也可以进行心理咨询，这取代了长期存在的观念，即只有受过专业训练的精神科医生才能治疗心理问题。他还改变了当时咨询过于依赖心理测试的情况，拓展了心理咨询领域。

(二) 自我实现的健康追求

在心理健康的研究方面，亚伯拉罕·H. 马斯洛（Abraham H. Maslow）最为著名。在马斯洛的理论体系中，需求层次理论和健康人格理论是重要的组成部分。需求层次理论将人类的需求从低到高分为五个层次（如图1-4所示），它认为人的行为是由动机驱动的，人的动机是由需要激发的，人的需要是人的本性，各个层次的需要既是有序排列的，又是一个连续体。当人们的基本需求得到满足时，就会产生更高的需求，人们的意识生活就会被更高的需求主宰。自我实现需要处于最高层次，人们需要充分发挥自己的潜力，实现自身的发展，这是人的本性。

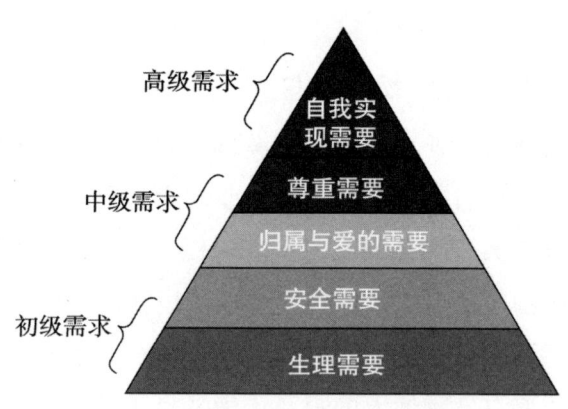

图 1-4 马斯洛的需求层次理论

马斯洛认为自我实现是个体追求未来最高成就的人格倾向，是人最高层次的需要。人要激发自身潜力，可以从自身的欲望着手。此外，马斯洛还提出，基本需求并不能决定所有行为，部分行为是非动机的。由此可见，除去动机，还有许多可以决定行为的非动机因素。

一个人要达成自我实现，就必须经过成长。因自我实现产生的动机可以看作成长性动机。潜能的产生离不开自我实现的欲望。因此，教师专业成长也需要把自我实现作为动机。教师专业成长可以帮助其更好地肩负起教育重任，帮助其取得成功、实现价值。就如同画家通过作画实现自身价值，音乐家借助音乐创作实现自身价值，运动员必须努力训练才能成为冠军，而教师也必须提升自己的专业水平才能成为专家型教师。教师是传播知识的人群。教师也是社会人的一种，他们同样具备其他社会人的需求。此外，他们还有着职业特定需求。因此，在管理教师的过程中，学校需要基于教师的自身情况判断其某一时期的需求，以便为其创造更好的条件，促进其专业发展。

生理需要指人类维持自身生存的最基本要求，是人类最原始、最基本的需要。马斯洛把生理需要分为呼吸、吃喝、睡眠等方面。如果人们不能满足这些需求，那么生理机能将不能运转，生命还会受到威胁。仅考虑需求的必要性，生理需要也是排在首位的。当人们的生理需要得到一定程度的满足后，其他需求才会逐渐成为新动力。教师生理需要为教师专业发展提供了物质基础，是推动教师发展的强大动力。因此，学校应当关注教师的生理需要，并尽力满足其合理需求，保障待遇，积极改善办公条件，确保教师办公和教学设备的相关问题得到解决。

安全需要指人对安全、秩序、稳定及免除恐惧、威胁与痛苦的需求。根据性质不同，可以将安全需要分成多个模块，如人身安全、资源所有性等。在满足安全需要的组成中还包含科学观与人生观。在马斯洛看来，人类追求安全，其各种感官是用于寻求安全的工具，当人有安全需要时，会产生拥有安全感的欲望、自由的欲望、防御的欲望。在教师专业发展的过程中，学校要为教师提供安全的工作条件，让教师获得稳定的生活环境，在专业发展的同时可以放心地开展教学工作。上级要在工作中肯定教师在教学上的探究，及时和教师沟通，避免他们在教学活动中缺乏安全感。

社交需要也叫归属与爱的需要，是一种群体情感，指人们渴望得到家庭、团体、朋友、同事的关怀爱护和理解，是人们对友情、信任、温暖、爱情的需要。感情上的需要比生理上的需要更加细致，这和一个人的生理特性、经历、教育、宗教信仰有关。社交需要是难以察悟、无法度量的。社交需要人与人之间的交流，学校要在促进教师专业发展的同时建立教师团队，让教师有团队协作的机会，在集体的环境中发展。

尊重需要属于较高层次的需求，如成就、名声、地位和晋升机会等。尊重可以分为自我尊重、自信心、成就、他人尊重等。马斯洛提出，人们对于自身的社会地位有一定的期望，他们希望社会能够承认其能力与成就。尊重可以细化为两种，即内部尊重与外部尊重。其中，内部尊重主要表现在人的自尊方面，人们希望自身能够具备实力、具备自信心；而外部尊重则主要表现在社会方面，即个人希望可以拥有地位与他人的尊重。马斯洛觉得应当满足人的尊重需要，以便提高人的自信心，提升人对社会的热情，促进人实现自我价值。

二、社会支持理论

（一）社会支持的概念

早在1960年前后，人们就对生活压力与身心健康之间的关系产生了疑问。由此，不少的心理学学者开始对社会支持进行探索。20世纪70年代初期的精神病学资料便提及了"社会支持"一词，其研究主题是心理失调的社会原因。社会支持最早出现在社会病原学中，说明社会成员的心理受到网络、互动等因素的影响。但社会支持目前还没有一个确定的概念，造成该现象的原因是研究社会支持的学者类型较多，他们看待社会支持的角度不尽相同，使得他们无法对社会支持持有相同的看法。社会支持包含社会联系、网络等，这些都可以用于代表研究对象。在梳理国内外相关文献后，我们可以从五个角度界定社会支持：

一是从功能角度界定。约翰·柯布（John Cobb）认为社会支持属于信息，可以细化为三个层面：第一是让个体相信自己被关心，第二是让个体认为自己具备价值，第三是让个体认为自己属于团队。在《新大学词典》中，诺亚·韦伯斯特（Noah Webster）对社会支持进行了界定，即社会支持是有利于支撑事物的一种行为或过程。康恩（Kahn）等多位学者提出，社会支持是指人与人之间的互相帮助、互相关心。此外，科恩（Cohen）、麦凯（Mckay）也对社会支持进行了定义，认为社会支持是有益的人际交往，它可以有效帮助人们降低压力造成的不利影响，有助于人们适应人际环境。

二是从来源角度界定。桑普森（Sampson）提出，社会支持是一种感知，主要是个体对于一些外部支持的感知。马奈克（Manac）认为社会支持是由他人做出的一些支持性行为，此类行为可以帮助个体更好地适应社会，降低不利环境的影响。陈成文、潘泽泉等学者提出社会支持可以分为三个部分，即主体、客体与介体。其中，社会网络是主体，包含个体、群体与国家的关系；客体主要指接受社会支持的对象；介体则是社会支持的方式，它能够连接客体与主体。

三是从社会资源的作用角度界定。黄希庭将社会支持界定为：情绪支持，如共鸣、情爱、信赖；手段支持，如援助；情报支持，即提供应对情报；评价支持，即提供关于自我评价的情报。韦尔曼（Wellman）和沃特利（Wortoley）则认为社会支持包括情感支持、小宗服务、大宗服务、经济支持和陪伴支持。卡特纳（Cutrona）和罗素（Russel）将社会支持分为情感支持、社会整合或网络支持、满足自尊的支持、物质性支持和信息支持。程虹娟将社会支持划分为情感支持、物质支持、信息支持和陪伴支持。

四是从社会支持分类方式的角度界定。社会支持可分为客观支持、主观支持和对支持的利用度。客观支持也被称为实际社会支持，该种支持包含物质援助、社会网络与团队参与。主观支持属于领悟社会支持，该种支持主要是情感方面的，是个体因受到社会尊重而产生的。利用度则代表支持被主体利用的程度。

五是从多心理学角度界定。林崇德负责主编的《心理学大词典》将社会支持的来源分为家庭、亲友、社会，这些方面对个体精神、物质的帮助被认定为社会支持。社会支持在一定程度上会对个体的心理适应性产生作用，特别是针对应激反应，社会支持可以产生一定的缓和作用，可以稳定个体情绪，提升个体信心。社会支持还可以帮助处于应激状态的人获得外部力量，从而走出困境。

目前虽然已有许多学者站在不同角度界定"社会支持"一词，但从上述内容来看，社会支持的基础就是社会网络。社会支持是人与人之间的社会交换、互动，从精神或物质上借助社会网络帮助社会上的弱者。

（二）社会支持的分类

目前，国外已有不少学者将因子分析等研究方法运用于研究社会支持中。比如韦尔曼使用因子分析方法对社会支持进行划分，将其细化为五种内容，即情感支持、经济支持、大宗服务、小宗服务与陪伴支持；库恩等学者则是把社会支持分成四种，即归属性、物质性、赞成性、满足自尊的支持；柯布将社会支持细化为情感支持、网络支持、物质性支持等；罗素等学者同样也对社会支持进行了分类，将其分成信息支持、情感支持、网络支持等。综上，社会支持主要有四大类，即情感支持、物质支持、信息支持与陪伴支持。

从社会关系角度，巴雷拉（Barrera）与安莱（Alain）把社会支持分为物质帮助、行为援助、亲密行为、指导、反馈、积极交往六种。其中，物质帮助主要是指通过金钱或其他物质实现的切实帮助；行为援助主要是分担体力劳动的工作；亲密行为是倾听、尊重，表示关心、理解等；指导是指提供帮助、信息和建议等；反馈是指提供一些能够帮助社会支持对象的个人反馈；积极交往是指参加娱乐和放松的社会交往。

依据社会支持主体的不同，林顺利与孟亚男把社会支持分成了政府与组织主导的正式支持、社会负责的准正式支持、个人网络所能给予的社会支持、社会专业人士的专业技术性支持。此外，肖水源提出可以根据个体的主客观感受将社会支持分成物质援助、社会参与的客观支持和个体因受到尊重而产生情感体验的主观支持。

依据肖水源提出的分类方法，可以将乡村教师专业发展时接受到的社会支持分为两类，即主观支持和客观支持。其中，客观支持是乡村教师专业发展时所能取得的客观可见的支持，例如物质援助、社会网络的参与等。乡村教师专业发展中客观支持的来源主要有政府、学校、教育部等。而主观支持则是指乡村教师在专业发展过程中主观感受到的情感支持，具体表现为乡村教师因受到社会尊重所获得的情感满意度。这种支持主要和个体感受挂钩，其来源一般为社会。

（三）社会支持系统的构成

作为系统结构，社会支持是比较复杂的，通常可以将社会支持系统分成三个部分，分别为主体、客体、内容和形式（如图1-5所示）。

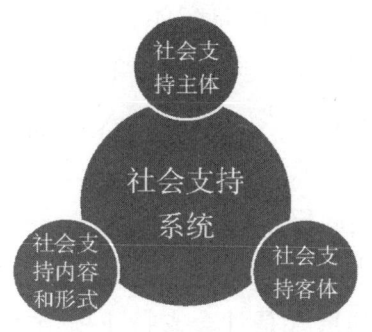

图1-5　社会支持系统

1. 社会支持主体的理论研究

张建明、章谦等多位学者在狭义和广义上对社会支持进行了区分。从广义上看，社会支持的主体是给予社会成员社会支持的国家和政府；而从狭义上看，社会支持的主体是提供社会支持的个人或者团队。基于人与关系两个角度，张文宏与阮丹青对社会支持提出了自己的看法，即社会支持的主体为个人与他人间的相互信任关系。陈成文从社会学的话语规则出发，将社会支持的主体界定为社会网络。由于涵盖了个体、群体、国家三者之间的关系，这样的界定方式能够更加准确地把握社会支持的功能边界。

2. 社会支持客体的理论研究

关于社会支持客体的界定也一直存在争议，迄今为止没有一个统一的学术观点。关于社会支持客体的争论主要集中在哪些人能够成为社会支持的客体。一些学者认为社会中的每个成员都可以成为社会支持的对象，社会支持应当是一种具有普遍意义的行为。另一些学者认为社会支持的对象应当经过一定条件的筛选，社会支持并不是一种具有普遍意义的行为。学术界的大多数研究者都同意后者的观点，认为社会支持的客体就是社会弱者。社会弱势群体是社会支持的对象，他们生活困难，无法凭借自身力量维持一般的社会生活标准。陈成文特别强调，人是社会关系的总和,生活在社会中的人都会需要他人的帮助、支援。正因如此,一些研究者对于社会支持的客体只是笼统地界定为"人"或者"人们"。从社会学意义上说,并非所有的"人"或者"人们"都能成为社会支持的客体,只有"人"或者"人们"中的特定群体才能成为社会支持的客体。因此,从更为科学的意义上说,社会支持的客体只能是居于社会分层结构最底层的社会弱者。

3. 社会支持的内容和形式的理论研究

社会支持的内容和形式是社会支持主体与社会支持客体之间的纽带,它将二者联系在一起。因此可以将社会支持的内容和形式理解为社会支持的介体。在理论研究中很难将内容和形式分开,因为社会支持的内容决定着社会支持的形式,社会支持的形式在一定程度上反映了社会支持的内容。所以很多学者在研究时是不将二者分开的,而是将它们作为一个问题进行研究。综合一些学者的观点,大致有以下几种①:

(1)"两介体论",这种观点认为,社会支持的内容和形式是物质支持和精神支持;

(2)"三介体论",这种观点认为,社会支持的内容和形式包括三个方面,即社会处境支持、知觉的社会支持与行动化支持;

(3)"四介体论",这种观点认为,社会支持有四个方面的内容和形式,包括物质救济、生活服务、精神慰藉和道义声援。

三、终身教育理论

(一)终身教育的概念

终身教育是 1965 年由法国成人教育学者保罗·朗格朗(Paul Lengrand)首次提出的。他认为终身教育应该使终身学习成为可能,各级教育的实施必须协调统一,各级各类学校要统筹整合。他还提出应支持

---

① 李存生:《乡村教师专业发展引论》,北京:人民出版社 2018 年版,第 55 页。

和促进区域文化中心的教育功能,完善公民实行工作时间规定、教育休假、文化休假等相关制度,在教育的所有领域引入终身教育的概念。

1972年,联合国教科文组织发布了《学会生存——教育世界的今天和明天》的报告。该报告指出,终身教育涵盖了教育的所有方面和内容,还包括整个教育过程等。

在终身教育研究方面我国也紧跟国际发展形势,许多研究者进行了解读和研究,并取得了丰硕的成果。朱敏和高志敏运用历史研究和比较研究的方法,就终身教育、终身学习和学习型社会三个方面的基本内涵、主要政策和实践措施的发展和成因进行了考察,并指出三者存在的共同之处,即教育与学习应该是终身的、全面的、开放的,应该被视为每个人参与社会发展的普遍的基本权利,应该以人的全面发展为最终责任。

华东师范大学的高志敏教授在其关于终身教育的著作《终身教育、终身学习与学习化社会》中指出,教育过程必须是连续的、终身的,教育内容必须是全面的,教育空间必须是开放的和社会的,教育目的必须是双重的。

吴遵民研究了我国终身教育发展的历史,提出我国终身教育发展的四阶段论,即酝酿期、初始期、摸索期和深化期。

总之,终身教育不是一种特定的教育形式,而是一种指导教育改革发展的理念,它的表现形式随着时间和环境的变化而变化。终身教育强调人民持续、全面、终身的发展,对我国教育改革和社会发展产生了重大影响,已成为社会各界关注的焦点。

(二) 教师终身教育的内涵

自从20世纪80年代,特别是90年代以来,世界各国无不关注教师教育,教师教育成为全球教育改革的突破口,其目的是推动教师专业化发展。而专业化教师队伍建设的关键是培养具有终身学习理念、拥有自主学习能力的教师群体。因为终身学习已成为每个社会成员未来的基本生存方式，那种"一朝学成而受用终身"的观点已经过时，人们再也不能只通过一段时间的集中学习，获得一辈子享用的知识技能。只有主动去掌握新概念、学习新理念、研究新问题、培养适应新环境的能力，才会使自己终身受益。终身学习是21世纪的基本生存方式，教师必须不断强化自身学习，树立终身学习观念。终身学习应该成为现代教师的职业素养和习惯。

新时代我国教师的职责是贯彻国家的教育方针，培养为社会主义现代化建设事业服务的，具备良好道德素质、文化素质、身体素质、心理素质、劳动素质和审美素质的全面型人才。学校能否遵循社会主义办学方针，能否培养社会主义事业的接班人，教师的作用不可小觑。学生的德育问题不能忽视。为了实施高质量的教育，我们坚持"五育并举，德育至上"的方针。教师首先要有德行，正确的教育观念和思想在教育发展中非常重要。正确的教育观念会培养人才，而错误的教育观念会摧毁人才。教师的政治观、道德观、教育观、世界观和人生观会直接影响学生。教师要先自强，教育者要先自律。教师终身都要注重提升思想修养，加强现代教育理论，以及国家教育政策、法规和文件的学习与研究。"学为人师，行为世范"，教师要在传道授业的同时引导学生树立正确的价值观，将学生培养成为全面建设社会主义现代化国家奋斗的品学兼优的人才。因此，教师的终身教育是一种必然的要求。教师的终身教育需从两个方面切入：

（1）学习提高内在素质。学习是一种能力，是人类生存和发展的条件，现代教师专业发展需要终身学习。构建终身学习体系不可能一蹴而就，必须利用社会的方方面面，让人们真正感受到学习的必要性和重要性，主动提升内在素质，实现社会和谐发展。

（2）学习提高教学水平。教师对人的教育和培养负有很大的责任。为了很好地发挥引导学生的作用，教师必须经常更新自己的知识内容和结构，保持好奇心，提高获取新知识的能力。

（三）教师终身教育的作用

1. 提高课堂教学效率

随着社会的发展，知识领域不断扩展，教材不断更新，学生的知识水平也在不断提高，教师只有通过不断学习、终身学习，才能提高自己的专业水平，创新教学方法，从而提高教学效率。

2. 促进教师专业发展

教师在培训过程中能够主动获取新知识，但由于年龄、时间、精力等因素的限制，加上新知识产生的速度远超过人们学习的速度，教师最初的专业知识尤其是课外知识，随着时间的推移逐渐被遗忘，教师甚至跟不上时代的步伐，缺乏新的知识和技能。因此，终身教育为教师提供了知识与技能的有效获取途径，教师的专业发展需要教师终身学习，做好现代教育教学工作更需要教师终身学习。

3. 带动学生树立终身学习的观念

教师要转变观念，不仅需要改变传统的传授者的角色，还要在学生的学习中引导和教育学生，不断拓展他们的知识面。教师需要提高知识储备和教学方法，"活到老，学到老"，不光自己要终身学习，也要推动学生成为终身学习者。

四、信息技术与课程整合理论

早在1959年，世界首个教辅教学系统被美国IBM公司开发出来。发达国家运用信息技术教学大致可以分为三个阶段，分别是辅助教学阶段、辅助学习阶段、信息技术与课程整合阶段。最后一个阶段是对前两个阶段的升华，它重点关注信息技术对教学环境的影响，这种教学环境需要满足情景创设、信息获取、相互协作等多个要求。由此可见，信息技术与课程整合要达到的目标，就是落实教师专业发展和信息素养的提升,这也是当前课程改革的目标之一。

当下的教学中,信息技术与课程整合是教师教学不可缺少的部分。数字化学习是信息技术与课程整合的核心。在信息化快速发展的时代,信息化教学在城市学校和乡村学校得以普及。信息化教学是当前现代化教学不可缺少的部分,以网络技术和多媒体为核心的设备已经成为教师上课不可缺少的教学工具。信息化教学更是和现代的教育理念相结合,运用信息技术优化教学过程,在教学过程中可以让学生更加直观地学习,更好地培养和提高学生的信息素养。信息技术的发展,使得学生的学习不局限于课本,它打破了过去借助黑板授课的模式,让学生的视野更加开阔,让教师的教学内容更加丰富多彩。时代的发展也赋予了教育信息化新的使命,让教育信息化从1.0到2.0,有力推动了教育信息化的升级。为了扩大信息化的应用,教育部在2018年颁布了教育信息化2.0计划。信息技术与课程结合顺应当前教育发展的需求,是教育手段发展的必然选择。

新一轮基础教育课程改革明确指出要将信息技术与课堂教学有机结合起来,要让信息技术成为日常教学的一种教学工具和教学方式。教育部针对实际情况提出了通过信息化促进教师专业发展,培养一支高质量的教师队伍,因此有必要进行教师培训改革。信息技术与课程整合的过程不仅是教师运用现代化信息技术教学的过程,也是教师在专业发展中不断学习的过程。

五、教师专业发展理论

教师专业发展理论可以指导教师进行专业发展,能够为教师专业发展的阶段、方法提供参考,有助于加深教师对自身专业发展道路的认知,帮助教师依据专业发展路径设置相应的目标。在1960年前后,美国发布的《教师关注问卷》对教师发展理论进行了阐述,使得越来越多人开始关注教师发展理论。在我国,随着教育改革的逐渐深入,许多学者也开始关注教师专业发展情况，但对于教师专业发展的概念目前还没有进行明确的界定。从宏观角度看，教师专业发展概括了教师在工作中的生涯转化过程，也符合我国社会发展需求。从微观角度看，教师专业发展的动力是其自身的需求，教师在教学时进行探索取得成果，从而形成正确的教育教学观，在这个过程中完善自身的职业道德，提升专业技能。

不管是从宏观上看还是从微观上看，教师专业发展是教师在职业生涯中必须经历的过程。作为教育的基础，教师具备专业技术，从一个思想观念和知识水平还不够成熟的个体逐渐发展成为各方面相对成熟的个体的过程就是教师专业发展的过程。教师专业发展离不开时间的积累，是教师专业素养不断提高、教师专业知识不断丰富的过程。教师需要具备发展自主性，以便更好地发展其个性与特长，充分激发教师的潜在能力。由此可见，就教师专业发展而言，教师发展理论有较为重要的地位。教师发展理论可以让教师更加了解专业发展的过程，帮助教师依据自身实际情况做出职业规划。

学校是传播知识的基地。教师的教育工作是一个长期的过程，也是一个不断成长的过程，因此教师在专业成长的过程中不是单一性的而是多样性的。在评估教师专业能力水平时，有一个较为关键的指标——教育实践，该指标可以体现教师的专业能力。教师除了为社会输送人才，还承担着教育领域的教研工作，教师的教研水平可以展现其对于教育理论和实践的把握程度，这在教师专业发展中占据着重要地位。

第四节 乡村基础教育教师专业发展的走向

中华人民共和国成立以来，我国中小学教师专业发展政策的制定和实施全面推行。进入 21 世纪后，随着信息时代的来临和知识经济的发展，我国教师专业发展也出现了新的发展趋势。

一、城乡教师专业协同发展是乡村教师专业发展的方向

就教师专业发展的情况来看，最为理想的方式是实现城乡教师专业协同发展。目前，乡村教师专业发展普遍存在一些困难，他们的发展水平比城市教师的发展水平低，但从专业发展需求看，乡村与城市的教师具备内在一致性。根据调查，近半数的城市教师希望可以前往乡村与当地的教师交流学习，在交流的过程中实现成长；也有过半数的乡村教师希望可以学习城市教师的教学方法和理念以提升自我。因此，不管是城市教师还是乡村教师，他们在交流学习方面有着一样的需求。针对这种情况，我们需要思考能否将城市教师与乡村教师联系起来，为他们搭建桥梁，实现城乡教师专业协同发展，缩小城乡教育资源的差距。

实现城乡教师专业协同发展，就要鼓励城乡教师相互学习、取长补短，提升乡村教师的教学水平，均衡城乡教育水平，促进城乡教师专业发展。

（一）城乡教师专业协同发展的含义

厘清城乡教师专业协同发展的概念，要先明确教师专业发展共同体的定义。教师专业发展共同体基于教育的使命、责任和教师自身的责任感，通过资源共享、分享、协作和分担来解决教育教学中的问题，以促进学生全面发展为己任，构建教师个人发展与全体教师专业发展的双赢局面。换言之，作为一个发展组织，教师专业发展共同体是教师与教师之间建立的相互帮助和启发的培训机构。在教师专业发展共同体中，教师本着协作交流的精神进行沟通协作，通过平等对话实现教师和团体的专业发展。从现在的教育情况来看，教师专业发展共同体主要存在于学校内部。而对于资源较为匮乏的乡村教育来说，乡村教师的理念不太符合实际，这使得教师专业发展共同体中的许多教师只学习到了一些理论，共同体随之变成了一种表面形式，无法提升教师的专业发展能力。除此之外，在教育理念、职业认同等方面，城市教师与乡村教师间有着明显差距。为了更好地调动城乡教育资源，缩小城乡教育差距，笔者特提出城乡教师专业协同发展。

城乡教师专业协同发展以城乡学校统筹发展为前提，以教师在教育教学中遇到的问题为基础，通过多元化的形式，比如对话、分享和交流等，实现教师专业发展这一目标。要想促进城乡教师专业协同发展，就需要城乡教师突破地域层面的约束和限制，以教育理想和教育使命为前提，以成员之间共同的目标为切入点，构成共同的愿景，团结合作，相互支持，合理使用已有的教育资源，共同促进城乡教师专业系统发展。从本质上来说，城乡教师专业协同发展是一种教师学习共同体。所有的教师都是社会中的一分子，他们相互独立又相互联系。他们部分来自城市，部分来自乡村，但是他们有共同的教育责任感，有相同的使命，所以成为教师共同体。他们结合自己在教学中遇到的问题和挑战，与他人展开对话交流，和他人分享经验，共同成长。他们以新的教育理念开展教学实践工作，并在该过程中不断反思、不断纠正。当教师初次来到共同体时，对教育观念和问题都会有新的见解和看法，他们彼此交流、共同实践，然后进行再交流和再实践，在这样的循环中达到专业发展的目标。

从不同的分类标准出发，可以把城乡教师专业系统发展划分成不同的类型。第一，以城乡教师专业系统发展依托的平台为切入点来划分，可以分成两种类型，即实体的城乡教师协同发展与虚拟的城乡教师协同发展；第二，从其组成成员的学科层面进行划分，可以分成两种类型，即同学科的城乡教师协同发展与跨学科的城乡教师协同发展。根据实际运行情况来看，城乡教师专业系统发展并非独立的，具体类型一般有两种，或者超过两种，而这也对其发展提出了更高的要求。

(二) 城乡教师专业协同发展的特征

城乡教师专业协同发展是一种有效的学习方式，是为了促进城乡教育资源共享和推动不同学校教师共同发展。城乡教师专业协同发展为教师专业成长提供了重要保障，其主要特征包括以下几点。

1. 共同愿景

确立共同愿景的前提是教师之间的共同目标和理想。共同愿景来自教师个体，但是又高于个体愿景，要完成预期的目标，需要全体教师发挥合力。在共同愿景的指导下，所有成员都可以体会到共同体中每一个成员的凝聚力、驱动力和感召力。在共同体中，每个教师都是非常重要的成员，他们能够自觉实现共同愿景，从而获得个人愿景，达到个人目标。共同愿景可以激发教师自身的动力，让教师更有希望，同时提高其发展质量，帮助教师实现人生价值。

2. 共享资源

共同体突破了不同区域之间的界限，结合城乡不同的教育资源，促进城乡教育资源共享，推动城乡教师的交流和互动，促进其优势互补，最终推动教师群体的发展，同时也促进了教师个体的发展。共同体中的每个成员都来自不同的学校，代表着不同的地域文化，象征着不同的地域特色，同时也有各自独特的教育理念和思想。通过对话，教师之间交流沟通会更顺畅，教师也会获得更丰富多样的实践知识，这有利于提高教师的科研能力，推动他们专业成长。

3. 共同价值

随着共同体的合作发展，每一个个体的价值追求也在不断发生改变。在共同兴趣和目标的指导下，不同的个体汇聚成一个共同体。他们朝着共同的目标不断努力。在共同体中，他们互相探讨、互相交流，分享自己的心得和理念，这不仅可以推动教师物质层面的发展，还可以满足精神层面的需求。

（三）城乡教师专业协同发展的依据

城乡教师专业协同发展的依据主要包括以下几点。

1. 城乡网络协同学习

城乡网络协同学习是一种学习共同体，该共同体是虚拟性的。赵健博士以网络环境为切入点，分析了城乡互动学习共同体。他用德尔菲法研究了城乡互动学习的构成要素，并对其进行优化。他提出，构建城乡互动学习需要从三大维度和九大要素着手。三大维度是认知性维度、社会性维度、技术性维度，九大要素指学习与实践、课程设计、评价、任务和目标、管理与协作、外部支持、学术活动、技术支持、资源和管理。除此之外，他还建立了网络环境下城乡协同学习的理论模型。通过发挥互联网的作用，广大骨干教师、科研工作者和专家得以相互交流、相互合作、共同探究。在城乡网络协同学习中，城乡教师是非常重要的主体，他们要发挥自己的作用，积极参与共同体，促进彼此的交流与合作，使教育方面的问题得以解决，并增强自身的教学能力和教育水平，从而推动自身的专业发展。

2. 城乡教育共同体

在城市地区，拥有强大师资力量的学校通过采取兼并、帮扶等多元化的形式，促进农村综合实力较弱的学校发展，最终推动城乡教育一体化，实现城乡教育均衡化发展。金孜红提出，城乡教育共同体可以采取丰富多样的形式，开展多元化活动，比如学校间资源共享等，将城市学校的带头示范作用发挥出来，从而推动乡村学校的发展。葛锦文通过了解所在地区某个学校的"下桥现象"，意识到要促进城乡教育协同发展，就需要发挥城市强校的作用，对乡村弱校进行帮扶和支持，所以，他认为有必要构建城乡教育共同体，并在区域内推广。通过参考前人的研究成果，他还提出城乡教育共同体发展模式主要包括三种类型，即接管兼并式、契约帮扶式和网络共享式，基本涵盖了城乡教育共同体的所有形式。

3. 城乡教师共同体

来自城市和乡村的不同层面和不同学科的教师共同构成一个整体，这就是城乡教师共同体，具有共同体的个性，同时也具有共同体的发展愿景和共同体的价值追求。在共同体内部，不同个体各方面都存在差异，包括文化背景、教学观点和教学经验等。顾燕、吴国珍等学者重点分析了城乡教师共同体。顾燕提出，该共同体的形成基础在于托管政策，即试点城市优秀学校"托管"农村薄弱学校。一所学校的发展对另一所学校的发展产生驱动性作用，这对于教师共同体形成是非常有益的，尤其是在制度层面提供了坚实的保障。她还提出，要建立共同体，首先应该具备民主参与，而建立共同体的前提在于有共同的目标。吴国珍提出，要以城乡统筹发展为切入点，建立城乡教师共同体。她还提出，城乡教师共同体的构成形式包括三种，具体来说，大城市的教师共同体需要发挥辐射带动作用，推动基层城乡区域的教师共同体发展；基层城乡区域的共同体发挥辐射示范作用，促进以镇带村统筹的教师共同体发展；其中最小的单位是以镇带村统筹的共同体。从大城市到县城再到村镇形式的共同体可以有效促进镇小学发展，推动村小学发展，从而提高乡村教师的专业能力。此类城乡教师共同体覆盖范围非常广，在具体操作过程中还面临着大量的问题和挑战，但是这对分析探索城乡教师专业协同发展具有重要的参考价值。

二、城乡教师专业协同发展的政策导向

之所以提出构建城乡教师专业协同发展，除了乡村教师专业发展面临"内卷化"困境和"边缘化"困境，我国城乡教育一体化发展的政策导向也是重要原因。我国城乡教育均衡发展政策为城乡教师专业协同发展指明了方向。

近年来，城乡教育的均衡发展、乡村教师的专业发展等得到了广泛

关注。自 2014 年以来，《教育部关于实施卓越教师培养计划的意见》《乡村教师支持计划（2015—2020 年）》《关于统筹推进县域内城乡义务教育一体化改革发展的若干意见》等文件的出台，为提高乡村教师队伍的整体素质、缩小城乡教育的发展差距、实现城乡教育的均衡发展提供了政策性保障。

2014 年教育部下发的《教育部关于实施卓越教师培养计划的意见》提出要建立高校、地方政府、中小学的"三位一体"的协同培养新机制，充分利用高校教育资源，尤其是发挥高校教师教育学院专家、学者的引领作用，主张高校与中小学建立合作共赢的长效机制，实现高校和中小学的双赢发展。不仅如此，《卓越教师培养计划》还主张整合优质教育资源，优化师资队伍，建立教育师资队伍共同体持续发展的长效机制，为卓越教师的培养"保驾护航"。

2015 年 6 月国务院办公厅发布了《乡村教师支持计划（2015—2020 年）》。该计划在乡村教师的师德建设、补充渠道、生活待遇、教师编制、职称评聘、荣誉制度，以及城乡教师的流动等方面做了规定，建立起乡村教师可持续发展的长效机制，这为乡村教师队伍的发展提供了强有力的保障。

2016 年《关于统筹推进县域内城乡义务教育一体化改革发展的若干意见》出台，其对推进县域内城乡义务教育一体化进行了更为详细的部署。统筹城乡师资配置、提高乡村教师薪酬福利、建立并完善乡村教师的荣誉制度、落实乡村教师的职称评聘制度等一系列举措推进了城乡教育的均衡发展，这有利于促进我国城乡义务教育一体化。

教育公正不仅仅是教育资源的公平、公正，更是教育系统中教育主体的公正，实现乡村教师的个体发展，提升其专业发展水平还需要从根本上解决。因此，《卓越教师培养计划》《乡村教师支持计划（2015—2020 年）》《关于统筹推进县域内城乡义务教育一体化改革发展的若干意见》的出台为城乡教师专业协同发展，提高乡村教师专业水平和整体素质提供了发展方向。

三、城乡教师专业协同发展的意义

城乡教师专业协同发展基于农村与城市教育资源不均衡的现状，以实现城乡教育资源共享为基础，实现城乡教师的同质促进、异质互补的发展。通过共同体，既可以解决乡村教师专业发展的问题，也可以提升城市教师专业化水平，城乡教师相互促进，合作发展。

（一）有利于提升教师专业发展的主体性

教师的专业成长是教师主动建构的过程，是其自身素质不断完善、不断发展的循序渐进的过程，是一个"自内而外"的创生过程。城乡教师专业协同发展能够帮助城乡教师打破思维定式，促使教师重新审视自我，无论是对于城市教师还是对于乡村教师，都能够增强其主体意识，唤醒教师的专业自觉。另外，城乡教师因为共同的兴趣和志向走到一起，有着共同的愿景，成员之间"教"与"学"的交往不再是被动的授受关系，而是一种对话式的主动性的关系。城乡教师专业协同发展能够为城乡教师的专业发展提供土壤，通过对话与合作，最终实现教师的知识生成和能力发展。

（二）有利于提升教师的实践性知识

首先，城乡教师专业协同发展能够深化教师的教育理念。城乡教师专业协同发展重视教师群体的学习、交流与对话，强调城乡教育教学资源的共享。城市教师带着先进的教育理念和丰富的教学经验走入乡村学校，开展教学课堂展示、课例研究、教学研讨等教师交流活动，将先进的教育理念、丰富的教学经验和实践性知识传授给乡村教师，并基于教育教学中的问题进行对话与交流，这不仅能够增强乡村教师对教育理念、教育教学方法的理解与应用，也能够深化城市教师的教育理念，在教学实践中不断地检验教师的教学理论，实现城乡教师的专业成长。其次，城乡教师专业协同发展能够丰富教师的实践性知识。教师的实践性知识是教师在教育实践和情境中不断积累形成的，也是在交流和对话中不断反思形成的，城乡教师专业协同发展为乡村教师的实践性知识的形成提供了良好的平台。共同体中乡村教师与城市教师通过交流和分享，进行"思想的碰撞"，能够深化乡村教师的教育观点和想法，丰富其知识体系，让其在反思与实践的基础上不断积累自己的实践性知识，促进教师个人和教师群体的专业发展。

（三）有利于增强教师的职业认同和归属感

城乡教师专业协同发展不仅关注城乡教师的教学与课程，还注重教师的情感需要，满足教师的人性发展。教师之间平等、民主的交流和沟通有利于建立相互关怀和信任的同事关系，增强群体的凝聚力；同时教师之间易形成志同道合的伙伴关系。教师之间的对话与共享有利于加深教师对教育理念的理解，丰富教师的专业知识和能力，促进教师对教师职业的理解，从而增强教师的职业尊严，提升教师的职业认同和归属感。不仅如此，城乡教师专业协同发展关注"师徒关系"的确立，教师在"师徒对话"中可以相互倾诉教学疑惑和情感困惑，进行心与心的交流，这有利于化解教师的情感危机，提升教师的教育情怀，增强其职业认同和归属感。

四、城乡教师专业协同发展的构建路径

城乡教师专业协同发展为城市教师和乡村教师搭建了专业发展的平台，为乡村教师的专业发展提供了一条可行性路径，也有利于促进教育公平，促进城乡教育发展和乡村教育发展的均衡。

（一）唤醒乡村教师的专业自觉

专业自觉是一种精神层面的追求。作为教师，专业自觉体现在他们清晰全面地认识所从事的职业，在实施教学的同时，能够对自己的教学理念和方法不断优化和完善，有目标地提高自己的教学能力，推动自身的专业发展。

首先，要促进城乡教师专业协同发展，让乡村教师有良好的主体意识，推动其发展的主体性回归，前提和基础在于唤醒广大乡村教师的专业自觉。第一，作为乡村教师，必须正确看待自己的职业，同时也要正确认识自我。在教学活动中，教师是一个独立的个体，也是重要的教学主体，他们有着生命自觉，不断追求完美并促进自身发展。作为乡村教师，还应该建立良好的自我发展意识，通过教学实践，提高自身的教学水平，逐渐形成自己独一无二的教学风格。第二，针对教育活动的开展，乡村教师也应该积极主动地面对。教师要尊重每一名学生，理解所有学生，并和他们建立良好的关系，不仅给学生传授知识，更要促进学生的精神发展，推动学生的全面进步。第三，乡村教师必须重视自己的创造性。乡村教师应该自觉认识教育教学活动，不断反思自己的教学行为，并及时改正缺点，在此过程中提高自己的专业性。

其次，乡村教师应该高度认同自己的职业、热爱自己的事业，拥有良好的职业归属感。在教学活动中，乡村教师要敬业乐业，不断增强自身的职业责任感。乡村教师还要认识自身的专业性，包括自身的教学风格和教学特征等，要全面了解学生的需求，以此为基础形成专业品格。同时，乡村教师还要关注自我教育，树立终身教育理念，并在教育教学中增强自身修养，改善自身素质。除此之外，学校要培养乡村教师的专业情感，营造良好的文化氛围，对每一位教师表示充分尊重，帮助教师增加他们的专业自主权，从而增强教师自身的专业主动性。

（二）健全城乡教师流动机制

城乡教师的有效流动能够提高教师的工作积极性，推动教师自我发展和进步，提高教师整体素养，从而推动我国基础教育发展。健全城乡教师流动机制，落实"请进来"和"走出去"政策。"请进来"政策指的是在乡村学校引入城市学校骨干教师和大量的中青年教师,任职时间最少为半年。这些教师到达乡村学校之后,可以为乡村教师带来先进的教学方法和教学思维,从而推动更多教师的成长,提高更多教师的专业能力。城市教师在农村学校进行教学,也有助于推动其自身的专业发展。而"走出去"政策指的是乡村教师去城市学校进行学习,从而积极借鉴城市学校的教学方法、思维和理念等,与优秀城市教师沟通交流,从而促进自身的成长。"请进来"和"走出去"相结合,可以促进城乡教师流动。无论是城市教师还是乡村教师,都应该意识到在不同的区域中存在的差异,包括学生、文化和资源等,所以在交流的过程中,教师之间也应该彼此尊重、相互学习。要促进城乡教师专业协同发展,学校还要组织开展丰富的城乡教师交流活动,比如送教下乡、课例研究、巡回讲学、岗位轮换等。这些活动可以提高城市教师走入乡村的积极性和主动性,让乡村学校有更加丰富的教学方法和更加先进的教学理念。此外,城市教师要以共同文化为切入点,积极投身于乡村教学,促进城乡教师的交流,达到留住教师的目的。相关部门要积极承担责任,完善城乡教师流动机制,推动各学校间教师资源的流动,从而实现均衡分配区域内教师资源的目标。

(三) 建立城乡教师间常态化合作模式

"独学而无友,则孤陋而寡闻。"教师要提高自身的专业能力,就要积极主动地和其他教师交流并合作。城乡教师专业协同发展,要求促进教师之间的交流和互动,引导广大教师以对话为核心,建立"同伴互助"等新的模式,并将其发展成常态化机制。促进城乡教师专业协同发展,还要求成员之间加强对话。在对话的过程中,教师会收获更多的教育知识,提高专业技能,而且会有强烈的职业认同,这有助于促进教师自身的发展。教师之间的伙伴关系并非纯粹的同事关系或者简单的同行关系,而是一种合作关系,教师要促进彼此思想的碰撞和交流,要推动彼此共同成长和进步。建立城乡教师间常态化合作模式，要做到以下几点。首先，要发挥互联网平台的作用，建立"教师圈"。在当前的社会背景下，网络的发展推动了各行各业的进步，网络资源也更加丰富多样，这对于建立城乡教师专业系统非常有利。政府通过打造互联网平台，促进各个区域的资源共享和传递，让不同区域的教师都可以及时获得丰富且有效的教学资源。相关部门也可以在网上建立专门的教师交流区，以此促进城乡教师的交流和互动。"教师圈"中的教师也应该积极开展分享会，促进教学观念和思想的交流，推动彼此成长。其次，要以"教研共同体"为平台，促进城乡教师常态合作。在平台中，教师以共同的研究主题或兴趣为基础开展合作和讨论，他们可以在此过程中互相分享经验，彼此交流心得，这样可以推动每一位教师的自我反思，促进所有教师的自我成长。

  总而言之，随着社会的发展和经济的进步，我国教师的专业发展也在不断改变。第一，传统的师范教育模式已经不适应当前的教育发展，新的教育模式正在逐步形成。教师教育、职前教育、入职教育和职后培训开始变成一个整体，共同发展。第二，师范教育体系越来越开放，综合大学也融入了培养师资的队伍，这使得师资培养路径更丰富，规模也更大。第三，中小学教师素质逐步提高。近几年来，各级教育机构在教师的招聘中越来越重视学历。第四，中小学教师的培养体系开始发生变化，不再是以前的"老三级"，而是形成了"新三级"。尤其在终身学习的背景下，发达国家也不再使用"在职培训"这一术语，而是开始使用"继续的专业发展"这一概念，其主要目标就是打造真正的一体化教师教育体系。在新的时代背景下，教师自身的观念开始发生变化，与教师教育相关的各方面政策也越来越完善，体系也越来越健全。由此可见，我们将打造一种更加健全且完善的现代化教师教育体系来满足社会发展的具体需求，并推动教育事业的发展。

第二章

乡村基础教育教师专业发展的特点与影响因素

乡村基础教育教师专业发展具有不同于城市教师发展的特点，同时也受到不同因素的影响。我们在教师专业发展的过程中有必要抓住其特点和影响因素，有针对性地解决问题，提高乡村教师的专业性。

第一节 乡村基础教育教师专业发展的特点

关于乡村基础教育教师专业发展的特点，本节从四个方面予以分析，包括专业发展理念、专业发展知识、专业发展能力和专业发展评价（如图 2-1 所示）。

一、专业发展理念上重乡土情怀重建

从中华人民共和国成立到 21 世纪初，大多数乡村教师都有两种身份，既是教师，又是农民。他们不仅要教书育人，还要亲自耕种、养家糊口。传统意义上的乡村教师对农村有着特殊的感情，因此乡村教师的职业发展重在树立乡村教师的乡村空间建设理念。大多数乡村教师在农村长大和生活，体验过乡村的自然气息，对乡村有着强烈的热爱和依恋，有一种质朴而真挚的乡情。乡村教师勤劳朴实，与自然和谐相处，利用代代相传的集体知识，逐步改变乡村风貌。这个过程具有不可替代

图 2-1　乡村教师专业发展特点

的价值。

总而言之,在乡村教师专业发展理念上,乡村教师专业发展要重乡土情怀重建,鼓励乡村教师将乡村建设融入自身职业价值观,将乡村情怀融入自己的生命,不断培养乡情,创造新的乡土教育价值观和信仰,把对乡土的依恋和归属感变为代代相传的宝贵精神财富。

二、专业发展知识上重乡土知识体系

乡村教师的发展往往取决于现有的能力和有目的的行动,随着时间、主体和地方的特点而变化。乡村教师在现阶段教学过程中面临着许多问题和困惑。乡村教师要把当地特色和当地文化融入知识中,将生动的、世代相传的生活常识和农耕文化作为课程的重要组成部分。

除了传统文化知识,乡村文化中也有独特的伦理知识和丰富的人文地理知识,这些是乡村宝贵的知识来源,也是具有乡土特色的内容。乡

土知识是一种扎根于农村生活的知识,是由村民在长期生活过程中生产和积累的,是人们在认识、理解和改造自然的基础上产生的经验和智慧,包括地方知识和传统文化知识及乡村文化信息等。

乡村知识不仅体现在书本语言上,也体现在农村居民在生活、生产和信仰方面遇到问题时所采用的灵活有趣的应对策略上。新时代,乡村教师要不断学习新知识,让村民学科学、用科学,传达新时代精准扶贫的工作理念,让村民学习科学的耕作方法和知识,脱贫致富。在构建乡村教师专业发展知识体系的过程中,要利用继续教育网等公共服务平台、教师培训应用程序和学习论坛,积极学习传统文化知识、乡土伦理知识、乡土人文地理知识和新时代精准脱贫知识,收集关于传统乡土知识的资料,促进自身专业化发展。政府要制定知识体系建设原则,为乡村教师创造文化遗产效益,将丰富系统的乡土知识集结起来,整合成为乡村教师专业发展的课程资源,构建系统的乡土知识体系。通过构建系统的乡土知识体系,重新建立乡土知识的话语权,不断丰富我国传统乡土知识的新时代内涵。

三、专业发展能力上重乡村振兴建设

陶行知认为:"我们要想每个乡村师范毕业生将来能负起改造一个乡村之责任。"乡村教师大部分来自乡村,对乡村有清晰的认识,充分了解乡村的自然环境和生活方式。相当一部分乡村教师有保护农村生态系统、进行乡村建设的意愿。这份责任让他们充分感受到了生命存在的意义和价值,积极致力于建设富强美丽的社会主义新农村,改善农村的人居环境,实现现代农村跨越式发展。在新时代要实现乡村振兴,建设美丽乡村,乡村教师队伍就要向高素质、专业化、创新型方向发展。政府要将培养具有实施乡村振兴和建设美丽乡村能力的教师作为主要任务之一,鼓励乡村教师参与乡村振兴,引导乡村教师确立先进的思想观念,成为有思想的乡村发展设计者、组织者和建设者。具体来说,政府

要培养乡村教师创造新时代生态文明环境的能力、组织宣传动员的能力、传承传统文化的能力、营造农村精神文明和思想意识的能力。新农村建设要以乡村学校为核心，激发乡村教师为乡村建设做贡献，充分发挥乡村教师作为乡村建设主力军的积极作用，建立新时代新农村文化建设组织，积极开展乡情教育、劳动教育，让乡村教师积极参与乡村物质文明建设、精神文明建设、生态文明建设、传统文化建设、意识形态建设，不断提升自身专业能力，将乡土特质有效融入乡村教师专业发展能力建构中。

四、专业发展评价上重扎根乡土意识

目前，乡村教师考核与城市教师考核类似，学历、职称、业绩是主要考察内容，考察单位是教育行政部门。乡村教师被称为"大山的脊梁""知识的使者"和"国家的希望"，具有坚韧不拔、艰苦朴素、勤劳善良、无私奉献的精神。他们为学生传授简单通俗的知识，用自己的智慧来引领学生的成长。乡村教师的职业价值观包括责任、同情、爱心、奉献，他们在相对艰苦的环境中开展国家主流意识形态教育和人类文明进步教育，普及教育和社会文化。基于乡村教师的农村专业特色文化，政府应建立乡村教师专业发展特色评价机制。不同于城市教师的评价机制，此机制更注重乡土特色，重激励、轻评价，以激励取代传统考核，重点鼓励乡村教师的专业奉献精神，以充分推动乡村教育发展。乡村教师专业发展评价更加突出乡土专业特质，强调乡村教师的奉献意识，用工作年限、工作量评价教师，既直观又突出特色，还不降低专业要求，能在一定程度上激发乡村教师成长的欲望和热情，其重要的核心意义在于有效促进乡村教师工作和专业成长的积极性。

第二节 乡村基础教育教师专业发展的影响因素

一、乡村基础教育教师专业发展的外部影响因素

乡村基础教育教师专业发展受到的外部影响主要来自三个方面，每个方面又包含若干个具体的影响因素（如图2-2所示）。

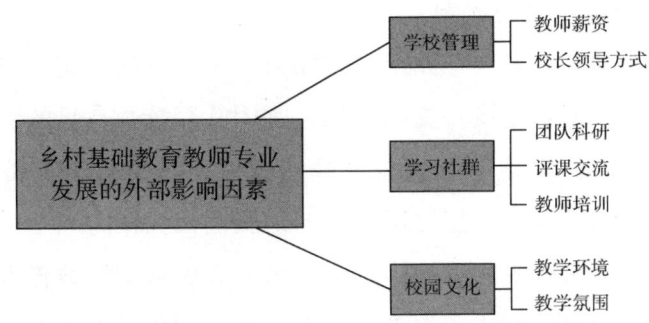

图2-2 乡村基础教育教师专业发展的外部影响因素

（一）学校管理的影响

乡村教师开展教育教学工作是依托学校这一平台进行的，那么就必然会受到来自学校管理的影响，然而学校管理机制的成熟度又会受到国家相关政策制度、学校领导人员、学校管理方式等的影响。

1. 教师薪资的影响

薪资待遇作为乡村教师生活的强有力保障，对乡村教师的工作态度有着重要的影响。在调查中发现，绝大多数乡村教师对于自身的薪资待遇并不是很满意，认为薪资待遇有提升的空间。

因为职称会和薪资挂钩，所以很多乡村教师希望通过职称的评定来提升自己的待遇。从1986年我国建立中小学教师职称制度开始，到 2011 年进行中小学教师职称制度改革，我国的中小学教师职称制度是随着我国教育发展而不断发展和变化的，但是从乡村教育现状来看，改革后的职称制度仍存在着一定不足。对于教师来说，职称是评判教师教学能力的标准之一，同时也是学校聘用教师的标准之一，它与教师的薪资待遇紧密相连，所以多数教师都将职称评定作为自己教师生涯的重要奋斗目标。但是对于乡村教师来说，现存的教师职称制度实施起来困难重重，尤其是职称晋升难，这无形中大大降低了乡村教师的教学热情。

2. 校长领导方式的影响

校长是教师专业发展道路上的引路人，一个好的引路人可以培养更多优秀的教师，能够建设一支优秀的教师团队。校长自身的魅力是一种无形的力量，潜移默化地影响着教师的发展，校长只有具备渊博的知识、超前的思维，才能真正赢得教师的信服。校长作为一个学校的领导者，一方面是国家政策制度的传达者，另一方面是学校教育教学工作的指挥者。校长的领导方式和水平决定着学校的文化、管理方式。在实际的访谈中，笔者发现，各乡村学校校长的领导水平参差不齐，对教师管理的侧重有所不同，这使得教师的感受和评价各有不同。民主型校长会同等重视新老教师，采取新老教师结对等方式，在交流中给予教师更多的成长空间，提升学校教师整体的专业成长水平。具有良好的领导能力的校长是教师前进路上的一盏明灯，使新教师更快、更好地开展教育教学工作，使优秀教师的经验快速传播，从而建立起一支同成长共进步的强大的教师队伍。校长的形象与行为也影响着教师对其的认可度。

（二）学习社群的影响

乡村教师的学习社群更多的是自己所在的学校。大多数乡村教师表示，同事之间相处比较融洽，新教师会向其他教师请教教学上的问题，而且在平时的班级管理中教师之间也会相互交流经验。对于乡村教师来说，除了自己所在的学校，学习社群还有校外的培训等。随着教育研究的不断深入，教师不再是一个个封闭的个体，不同层级、不同学校的教师之间的交流与联系对教师自身的职业发展具有极其重要的作用。教师自身专业水平的发展不仅依靠自身的发展和探索，还依靠教师所处的教学环境，如同事的帮忙、名师的引导等。教师能够通过与同事、名师之间的互相交流学习到教学经验，弥补自身专业能力的不足，进而提升教学水平，改善教学质量，提高教学效率，实现互助共赢。

1. 团队科研有利于锻炼教师能力

教师专业发展不是一朝一夕就能够完成的，需要教师花费大量的时间学习、研究、探讨和交流。科研活动是指教师应用相关的科学理论或方法，有目的、有计划地对教育现象和教育问题进行详细研究，进而促进教师提高自身水平。简而言之，教育科研活动是帮助广大教师了解教育本质、探索教育规律的活动，影响着教师的专业发展水平。新的教学理念有利于提高乡村教师的教学能力，他们通过不断的学习，可以提升自身的专业水平；他们通过教研活动，可以更新自身的教学理念，完善自身的教学环节；他们通过互相交流、取长补短、共同进步，可以营造良好的教学氛围和学习氛围，实现自身专业的不断发展。

乡村学校出于种种原因师资力量薄弱，这导致学校将教师的教学课时安排得很紧凑，无论是班主任还是科任老师都必须承担大量的课堂教学工作。教师需要花费大量时间进行教学活动，极少有时间组织教学科研活动，甚至一个学年都没有相关的教学科研活动。教师的科研活动与自身的实践紧密相连，教师基于实际教学环节中的真实问题进行相关研究，可以解决教学实践过程中遇到的难题，还可以提高自身的专业素养。教师如果花费大量的时间在教学中，不能留出时间进行科研活动，就会阻碍自身专业的进一步发展。

所有教师都想在完成工作的同时还能在所处的领域中有所成就。科研活动可以提升教师的教学能力，教师要积极主动地提高自身的专业能力，获得成就，提高自己的职业幸福指数。新的教学理念有利于促进学校教学质量的提高，学校要致力于营造浓厚的学术氛围，让教师的专业研究有目的、有方向、有成果。

2. 评课交流有利于提升教师专业素质

新教师虽然在学校进行了专业系统的理论知识学习，但实战经验薄弱，初入职场时与有经验的教师交流无疑是提高自身专业能力的有效途径之一。经常讨论教学问题，有助于其收获教学经验，促进专业发展，打造和谐的同事关系。

在学习社群中，教师一般热衷于通过沟通借鉴、磨课评课来提升自身的教学能力，促进自身的专业发展。老教师对于本校学生的把控比较精准，可以为新教师提供更多有价值的指导意见。

3. 教师培训有利于提高教师专业能力

加快教师团队建设的主要方式就是教师培训，该方式有利于推动素质教育发展，促进教育公平，进一步提高教学质量。现阶段，提升教师的专业素养已经成为一个热门的教育话题。教师接受教育方面的相关培训是实现其专业成长的重要途径之一，如参加各种培训班、研修班或学术讲座等。笔者通过调查发现，教师更喜欢"走出去"的培训。很多教师表示，走出去可以让自己的视野变得更加广阔，参观实践性的培训可以更好地学习到教育领域的新知识，更有教师表示外出参加培训可以让自己不再闭门造车。

乡村学校也有外出参加培训的机会，不过次数非常少。在访谈中，笔者了解到一学期内各乡村学校的教师参加培训的次数各有不同，多数为两次。[①] 由于培训机会少且师资力量不足，学校领导会安排教师轮流参加。虽然出去培训的次数少，但是好的培训总是可以给教师带来

[①] 杨喻乔：《L省乡村小学教师专业发展影响因素的质性研究》，沈阳师范大学硕士学位论文，2020年。

启发。

乡村教师由于教学任务重,更希望能够拥有实践性强的培训机会,通过教育专家的指导,可以将所学内容应用到自己的日常教学中去。乡村教师很重视自身的专业能力,也希望通过培训提升自己的教学水平。

(三) 校园文化的影响

1. 教学环境影响教师专业发展

乡村学校环境对乡村教师的专业发展水平有一定程度的影响。学校环境不仅影响着教师的教学效果,同时也影响着教学效率。近年来,随着国家对乡村教育的重视,乡村学校的环境逐渐改善,学校的硬件和软件设施得到了补充和完善。但是由于地理等多方面因素的影响,乡村学校与城市学校还是有较大差距,如办公条件不完善、体育器材不完备、校园文化滞后等。学校是教师开展教育教学工作的核心场所,也是教师专业发展的重要阵地。假如学校缺乏良好的环境,连正常的教学都无法保证,将会阻碍教师的教学能力发展,降低教师的工作积极性。

2. 教学氛围影响教师专业发展

在课堂教学活动中,为了保证学生积极投入学习,教师专心于课堂教学,营造活跃的课堂气氛。教师与学生互动活跃,可以有效促进学生的智力发展和教师的教学能力发展,因此学校的整体教学氛围对教学尤其重要。新一轮课程改革大力倡导的教学理念呼吁学校须为学生和教师营造良好的教学氛围。要想构建良好的教学氛围,必须建立一套全校师生认可的严格的课堂教学规范。实施有效的课堂教学规范,可以激发学生的学习兴趣和教师对教学活动的积极性,营造良好的教学氛围,大大提高教学的效率和质量,保证教学目标的实现,从而促进教师自身专业水平的提高和发展。

积极融洽的教学氛围可以使教师充满积极的能量,在工作岗位上热情饱满。新教师要以老教师提倡的教学氛围为经验,不断地改进自身在教学过程中的不足，和老教师一起积极探索课堂教学的良好氛围。老教师要激励新教师不断投身于教学改革，促进自身的专业成长，切实提高课堂教学的效率，共同推进学校教学氛围的建设，促进教师教学水平的提高和发展。

二、乡村基础教育教师专业发展的内部影响因素

乡村教师专业发展受到的内部影响主要有教师职业认同和教师交流与反思两个方面，每个方面又包含若干个具体的影响因素（如图2-3所示）。

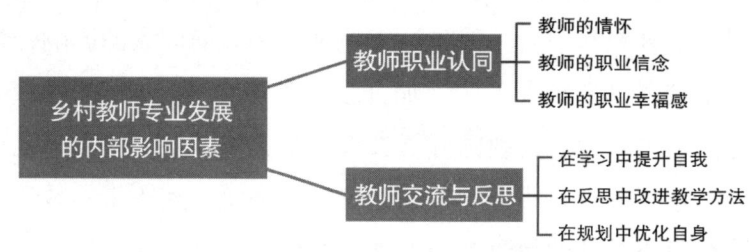

图2-3 乡村教师专业发展的内部影响因素

（一）教师职业认同的影响

教师内心对于自身职业的认可就是教师的职业认同。教师职业认同意味着教师全心全意地拥抱教师职业，积极正面地欣赏和热爱教学事业，对自己的职业做出正确评价，并且愿意在自己的职业中发挥自己的价值。教育研究者科瑟根（Korthagen）在"洋葱头模型"中明确提出，教师的行为变化情况会受到教师职业认同的影响。在教育过程中，教师的情感具有巨大的推动力和感召力，会直接影响教学效果和教育工作的成败，也会在相处中潜移默化地影响学生个性特征的养成。教育是一份需要教育者倾心而为的事业，教师只有热爱教师职业，才能践行教师职业的育人职责，只有认同教师职业的重要价值与意义，才能树立崇高的职业理想。教师要拥有良好的态度、积极的心态，发自内心地感受教学工作带来的快乐，感受教师职业带来的成就感，从中收获职业幸福感。

1. 教师的情怀

一方水土滋养一方人，所有人对家乡都充满热爱。故乡不仅是我们生长的地方，也承载着我们美好的青春回忆。各行各业都有人不愿漂泊在外，更愿意留在自己生长的土地上。一些乡村教师也是从乡村走出来的，他们热爱这片土地，喜欢这里的环境，也希望自己能够在学有所成后回报家乡。在乡村教师看来，教书育人是神圣的事业，需要有人来为乡村学生领路，这个过程中他们收获了满满的幸福感。

首先，乡村教师选择在乡村教学有父辈的影响。父母一辈对家乡强烈的归属感影响了作为教师的子女，他们愿意为家乡发展做贡献。其次，很多乡村教师选择这个职业时，也考虑到家庭的实际情况和教师职业本身的光环。乡村经济不如城市经济发达，相对于乡村的其他工作，教师这份工作比较稳定。在众人眼中，教师是一份神圣的职业，肩负着国家未来的发展和希望。另外，对于乡村的特殊情感使得乡村教师萌生了一种特有的乡土情怀，让他们扎根在乡村。

2. 教师的职业信念

生活中许多重要事件是可以改变一个人的，这也适用于教育研究。教师在日常教学工作中会遇到各种各样的事情，如家长的感谢、学生的喜爱，或是学生的叛逆、同事的不认可，这些都会影响教师建立对自己职业的认同感和信念感，从而影响其专业提升。乡村教师需要处理很多关于家长和学生的棘手事件，有的能够快速得到解决，有的解决结果却不尽如人意。这会对教师的工作和心理产生负面影响，教师要学会自我调节，正确处理事件引起的负面情绪。

3. 教师的职业幸福感

教师的重点活动就是教育，主要生活方式在于教学，教育教学是教师自身价值的体现。如果教师热爱教学，热爱自己的职业，那么在日常生活及工作中，就会有良好的职业幸福感，还会有较高的职业成就感。教师的职业幸福感蕴含在教学的过程中，无论是教学前的准备，还是教学后的沟通、交流与反思，教师都能从中得到收获。教学过程成为展现教师价值的过程，教师可以从中领悟到生活的愉快和生命的充实。提升教师职业幸福感能够让教师克服职业倦怠，有利于教师工作状态的改善，有利于教学质量的提升，有利于教育事业的健康有序发展。教育的目的是教书育人，学生的进步是对教师辛勤付出最直接的肯定和最好的反馈，教师也可以在学生的进步中收获快乐和幸福。在采访中，很多教师都表示乡村学校工作任务重，尤其是在面对一些学习上存在困难的学生时会有些心力交瘁，但是当学生取得优异成绩或是有了明显的进步时，教师仍会感到很幸福。学生的全面发展是教师重点关心的问题，教师会为学生的每一次进步与成长感到自豪。

乡村学生中留守儿童较多，有时学生会与教师产生更多的对话交流。乡村教师在与学生的交流中，对学生的性格特点更加了解，也能感受到他们对自己的关怀与敬爱。

教师职业幸福感的建立，是促进教师专业发展的内在因素，是提升学校教学质量的可靠保障。学生的成长和进步也是教师获得幸福感的重要源泉。教育中充满了激情，充满了关爱和生命体验，不仅能推动学生发展，也可以促进教师成长。学生的进步会让教师有满足感和成就感，这也是只有教师才会拥有的一种财富。

（二）教师交流与反思的影响

教学能力是教师最重要的一种能力，一位优秀的教师首先要具有优秀的教学能力。课堂教学能力包括进行教学设计的能力、调节课堂气氛的能力、科研能力及课控能力等。教师教学的重点阵地在课堂，教师要提高自己的专业水平，首先要提高课堂教学水平。教学能力也是考核教师能力的重要指标，要求教师具有学习知识的能力。

1. 在学习中提升自我

与有经验的教师交流无疑是每位新手教师在初进职场时提高自身专业能力的有效途径之一。很多学校也会采用师徒制的形式帮助新手教师快速成长。

教师专业水平的提高和教师的成长发展是一个渐进的长期过程，发自内心不断地追求进步是教师实现自我提升的真正动力来源。教师在新课程改革的背景下，应遵循时代发展进步的要求，用新教育理念武装大脑，用一颗真诚的心不懈努力，严格地要求自己，使自己的教学能力和专业水平不断提升。

2. 在反思中改进教学方法

教师反思自己的教学情况，分析课堂中的具体行为，并研究教学效果，这样的过程就是教学反思。进行教学反思是教师的一种教学策略，教师只有通过不断地探索、实践和反思，才能不断进步，促进自己的专业成长。在教学中，教师要时时处处做有心人，实践、反思，再实践、再反思，不断循环往复。

美国心理学家波斯纳（Posner）提出了一个公式：教师专业成长=经验+反思。如果得到经验后没有反思，那么该经验是浅层的，由该经验所获得的能力也是表面的。如果教师只满足于获得某种经验，却并没有及时反思该经验的获得过程，那么教师只会停留于此，不会取得进步。反思的过程是自我剖析的过程，同时也是自己不断学习、不断改正自身缺点、完善自我的过程。教师应坚持反思自己的教学过程和课堂表现，将自己对教学过程的思考记录下来，在教学活动中不断改进和调整，以促进自身专业水平和教学能力的提高。

3. 在规划中优化自身

自我要求是一个人对自己定下的目标和计划。一个对自我要求高的人，会鞭策自己不断努力来实现目标，从而促进自己不断成长。教师需要有一个明确而切实的奋斗目标。而在访谈中，大多数乡村教师没有一个明确的职业规划，有些教师希望自己可以成为名师，但是对自己的想法没有明确、具体的计划。

教师想实现目标，只有规划是远远不够的。规划只是第一步，重要的是行动。教师专业发展意识薄弱，便很难做到主动学习。这导致教师在日常教学工作中经常沿用以往的教学模式，没有教学创新，自我成就感少，同时教学热情在琐事中消耗，容易产生职业倦怠。职业倦怠存在于各行各业的工作者身上，会大大降低工作者的积极性。在研究中，部分教师也遇到了职业瓶颈，想要提高自己的教学水平却不付诸行动。

当前大部分教师的职业认同较差，职业幸福感较低，主要原因在于教师自身的认知偏差。教师的自我认知不够客观，对自己期待过高，结果造成成就感低。教师系统地安排自己的职业生涯，合理地进行自我定位，制定明确的职业目标等，这都属于教师职业规划，对教师自身具有重要意义。从整个国家和民族的角度来看，教育也是非常关键的，所以学校和相关部门都应该引导教师做好科学合理的职业生涯规划。凡事预则立，不预则废。对于教师来说，工作中处处面临挑战和难题，为了自身能够不断成长和发展，教师需要制定完善的职业规划，并用行动完成职业规划。有效的教师职业生涯规划，能够使教师心中有明确的目标，使其更加理性地审视自己，努力成为优秀的教师。

第三章

乡村基础教育教师心理健康发展

教师的心理健康是一个不容忽视的现实问题。教师是阳光下最灿烂的职业，就像太阳一样滋养万物。教师的心理健康是健康生活的需要，也是从事教育教学工作的必要条件。教师的心理健康直接关系到学生的心理健康、学业成就和人格发展。乡村教师的素质在一定程度上决定了乡村基础教育的质量。在一些比较偏僻的乡村，学校办学资源不丰富，办学条件比较差，生活条件也相当恶劣。所以，作为乡村教师，首先要有健康的心理。

第一节 乡村基础教育教师心理健康现状

一、乡村基础教育教师的工作压力

（一）乡村教师工作压力现状

由于乡村学校地理位置偏僻，师资力量相对薄弱，很多乡村教师必须承担更多的教育教学任务，跨年级、跨学科教学的情况已很普遍。特别是一些边远的中小学，由于生源少、师资少，甚至采取了包班教学，工作量大大增加，教师常常处于一种超负荷运转的状态。在大部分中小学，就教师每周的教学情况来看，大部分教师的教学安排是15—20节课，这部分教师所占比重高达65%；部分教师（大部分为中学教师）教学安排是21—25节课，所占比重约为20%；超过25节的比例较小。[①] 从这些数据中不难看出，乡村教师仅课时数就比城市教师高出许多，而这仅是众多工作中的一个比较外显的数据，还不包括班级管理工作、学校各部门要求完成的其他各项工作。因此，七成左右的乡村教师感觉工作压力过重，工作累也就不足为奇了。特别是毕业班的教师，还要面临来自学校、学生与家长在升学方面的多重压力，常常牺牲休息时间来完成批阅试卷等工作，疲于奔命的感觉尤为强烈。乡村教师课务多、休息时间少，是最普遍的问题，这说明乡村教师工作压力过大已是普遍现象。

（二）乡村教师工作压力的影响

本书采用质化研究的方法，对10位乡村一线教师进行了半结构化访谈。访谈之后发现，在乡村学校，大部分教师都面临着比较大的工作压力，这会影响教师的精神和心理健康，也会影响他们的正常生活，更会影响他们的职业认同，导致他们的工作态度更加消极（如表3-1所示）。

表3-1 乡村教师工作压力的影响对象及结果

序号	影响对象	影响的结果
1	身体健康	引发颈椎病、静脉曲张、咽炎、肩周炎等慢性疾病
2	心理健康	心态老化、心理负担比较重、精神紧张、生活热情降低、生活满意度降低
3	工作状态	工作枯燥无味、教师大量流失、工作态度消极
4	正常生活	疲于教育子女、疲于照顾老人、疲于进行亲朋好友间的交往
5	职业认同	工作太累，消耗大量的精力；难以获得成就感；社会地位和经济收入过低

[①] 秦红芳、刘晓明：《乡村教师心理健康教育》，长春：东北师范大学出版社2016年版，第28页。

1. 影响教师的身体健康

在所有的访谈对象中,约有50%的乡村教师提出,工作压力给他们的身体健康带来了负面影响。有2名教师明确指出,因长期工作压力比较大,他们的身体健康受到了一定伤害,主要表现为一些慢性疾病,如肩周炎、颈椎病等。

2. 影响教师的心理健康

就教师的心理状态而言,对其产生影响的一个非常重要的因素就是工作压力。繁重的工作使乡村教师总是感到精神紧张,觉得自己承担着过大的压力,这会影响他们的心态和情绪,严重时他们还可能丧失生活热情,导致其患上心理和精神疾病。

3. 影响教师的工作状态

在工作压力的影响下,部分教师会认为自己的职业枯燥无味,工作满意度越来越低。这种现象会导致教师对工作产生消极态度,还会造成乡村学校流失大量的教师资源。

4. 影响教师的正常生活

过大的工作压力也影响了教师的正常生活。在教学中,和学生接触最多的就是教师。教师要处理作业,进行家校联系,与学生沟通,再加上学校下达的其他任务,所以大部分教师都无暇顾及自己的子女,可能导致子女缺少家庭教育,甚至缺少父母之爱。教师的家庭关系得不到及时维护,会影响其正常生活。

5. 影响教师的职业认同

一些乡村教师在巨大压力下,职业认同越来越低。教师自身工作压力比较大,消耗了大量的时间及精力,他们难以从工作中获得满足和成就感,再加上社会地位和经济收入过低,反过来加剧了教师对职业的不认同。由此可见,工作压力过大确实对教师的工作态度和从业愿望等产生了严重的不良影响。

(三) 乡村教师工作压力来源

乡村教师工作压力来源主要涉及三个方面，分别是工作任务、教师个人职业发展和社会要求，这也是导致教师出现工作压力的主要原因。从教师个人职业发展角度来看，教师自身的特点及能力与教育改革的要求之间存在矛盾，教师本应做出改变，适应改革要求，但由于动力不足、阻力很大，教师压力逐渐积累。而且教师评价制度缺乏合理性，尤其是在贫困区域，教师晋升职称难度非常大，这导致教师的职业发展受到了影响。部分研究者认为，导致乡村教师产生工作压力的主要原因包括两个方面，一方面是教师缺乏一定的专业性，另一方面是没有制定明确的教育质量标准。

笔者通过实地访谈，深入探寻乡村教师的具体压力来源（如表3-2所示）。

表3-2 乡村教师工作压力来源

乡村教师工作压力来源	压力源描述
社会压力源	社会舆论加剧工作压力
	经济与工作条件带来压力
	人际关系问题增加工作压力
	工作环境与教学条件落后
工作任务压力源	学生升学加剧工作压力
	学生问题加剧工作压力
	教学外其他工作的干扰
职业发展压力源	职称晋升难
	不合理的日常考核评价
	教师个人责任感

1. 社会压力源

从社会角度来看，乡村教师的压力源也和多方面因素有关，包括社会期待过高、薪资待遇较低、与领导之间的关系较差等。通过对教师进行访谈,笔者总结概括了社会压力源,具体如下。

第一,乡村教师的社会地位并不明确,而且确定其地位的难度也比较大。在社会舆论的影响下,教师必须尽善尽美。但是,个别教师自身的品行比较差,导致整个教师群体的社会形象都有所下滑,这也导致教师的心理压力更大。第二,教师的薪资待遇普遍较低,工作环境比较差,导致其对自己的社会地位认知不明确,生活质量也无法快速提高。第三,在工作过程中,教师需要处理各种各样的人际关系,这也导致他们的工作压力比较大。

(1)社会舆论加剧工作压力。社会舆论造成教师的心理压力过大,同时也导致教师受到各种各样的指责。与人际冲突、经济压力等因素相比,上述问题并不能马上得到解决,但会给教师的尊严带来重大的挑战。大部分教师认为自己无法获得社会的认可和肯定,尤其是在严峻的社会舆论形势下,他们更是无所适从。在所有访谈对象中,认为社会舆论会使自己产生过大压力的教师占比达40%。首先,社会群体和各领域对教师的期望值过高,学校也对教师提出了严格的标准和要求,导致教师工作压力过大。其次,社会上的负面报道也比较多,部分教师倍感委屈,认为自己的权益受损。与社会的高期待相矛盾的是乡村教师的社会地位并不高,一味地承受着过高的社会期待,却得不到应有的理解与尊重,乡村教师便会产生严重的工作压力。

(2)经济与工作条件带来压力。收入水平及由其保证的生活水平是衡量一个人社会地位的重要指标。乡村教师的工资水平仍有待提高,工作条件仍有待改善。现在乡村教师面临的问题包括以下几方面:第一,乡村教师的生活水平与城市教师或其他职业从业人员相比较低,经济压力过重,社会地位也难以体现,乡村教师对现状不满,收入提升难;第二,虽然国家近年来加大了教育投入,但就社会发展总体水平而言,乡村教师的生存环境艰苦仍是显著问题。不过从发展前景来看,总体形势是乐观的。

(3) 人际关系问题增加工作压力。教师的工作压力还来自各种复杂的人际关系。校领导、同事、学生、家长等不同的人际关系，对教师的影响也各不相同。总的来说，支持型人际关系可以帮助教师缓解压力，而消极型人际关系将继续增加教师的压力。每个教师所面对的社会环境都是独特的，个体差异很大，但总体来看，恶劣的人际关系对原本承受着工作负担的教师是雪上加霜。领导的挖苦、同事的排挤，使教师难以获得肯定和尊重，难以获得自我效能，取而代之的则是愤怒、压抑等不良情绪，以及心理需要得不到满足带来的紧张和压力，加重了教师的工作负担，使其缺少价值体验。

有一名访谈对象认为，教师的部分工作压力也来自和领导的关系。除了领导，同事之间还进行着激烈的竞争。教师之间的竞争不仅包括学生的成绩，也包括教师的晋升、日常考核等。乡村教师没有充分的进修和深造机会，而且职称名额也有限，这也导致乡村教师的压力比较大，彼此间竞争愈加激烈。另外，学校管理不够公平公正，导致不良竞争出现，造成同事关系越来越差。

除学校内部影响因素之外，和家长的沟通不畅也增加了教师的工作压力。与城市相比，乡村的大部分家长都不支持教师的工作，这一点也被大部分访谈对象提出。在乡村学校，大部分家长并不重视孩子的教育，在日常生活中也不管教孩子，甚至对孩子过于宠爱或者娇惯。他们自身文化水平较低，往往在管教子女上有心无力，所以不得不寄希望于老师，认为教育孩子是老师的事情，自己不需要负责，这也在无形中使教师承担着更大的工作压力。不仅如此，乡村地区的部分家长并不理解教师的难处，比如孩子和老师出现矛盾之后，家长总是会将责任推脱给老师，忽略自己孩子的问题，这也会给教师造成压力。

(4) 工作环境与教学条件落后。城乡教师工作条件的差异也非常明显，乡村教师工作条件明显落后于城市教师，这也会造成乡村教师面临更多的工作压力。

2. 工作任务压力源

从工作任务角度来看，教师压力主要源于学生升学、学生问题、各种检查。

乡村教师和城市教师同样面临的一个任务就是要提高学生的成绩，保证学校的升学率。但是在乡村地区，无论是家长还是其他群体普遍不够关注教育，而且乡村的教育条件有限，学生自身也缺乏一定的学习意识，甚至对学习充满了厌倦，所以提高学生的成绩难度较大，这也导致教师面临着更大的工作压力。尤其是乡村贫困地区的教学资源过于匮乏，造成教师工作负荷过重，再加上上级部门的各方面检查，这对教师来说无疑是雪上加霜，导致其教学热情被消耗，教学精力越来越差。

根据访谈，可以将这类压力源归纳如下。

（1）学生升学加剧工作压力。大部分访谈对象提出的压力都是关于升学和考试的。随着社会的发展以及生活环境等各方面的不断改善，重视教育的人越来越多。对于教师来说，升学考试方面的压力确实比较大，尤其是在乡村学校。笔者通过访谈发现，乡村教师遇到升学压力的主要原因包括：学校严格要求升学率，并且给教师提出了明确的评价标准；家长的升学期望也不断提高；择校问题造成大量生源的流失；等等。除了升学和考试压力，为了保证学生升学，让学生的成绩更好，乡村教师也必须应对各种各样的考试，对学生进行严格管理，要求学生做各种各样的练习等。尤其是班主任，他们每天也是早出晚归，加班情况严重。

（2）学生问题加剧工作压力。大部分乡村学校的教学条件都是比较落后的，教学资源也比较匮乏，而且生源质量也无法和城市媲美。在乡村地区，大部分学生都没有强烈的学习意识，缺乏有力的学习动机，学习态度也不端正，班级学习气氛比较差，纪律问题也比较严重。纯粹依靠教师的力量是无法解决这些问题的。因此，教师完成工作任务难度较大，压力也较大。

有80%的访谈对象提出，他们的主要压力源于管教学生的难度大。

学生的问题具体包括两方面，一方面是厌学，另一方面是和老师对立。教师不仅要处理学生厌学的情况，同时还要处理自身和学生的关系，部分问题比较严重，甚至是冲突无处不在。大部分教师提出，学生并不理解老师的工作，或者对老师提出了过高的期望。其中一位受访教师认为，和教学压力相比，"冲突带来的压力更大一些"。

学生的学习习惯需要从小培养，但是乡村家长的教育意识比较弱，对孩子持放任态度，长此以往，学生就会养成不好的习惯，不积极对待学习。有一位受访教师提出，在乡村地区，依然有大量的单亲家庭，这些家庭的孩子更是缺少家庭教育，而这也会影响教师的工作效率。

（3）教学外其他工作的干扰。在教育改革背景下，教师必须转变自己的角色，除了给学生传授知识，也要不断提高自己的专业教育教学能力。教育管理部门也越来越重视教师和学校的监督管理，并且给教师安排了相应的科研题目，并对其进行培训。然而，这些工作并没有发挥作用，甚至导致教师的压力更大。研究者通过访谈得知，造成压力的原因包括两点。首先，教师完成教学任务，压力已经够大，再加上各种各样的检查，教师消耗的时间和精力越来越多。其次，教育管理部门并不关注乡村教师的真实处境，忽略了教师的工作情况及时间安排，也不了解教师的具体需求。这也导致教师没有精力来应对这些检查，长此以往形成了恶性循环。

3. 职业发展压力源

乡村教师的职业发展压力主要源自以下三个方面：

（1）职称晋升难。教师职业发展的一个重要标志在于职称晋升，而教师的职称又与其工资具有紧密联系，因此，职称晋升对于教师而言至关重要，教师之间也存在着激烈的竞争。当前，职称晋升的考核因素越来越多，竞争越来越大。虽然考核制度越来越健全，但是也不可能保证绝对公平。另外，乡村基础教育教师的压力还来自同辈间的比较。

（2）不合理的日常考核评价。日常考核不合理，缺乏完善的考核制度，造成教师产生巨大的心理压力。一是学校评价教师的唯一标准是学生的成绩；二是在部分学校，教师评价制度缺乏公平性；三是学校管理过于死板、教条，给教师带来了心理压力；四是学校管理混乱，调动不起教师的积极性。

职称晋升与日常考评问题进一步增加了教师的工作压力。无论是晋升还是考核都会体现出教师的成绩，并且和他们的利益紧密相关，这会造成教师的心理压力加大。对于每一位教师来说，他们希望自己的付出有所收获，能够获得领导的肯定，让他们认可自己的价值。然而，职称晋升名额是有限的，这也造成教师之间的竞争比较激烈。乡村教师的职称晋升名额更少，晋升难度过大，这都会造成教师的心理压力过大。

（3）教师个人责任感。导致教师产生工作压力的因素不仅包括外部压力源，也包括教师自身的职业责任感、力求上进的工作态度等内部压力源。教师的职业特性，使城乡教师群体都对自身的要求比较高。除此之外，在社会舆论的影响下，各方给教师提出的要求也不断提高。访谈中有6名受访教师明确指出，在职业道德的约束下，教师自身的责任感及自我要求都会导致压力加大。如果教师的责任感强，那么他们就会希望自己教的学生更优秀，压力也会随之增大。部分教师追求完美，希望不断提高自己，这也在无形中增加了其心理压力。

二、乡村基础教育教师的职业倦怠

教师的职业特点决定了教师在面对不现实的高目标要求和自我追求时，会产生一种慢性的挫败感和失望，会逐渐地耗尽其工作热情和斗志。出现职业倦怠之后，他们仍天天忙碌不停，接收不到警告的信号，个性变得冷漠，更愿意独处。

越来越多的人认识到这是教师的职业倦怠。"倦怠"一词最早于1974年由美国心理学家费登伯格（Freudenberger）提出，并将其引入心理学研究领域。具体来说，面临工作压力时，教师无法顺利应对，因此表现出的情绪、态度或者行为的衰竭状态就是教师职业倦怠，具体体现为去个性化、情绪衰竭和个人成就感丧失，最具代表性的指标就是情绪衰竭，该指标的主要特征是缺乏活力。情绪衰竭往往还伴随着其他心理状态，比如挫败、紧张等，导致个体无法应对工作。用毫无人情味的方式对待他人就是去个性化，具体表现为对待他人毫无热情，甚至冷嘲热讽，态度过于冷淡。教师缺乏自我效能感，并对自己做出负面评价，特别是在工作层面，认为自己没有能力应对工作，对工作中的问题感到无助，工作满意度也越来越低，这就是个人成就感丧失的表现。

如果教师出现了这些状况，那么他们往往已精疲力尽，对待工作会感到烦躁不已并退缩，甚至拒绝和他人沟通交流，造成工作质量大打折扣。

（一）乡村教师职业倦怠的表现

职业倦怠会带来心理健康、身体健康、人际关系、工作效率等方面的损失，它不仅仅是个人问题，整个教育体系都在受其影响并且为其付出代价。一些教师或许还没有意识到职业倦怠的出现，我们首先可以从具体症状上判断。出现职业倦怠的教师通常会在身体、智力、社会、情绪和精神上有所表现（如图3-1所示）。每一个层面的症状都紧密联系，息息相关。

图3-1 乡村教师职业倦怠的表现

1. 身体方面的表现

教师如果存在职业倦怠现象，往往会有慢性衰竭的表现，具体涉及失眠、头昏眼花、恶心、过敏、呼吸困难、肌肉酸痛和僵直、月经不调、腺体肿胀、咽喉痛、传染病、感冒、头痛、消化不良和后背痛等症状。其中，呼吸系统传染病和头痛会持续很长时间，有些人还会出现严重的肠胃问题。除了身体上的症状，部分教师可能还会出现睡眠紊乱，有些教师可能会存在失眠现象，在本应该休息的时候感到极度亢奋，无法放松自己；有些又睡眠过多，没有充分的时间和精力来应对工作。尤其是每天早晨起床，大多数教师感到非常疲惫，无法完成工作任务。

2. 智力方面的表现

职业倦怠也会影响智力。在白天的工作环节中，每个人无时无刻都会接收到周边各种各样的信息，并对其做出反馈。如果教师存在职业倦怠现象，他们就会因这些信息而产生巨大的压力，也不能对信息进行有效处理。而且他们的注意力还会不集中，部分教师可能会不知所措，还有部分教师可能会出现易怒和暴躁的情绪。尤其是在做决定的时候，这些教师总是会思绪不清或犹豫不决，即使做出了决定，也认为自己无法胜任。

3. 社会方面的表现

教师如果存在职业倦怠现象，那么在生活行为方面也会出现各种各样的问题，比如同事关系越来越差，对周围的一切都毫无兴趣。在闲暇时间，他们也只是选择自己在办公室，不会和其他教师沟通，更不愿意参与各种各样的体育活动。面对学生，不愿意解决他们的问题，没有丝毫热情，对学生的错误和不足没有耐心。部分教师还会把情绪发泄在学生身上，毫无理由地对学生进行处罚，造成师生关系越来越紧张，双方的隔阂也越来越严重。

4. 情绪方面的表现

大部分教师并不愿意承认自己存在职业倦怠现象，久而久之，他们不去分析其中的原因，也不会积极解决问题，总是将其归咎为其他人的责任。长此以往，他们会认为是自己缺乏能力，导致了问题的产生，还无力改变现状，因此才会消极应对。他们还对他人时刻保持提防，猜忌心越来越重，并且更加偏执，个人成就感不断降低，自尊心也受到伤害。这只会造成他们的工作效率越来越低，烦躁的情绪和不自信的心理越来越严重。

5. 精神方面的表现

教师受职业倦怠影响，其生活也会变得越来越乏味无趣，无论是和同事、学生还是和家人，关系都会越来越差，精神接近崩溃边缘。众所周知，保持工作和生活的平衡尤为重要，如果每个人都能做到这一点，那么精神上就会平静，教师同样如此。但是，在长期的压力之下，教师的工作兴趣越来越不足，自信心也受到了影响，创造力越来越差。他们不断地压抑自我，精神问题越来越严重，导致待人冷漠，出现心理焦虑等问题。这些教师也希望能够尽快摆脱这些情绪，投入工作中，但根据调查结果，部分极度不满或者心存抱怨的教师认为自己无法继续坚持，最终会选择离职。

（二）乡村教师职业倦怠问题的现状

从访谈结果来看，乡村教师存在一定的职业倦怠，如不能及时进行调整，有转向严重倦怠的趋势。目前已有一些教师出现消极怠工的现象，他们缺乏教学热情，尤其是教龄在10—20年的教师的倦怠感最为强烈。

针对职业倦怠问题，笔者对10名教师进行了调查，整理资料后发现，该群体的职业倦怠情况不容乐观。乡村教师已经有情绪衰竭倾向，他们普遍反映教师这个职业很累，压力很大，而去个性化程度不高。教师认为教学生是自己的职责所在，对学生的问题能够耐心给予帮助。但是乡村教师的成就感比城市教师的低。由于乡村学校的教学质量与城市学校有一定差距，相对较好的学生有机会都会转到市里的学校，因此乡村教师对教学的成就感并不高。

其中教龄在 10—20 年的教师职业倦怠情况最为严重，这与前人进行的调查研究结果是一致的。处于该教龄内的教师平均年龄在 30—40 岁，在学校的教育事业发展中，他们也扮演着重要角色，可以说是一线骨干教师。在新的社会背景下，知识更新速度越来越快，教师也不得不去积极学习新的知识，但是他们又面临着一定的家庭压力。他们上有老下有小，家务繁重，家庭与教学工作双重任务压在身上，因此很容易感到倦怠。而年轻教师由于刚参加工作，对教学还充满着热情，希望能尽全力做到最好。年长教师由于多年丰富的教学经验，已经对把握课堂和调动学生情绪十拿九稳，并且家里也没有过重的负担，因此感觉到的压力相对较小。

作为访谈对象的教师都认为班主任比科任老师压力更大，因为除了常规的教学任务要完成，班主任还肩负着自己班级三十多个学生的一切，包括学习、卫生、纪律、安全等，这些无时无刻不使班主任产生压力，甚至有些班主任反映晚上回家后也无法安心，这种长期的精神压力导致的直接结果就是情绪衰竭。

第二节　乡村基础教育教师人格的完善

一、人格魅力的内涵及表现

（一）人格与人格魅力

"人格"一词来源于拉丁文"peosona"，指的是"面具"。在社会上，受到某些因素的影响，个体形成的性格特点，就是人格，比如拾金不昧、团结互助等。参考《星级人格新概念》中的观点来看，个体自身的特征对其他人产生的"自己"的角色形象,就是人格魅力,比如在日常生活和工作过程中个体所体现出来的道德、性格、气质和能力等。

(二)教师人格魅力表现

教师的人格魅力表现在多个方面,包括气质、头脑和行动等。教师的人格魅力是提高教学质量的前提。在日常教学过程中,教师的人格魅力也会影响学生,不仅影响学生的思维,更会影响他们的思想观念。与教科书和其他道德律令相比,教师的人格魅力产生的影响往往更加明显,比如"最美乡村教师",他们的美就体现在人格魅力上,他们热爱自己的职业,在自己的岗位上发光发热,奉献自己的价值,为整个民族的教育事业做出了重要贡献。

二、乡村基础教育教师应具备的人格魅力

(一)崇高的道德情操和师生平等意识

对国家教育事业忠诚,热爱国家教育事业,并且积极献身,这就是教师高尚的品德情操。对于最美乡村教师来说,要改善教育工作职能,这是最基本的要求和条件。在农村地区,虽然部分教师薪资待遇不好,但是他们却始终不忘初心、艰苦奋斗,在自己的岗位上兢兢业业、奉献自我。教师如果热爱自己的职业,即使在乡村学校,同样能够彰显自己的人格魅力,比如浙江最美教师王渭仙、杨树长、章大春,他们都是极具代表性的典范。

教师还应该具备师生平等意识,无论学生学习情况如何,家庭背景如何,都必须一视同仁,公平对待。农村学校的留守儿童较多,乡村教师更应该做到这一点,不仅要担任教师,也要扮演家长的角色。教师和学生在相处过程中,也要相互取长补短,相互推动,共同成长。

（二）灵活变通的育人方式

教师在教学中要使用丰富多样的教学方式，这有利于激发学生的学习热情。尤其是一些贫困地区，学生没有充分的机会去接触英语母语者，他们只能通过教材来学习英语，这种方式过于单调，也比较枯燥，结果造成学生失去了学习英语的兴趣。针对这种现状，教师需要把握教材，丰富教学方式，和学生进行口语对话，这有利于提高学生的学习兴趣并获得更好的教学效果。

教师也可以结合当地的情况，挖掘地方特色资源，以此来开展教学。教师要考虑学生的特征和需求，挖掘当地的人文风情、民俗文化等，将其和学生的兴趣融为一体，从而设计出更有意思的课堂，提高学生的学习效率。乡村最美教师应该以身作则，要有良好的人格和品质，遇到问题和困难，也要勇往直前。对于乡村教师来说，学校所处的位置地理较为偏僻，周围基础设施不完善，整体条件较为艰苦，不像城市里的教师有丰富的教学资源，有良好的教学条件，有完善的教学设施。乡村教师的待遇也远远低于城市教师。所以，乡村教师要正确看待自己的岗位，明确自己的价值，不能被外界的诱惑所干扰。不仅如此，乡村学生的素质和能力也低于城市学校的学生，乡村学生的家庭背景相较于城市的家庭背景也更差，尤其是一些留守儿童，他们的问题更多。所以，乡村教师在教育的过程中不仅要考虑到教学问题，也要考虑到学生的家庭问题，对学生进行有效引导和帮助，培养学生形成良好的品质。

（三）责任心和自我完善的决心

要成为一名优秀的乡村教师，就要时时有一颗进取心，不求做得最好，但求做得更好。我们应该以严谨的态度对待教学，积极上进、不断努力，激发自己的求知欲。社会上的每一个个体无论处于哪一行业，都要不断学习，这样才能推动事业的发展，才能让自我价值得以发挥。教师同样如此，也要积极进取，给学生做好示范和带头作用。责任感较强的教师不仅能够全面投入自己的工作，而且能够积极爱护自己的学生，这对于学生来说无疑是一份重要的力量，会激发出学生的求知欲望，提高学生的学习积极性，从而推动学生自身的发展和进步。教师也需要紧跟社会发展，不断充实和提高自己，转变自己的观念，丰富自己的知识结构，提高自身的教学能力和专业技能，为教育事业的发展奉献自己的力量。

三、乡村基础教育教师人格魅力的培养方法

（一）提高综合素质

培养乡村教师人格魅力的方法丰富多样，而关键方法有两个。第一，转变教师的思维理念，提高教师的师德修养。城市的薪资待遇明显更丰厚，生活条件也比较优越，这些对于乡村教师尤其是青年教师来说相当具有诱惑力。部分教师受到诱惑之后以敷衍的态度对待工作。在这种情况之下，学校就要定期组织教师学习政治理论，了解当前的局势和各项政策，提高教师的思想认识，引导他们形成乐于奉献的精神和意识，让他们在工作中对学生尽职尽责，对自己的未来充满希望和信心。第二，引导教师积极学习，增强业务能力。要提高教师的素质，首先要增强他们的业务能力。尤其是当前强调素质教育，开始进行教育改革，科技发展速度进一步加快，这也要求教师要提高自身的业务水平。作为优秀的乡村教师，必须有丰富的专业知识，有强大的业务能力，这样才能够提高教育质量，推动教育事业发展。①

（二）完善落实制度

为了加快发展乡村教育，我国先后实施了乡村教师长效补充机制和乡村教师素质提升工程，从而提高乡村教师的综合能力，提高人力资源

---

① 蔡扬波、王钦：《最美乡村教师人格魅力培养探析》，载《劳动保障世界》，2017年第5期，第24、26页。

的使用率，改变乡村师资力量薄弱的现状。随后，国家又出台了新的计划，其目的就是帮助乡村引入更多的教师资源，同时转变乡村教师的教育理念。为了保证乡村教师有更多的晋升渠道，让乡村教师岗位的吸引力更大，可以引入更多优秀的大学生和骨干教师。国家还明确提出，要把专业技术中级和高级岗位、教师职称的评定向乡村地区倾斜。在新的时代背景之下，为了改善乡村教师的工资待遇，推动他们的工作调动，教育主管部门也提出了各项制度和优惠政策，通过完善奖惩体系，对其薪资进行调整，并且不定期评选最美乡村教师，给予优秀教师充分的奖励。奖励不仅仅包括物质层面，也涉及精神层面，要防范行政过度干预或者剥夺乡村教师权益的现象，包括荣誉、职称和奖金等。相关部门和机构必须严格落实国家提出的乡村教师工资待遇政策。除了改善教师的薪资待遇，还要改善他们的生活条件，比如住房，针对条件更加艰苦且地理位置更偏远的乡村学校教师，政府要提供相应的优惠政策。

（三）广泛吸纳社会力量

目前，我国乡村教育发展情况整体较为滞后，无法和城市媲美。所以，要促进国家教育事业整体发展，就需要城市带动乡村，把城市的优质资源分配给乡村地区，并为乡村吸纳更多的社会力量，共同开展教育工作，提高教育教学质量。第一，强化对企业的引导和鼓励，支持其建立助学基金，解决乡村地区学生上学遇到的难题，同时还要吸引更多的爱心组织或者机构给乡村教育事业发展提供力量。第二，城市学校在每年招聘优秀教师之后，可以先将他们派到乡村地区的学校进行锻炼，时间为一年到两年，结束之后进行考核，再调回城市学校并且提供编制。高校也要为乡村教育发展提供支持，比如可以在每年寒暑假指派学生去乡村地区助学，为乡村带来更丰富多样的文化。引导更多的社会力量参与其中，可以进一步促进社会资源的流通，为乡村教育注入更强的力量。社会各界也在其中发挥着重要作用，比如各种各样的公益组织，以及大量的慈善机构，它们也会对乡村教师提供帮助和扶持，以此来促进乡村教育发展，改善乡村教师的教学及生活环境，这对国家教育事业发展来说也是具有重要意义的。

（四）培养积极人格

1. 培养正向思维

人在遇到令自己沮丧的情况时要保持正向思维，尽量避免负面情绪，要学会大事化小，小事化了，并且坚持正确的信念。

2. 培养积极错觉

积极人格起码要包含以下几点积极错觉。

第一，自我提升。也就是说，要在自己的身上归集积极特征。

第二，控制幻想。也就是说，倾向于高估自己对环境和结果的控制能力。

第三，不现实的乐观。具体指的是不切实际地对未来充满期待。

如果积极错觉维持在适度的范围内，那么不仅有利于身体健康，也有利于心理健康。但是，如果缺乏一定的积极错觉，就可能出现抑郁的情况。

3. 培养乐观精神

导致我们失败的因素并非事件本身，主要还是我们对这些事件的理解和看法。所以，针对社会事件和生活事件，我们要用乐观的心态来看待，这样才能够提高感觉控制，最终使适应性反应得以改善。总而言之，改变我们自身对事件的解释风格具有重要意义，我们必须用乐观的心态对待周围的一切事物，这样对自己也是有利的。这种状态能够帮助我们正确辨别是非。

4. 培养积极心态

（1）体验幸福。积极心理学家提出，幸福体验主要由以下几部分构成。

第一，愉悦感。其中涉及的积极情绪包括三种类型，即对过往保持积极情绪、对未来保持积极情绪和对现状保持积极情绪。

第二，参与感。具体指的是积极投入一切生活事件，获得内心的充盈和满足。

第三，意义感。具体指的是将自己和外在世界紧密联系起来，使得精神层面得以升华，并从中获得积极情感。

（2）激发心流。个体在活动的时候，其心理的一种状态就是心流。个体在参与活动的时候，如果全身心投入其中，那么就会毫不在乎外界的任何影响，可以集中所有精力于活动中，这就证明个体进入了心流状态。有学者提出，如果个体出现了心流体验，那么其各个方面都会获得进步和成长，比如沟通能力会增强、学习能力会提高等，心流体验能够帮助个体建立积极的人格。

5. 促进情绪拓展

积极情绪能够让个体的即时认知和行为系统得以扩展，让个体勇敢突破约束和限制，从而帮助个体建立持久的心理状态。

（五）积极适应

1. 增强心理弹性

人遇到压力或者困境的时候，没有被打垮，而是从容应对，在这一过程中所展现出来的能力，就叫作心理弹性。个体为了增强自身的心理弹性，首先应该积极地看待自己，形成正确的自我认知。同时还要正确认识现实环境，提高自我效能感。如果个体具有较强的心理弹性，那么该个体往往是内控型的，会使用以问题为中心的应对方式。

2. 积极应对压力

人要学习应对压力的技巧。敞开心扉向他人倾诉是一种积极应对的有效策略，能够促进身心健康。詹姆斯·彭尼贝克（James Pennebaker）认为这可能和两方面因素有关，一个能写出负性社会事件的人，常常会构建一个完整并且有意义的故事来解释这些事件。詹姆斯·彭尼贝克对数百个负性事件进行了分析，发现健康状况改善最多的人，是那些最初对自己的问题描述得很不连贯且无序，后来解释这些事件的时候却非常清晰且连贯的人。一旦解释了这些事件，他们就不会再反复思考。除此之外，这些人也几乎不会去抑制这些负性事件。如果人自发地克制对这些事情的想法，就会集中精力思考这些事，然而将创伤性事件写下来，或者向他人倾诉，可能会帮助自己更好地理解那些事件，然后轻装前行。

要学习应对压力的技能与技巧。敞开心扉向他人倾诉是积极应对的一个有效策略。敞开心扉向他人倾诉能够促进健康的原因是什么呢？彭尼贝克认为可能和两方面的因素有关：首先，一个能写出负性社会事件的人，常常会构建一个有意义并且完整的故事来解释这些事件。彭尼贝克通过对数百份被试写下的负性事件进行了分析，发现健康状况改善最多的人，是那些在开始对他们自己的问题描述得很不连贯、无序，而后来在解释这些事件的时候却非常清晰连贯的人。一旦解释了这些事件，人们对这些事情就不再多想了。另外，这些人抑制有关这些负性事件的想法也较少，因为刻意压抑这些事件的想法，可能会让人们更贯注于这些想法，因为越试图不去想这些事情，实际上会让我们想得更多。将创伤性事件写下来，或者向他人倾诉，可能会帮助人们更好地理解那些事件，然后轻装前行。

四、新生代乡村基础教育教师的人格特征及重塑

随着教育政策向乡村教师倾斜，乡村教师得到越来越多学者的关注。目前关于乡村教师的研究主要集中在教师群体层面，这些研究分析并探索了对乡村教师的认知，却没有分析乡村教师的个体差异。在当前的社会背景下，新生代乡村教师是教师代际性群体中非常有代表性的一部分，具体是指在20世纪80年代出生，并且在乡镇或者乡镇之下公办

学校任教的教师。

（一）新生代乡村教师的人格特征

1.新生代乡村教师的基本人格特征

北京师范大学中国民族教育与多元文化研究中心通过调查发现，在所有的新生代乡村教师中，有80%左右的教师在14岁之前主要生活在乡镇地区，主要来源于农村多子女家庭。[①] 在特殊的成长背景下，这一群体人格发展倾向受到了影响，所以他们的人格中有一定的国民性成分，而这也塑造了他们的基本人格。他们人格的形成与初级文化息息相关。初级文化更多表现为乡土文化模式，这种文化模式塑造的基本人格以家庭教养方式为主，属于中介代际传递，使得这一群体有了基本的人格倾向。在以乡村文化为核心的初级制度的影响下，新生代乡村教师具备的基本人格倾向就是"保守不变"与"谨小慎微"。虽然不同的成长环境和性格会带来一些显著差异，但是在共同文化的影响下，也形成了一定的共同心理特质，即"民族精神"或"国民性格"。农耕文化的"守则"孕育了祖辈"保守不变"与"谨小慎微"的基本人格特质，"守则"指的是遵守各方面的道德规范和准则。传统村落作为一种基层管理单位，维护秩序的主体是家族或宗族地位较高的长者，维护的主要原则是"礼"与"德"，秩序的核心在于伦理，以此为基础，乡村人人各守其位、各当其责。

这种基于宗法血缘关系中以"孝悌为本"为核心的群体本位观形成了新生代乡村教师"尚公""利他"的人格特质倾向。因为小农生产方式是自给自足模式，所以血缘宗法家族制逐渐演变成一种稳固性最强的社会组织基础，伦理为本的管理方式使得地缘、血缘、亲缘成为牢靠的情理人事关系。这种以家族或某一群体的整体利益为本的价值取向，

---

① 范艳慧、陈德胜、聂瑞等：《新生代乡村教师的人格特征及重塑——基于文化与人格理论视角》，载《汉江师范学院学报》，2020年第1期，第117—121页。

强调族群意识与集体利益，导致人的独立意识发展受到阻碍，人的自主性发展受到影响，个体没有独立人格，丧失自主意识，个性湮没于社会性中。乡土文化和规范对父母的思想观念产生影响，而子女的思想观念会受到父母的影响，这种传统的心理结构和行为方式在一定程度上给新生代乡村教师提供了相似性较突出的发展趋势，也给他们提供了一种以儿童教养方式为中介的相同的投射系统，在乡村社会和原生家庭的交互作用下构成其基本人格倾向。但人是社会的人，处在社会化过程中，新生代乡村教师群体的人格在城市文明浸染中形成超越基本人格的心理特质。

2. 新生代乡村教师的身份人格特征

所谓身份人格，强调的是一种与乡村教师身份相"匹配"的个性特征和行为方式。对于新生代乡村教师而言，由于特殊的乡土文化经验和现代城市文化浸染，其在身份人格形成过程中所遇到的张力关系无疑是更为复杂的，新生代乡村教师身份人格兼具时代特征、乡土特征和职业特征。

新生代乡村教师是在社会变革和教育改革时代中成长起来的，他们的人格充斥着现代化城市元素。信息化与全球化背景下的现代城市文化充斥着本土与外来文化、传统与现代文化的多元要素，塑造了部分新生代青年群体享乐、自我、功利、务实、焦虑等身份人格特征。

以"消费"为核心的城市文化使部分青年的人格以一种个人化和相对化的虚拟方式消泯，乃至代替了现实世界中对民族文化、传统文化的认同，形成以"享乐""效率"为核心的人格内核及以"物质"为中心的精神追求。随着高等教育的普及，此类群体曾在大中型城市求学，在充裕的物质条件和城市文化的熏染中成长。在消费主义、享乐主义城市文化的长期影响之下，部分青年逐渐丢失了自己之前的先赋性文化认同感，并且逐渐形成一种"城里人"稳定的娱乐方式和类似的生活消费模式。其质朴保守的传统人格正在遭受城市文化的侵袭，主体意识与独立意识湮没在对功利性城市文化的追求中,屈服于既得利益、金钱、职位等。

全球化进程中西方个人主义对于独立、自我的人格特质产生了冲击和影响。在新生代乡村教师求学的过程中,学校教学的文化核心是传统儒家思想,这些思想的影响和熏陶使得他们更加信任集体意识。在社会发展的任何阶段,获取和确立价值观的基础包括特定的政治、文化和经济等,而且它们就是为了服务于一定的社会集体和阶级利益。对于新生代乡村教师而言,他们可塑性最强的阶段就是求学时期。在这一阶段,他们吸收了教育政治价值观念,而教育政治价值系统是国家提供给受教育者的认知和符号系统,会通过长期的教育政治价值的结构性或隐性植入激起他们"对教育决策者合法性的信仰"。社会转型与生产方式变革影响了社会不同群体的生活形态,同时也对社会群体的文化环境和价值取向产生影响。随着城市的发展,城市拥有了阐释现代文明的话语权,而这种情况屏蔽了传统乡土文明的价值。所以,在当代社会,个人主义思想在一定程度上瓦解了新生代乡村教师的集体主义价值观。农耕文化的思想核心在于集体利益,所有人都应该以集体利益为主,而城市文化则更加关注个体,重视追求自我。正是这种文化的冲击,使新生代乡村教师的传统人格受到了影响。

3. 新生代乡村教师的撕裂人格特征

在新生代乡村教师的人格特征中,乡土文化和城市文化的冲突是重要的构成部分,这种冲突使他们形成撕裂人格特征。新生代乡村教师的撕裂人格表现在以下几个方面(如图3-2所示):

(1)"渴望融入"与"寻求逃离"。当今,新生代乡村教师的生活空间面临着场域转换,因为城市文化和乡村文化的碰撞,形成了"半城半乡"的文化形态。乡村教师不完全属于城市也不完全属于乡村,这种特殊身份影响了他们自身的文化,也导致乡村教师被贴上了不正确的标签,他们往往被认为是"收入低的穷教师"和"住在乡村的低水平教师"。面对从"象牙塔"到"泥巴墙"的转变,新生代乡村教师倾向于"融入型"的文化适应,在他们的思想和血液中融入勤劳、谦和、勤俭的特质,能够让他们充满活力和魅力。但是,因为其社会地位低,没有话语权,经济收入比较少,孤独感强烈,以及婚恋困境等问题,新生代乡村教师向往城市,迫切想要逃离"孤岛"一样的学校。他们虽然在城市里接受了教育,但是却无法留在城市,只能被迫回到乡村,他们有"学历高、追求多、住得远、跑得快"的特点。

(2)"渴望沟通"与"自我封闭"。新生代乡村教师群体不仅具备城市文化与生俱来的"渴望沟通"的天性,同时也具备农耕文化"自我封闭"的特点。作为"调来"或"外派"的教师,他们也希望可以和他人建立良好的关系,增强自己的归属感。但是,乡村地区主要特征就在于亲缘、血缘、地缘、乡缘,这种"远近亲疏"的交往特点,导致他们被当地群体排斥。他们和同事之间存在一定的竞争关系,村民对他们的信任度也比较低,长此以往,他们就会出现自我封闭的现象,甚至回避和他人的交流沟通。与此同时,他们会通过互联网渠道与其他亲朋好友沟通,这致使他们在心理层面与乡村场域空间的距离感更强。

(3)"利他"与"利己"。比利时心理学家霍夫斯特德以文化层面为切入点进行分析,提出了两种不同的文化维度——集体主义和个人主义。个人主义重点强调个体的利益和成就,而集体主义则更加关注集体的成就和利益。从个人和社会关系角度来看,城市文化更注重新生代乡村教师的个性和独立,关注他们的自我追求,引导他们多关注自身的利益,包括社会交际、就业等方面。而乡村文化则更加关注集体和社会的利益。所以,社会理想化角色认定和期望给这一群体戴上了沉重的枷锁,他们自身的利己和利他取向也并不明确,而且在文化认同上出现了偏差,结果造成他们自我效能感越来越差。

(4)"创新"与"保守"。新生代乡村教师是在教育信息化背景下成长起来的，他们是学校教育改革的重要力量。无论是改进讲课方法，还是维护师生关系，或者是开展学校德育活动，新生代乡村教师都发挥着非常重要的作用。然而，教育教学文化新元素在短暂的时间内无法全面打破乡村学校传统文化局面，因为乡村学校缺乏完善的软硬件设备，所以信息化教学模式探索和实践也无法真正落实。工作考核、教学任务等冲击着他们的使命感，严重影响着他们的情怀，他们以前树立的远大教育理想也被现实的职业生涯所毁灭。

图 3-2 新生代乡村教师的撕裂人格

（二）新生代乡村教师的人格重塑

1. 加强政策保障，构建乡土取向的乡村教师体系

乡村本土教师对自己的家乡有一定的依恋之情，他们希望能够依靠自己的力量反哺家乡，推动家乡教育事业发展。除此之外，他们在家乡有一定的人际关系，这对于他们的发展也是有利的。对乡村教师进行人格重塑的前提在于政策支持。

可以通过扩大地方免费师范生和大专本土定向培养范围来扩充乡村本土教师，实现教师"从哪里来到哪里去"的目标。同时，邻近县市在区域内打造一体化教师人才库，让乡村本土教师有回到当地的可能性。无论采取哪些方法，地方教育部门都应该重视乡村教师的薪资待遇，完善福利保障，为他们的成长和发展提供更大的空间。

2. 构建乡土化教育体系，塑造乡村教师身份人格

"功利"与"个人主义"色彩交织的教师教育渴求充满灵性与人文气息的绿色生态环境，教师教育应注重培养新生代乡村教师形成良好的身份人格。在乡村社会，新生代乡村教师是非常重要的知识分子群体，所以他们必须具备良好的人格特质，比如理性、批判、质疑等，还应该发挥知识的作用。

首先，师范教育要想突破城市文化和农耕文化教育理念方面的差异和分歧，就要注入文化间性意识，促进城市文化和农耕文化的互联互通，构建同质的教育理念。其次，要在乡村教师的课程体系中增添本土知识。乡村学校虽然分布在乡村，但是它们和其他社会组织之间也具有紧密联系。对于乡村儿童而言，他们成长的主要场所就是乡村社会。所以，新生代乡村教师应该有充分的乡土知识。

3. 保存文化记忆，推动人格双向转换

针对特定文化，共同体共享的记忆就是文化记忆，该记忆维系了共同体及相关成员的身份认同。尤其是在集体主义社会的发展阶段，时代精神和时代文化资源共同构成了社会成员的文化记忆。比如儒家文化，其思想核心在于"修身养性""慎独"等，其本质在于追求善。保存文化记忆对于塑造社会文化具有重要意义。

一方面，学校要充分挖掘优秀的历史文化传统，以社会主义核心价值体系和良好的教师舆论为标准来规范和引导新生代乡村教师的理想信念和道德情操，增强新生代教师的先赋性文化认同，同时提高他们的结构性文化认同，从而塑造他们的个体文化人格。

另一方面，政府要用良好的社会文化氛围构建社会主义核心价值体系，塑造社会理想人格，为营造良好的舆论氛围创造条件，以多个角度、多个层次为切入点，促进社会基本人格和个体人格的双向转换，并促进两者的双向传输。现阶段，大部分优秀乡村教师的人格特质都比较好，他们待人真诚朴实，能够发挥榜样的作用，促进社会的发展和进

步。这些基本人格特质会通过媒体等介质给个体人格带来影响，从而对新生代乡村教师群体身份人格塑造产生影响。

4. 创建文化理解共同体，形成批判反思型人格

多元文化冲突制约着乡村学校的社会交往，形成批判反思型人格是构建文化理解共同体的主要内容。文化理解型反思性实践者的角色体认能够使教师形成课程教学主体和文化主体意识，同时，还能够让他们以文化理解者的身份正确看待自身文化和其他群体文化的联系。

其一，创建文化理解共同体，要构建基于乡村学校情境的专业发展和乡村社会的文化体系。新生代乡村教师要以乡土情境为基础，正确看待自己的文化，同时也要正确认识其他的文化体系，通过文化理解及实践等过程，最终建立文化认同，形成批判反思型人格。

其二，创建文化理解共同体，新生代乡村教师要在与不同文化主体的交往活动和教育教学情境中，将认知理解与文化处境相结合，从知识或认知层面的交往上升到文化理解型交往，还要从一体多元化共生的角度来看待乡村教育中存在的教育问题。这能为乡村教师教学提供新的视角与方法，从而体现知识背后的价值立场。

其三，创建文化理解共同体，要构建融合内生的文化理解共同体。在教学交往中，师生、生生及师师之间作为不同的文化主体，针对异质文化，要采用文化移情的方式，或者采取文化共情的方法，使不同文化主体增强文化认同，在批判反思中构建充满温情的文化理解共同体。

第三节　乡村基础教育教师职业认同的提升

在我国基础教育师资团队中，乡村教师是非常重要的成员，他们有助于推动我国基础教育的发展。乡村教师与城市教师相比，其专业发展也是比较特殊的。现阶段，国内教师职业认同范式中的城市取向和标准

取向都忽略了乡村教师。部分研究者指出，要提高乡村教师的职业认同，就必须让他们回归乡土。

一、乡村基础教育教师职业认同的现实困境

结合现状来看，我国乡村教师职业认同方面的问题还比较多，具体如下：第一，乡村教师社会地位整体上仍然偏低；第二，乡村教师缺乏一定的竞争意识，而且也比较保守；第三，城乡教师专业发展模式没有太大差异，乡村教师的自我定位不合理；第四，城乡学校教育资源分配不均衡，乡村教师没有充分的经费保障（如图3-3所示）。

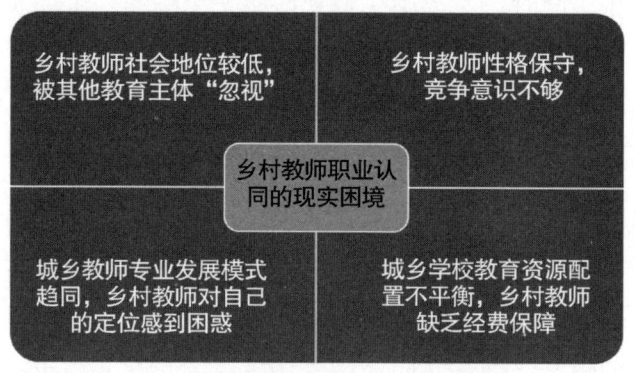

图3-3 乡村教师职业认同的现实困境

（一）乡村教师社会地位较低

王肖星认为，从身心健康发展来看，乡村教师遭受着教育政策制定者、理论研究者、管理者等其他教育主体的"忽视"[①]，主要表现为在教育互动交往中，这些教育主体不能以公平公正的态度对待乡村教师，认为他们是弱势群体，导致该群体的心理受到伤害。而"忽视"乡村教师群体的教育主体在个性特质、社会地位等方面都是有充分优势的，

---

① 王肖星：《我国乡村教师职业认同的现实困境及其突破》，载《教学与管理》，2020年第24期，第50—53页。

他们普遍控制欲较强，而且过分地关注自我利益。从拥有的权利上看，在整个教育行业中，乡村教师本应得到的权利被其他教育主体限制，具体表现为不承认乡村教师的正式资格或使其成为压抑性或边缘性的存在，将其排斥在教育共同体之外。在教育交往中，政策制定者、教育管理者通常占据绝对的优势地位，他们的教育资源更丰富多样，话语权也更高，会对乡村教师的交往行为进行一定的限制。在功利主义、身份主义等思想的影响下，他们为了保障自我利益，就会去控制弱势群体。与他们进行对比后发现，乡村教师在交往时往往缺乏一定的权力。在宏观制度层面上，乡村教师无法获得充分的教育资源；在微观教育共同体层面上，广大乡村教师并没有受到公平公正的对待。

（二）乡村教师具有较强的保守性

乡村教师生活在乡村社会中，深受乡土文化道德规范的影响，身上留有奉献精神、职业坚守、乡土风情、淳朴文化等的烙印。作为特殊教师群体的乡村教师，他们在生活环境与教学条件都非常艰苦的情况下，仍然坚守工作岗位，奉献着自己的青春。乡村教师有良好的师德情怀，他们责任感强，而且公正善良，也正是因为如此，在学校争夺资本的过程中，他们没有强烈的争夺意识，妥协性较强。大部分乡村教师学历相对较低，没有充分的文化资本。他们在入职之后，需要接受学校的安排，然后深入学习，这造成了他们的行动策略导向和专业发展阶段进程互相矛盾。乡村教师过于保守，所以在学校内部，出现了导向性错位的现象。在"进场"之前，他们往往使用保守型策略，做好入职准备，积极学习，努力提升自我；在自己的职业生涯稳定之后，他们逐步进入奋进阶段，为了得到更充分的资本力量，他们就会采用激进的策略，形成"在场"流动的有效力量。

（三）乡村教师自我定位迷茫

长期以来，在城乡二元格局的影响下，我国逐渐形成了两种不同的文化模式——城市文化和乡村文化。但是针对乡村教师专业发展，我国乡村使用的模式和城市几乎相同。所以，乡村教师进行的教学实践和乡村本土的环境出现了脱离的现象。而且教育场域在不断改变，社会环境同样如此，乡村教师和乡村文化的距离越来越远，他们对乡村生活场域感到非常陌生，并且对自身没有正确的定位，结果造成他们的独立意识越来越差，自由人格也受到了冲击。不仅如此，在城市文化的冲击下，乡村教师的乡土情怀和文化价值被城市文化所取代，使他们的发展方向越来越模糊，职业认同话语权也越来越弱。从社会职能角度来讲，乡村教师同时具备专业性和公共性。也就是说，作为乡村教师，除了要重视教育领域，他们也必须关注社会政治、文化、经济。对于生存状态，城乡教师各方面差距都比较悬殊，比如生存环境、工作环境、学习资源等，这些在一定程度上确实促进了乡村教师和乡村社会的融合，使得两者相互影响、相互依存。但是，在城乡趋同的教师专业发展模式的影响下，乡村教师的专业性和公共性受到了一定的冲击。

（四）乡村教师缺乏经费保障

长期以来，在"二元结构"的影响下，我国城市和乡村的差距过大。为了缩小两者的差距，国家和政府越来越重视乡村发展，不断提高投资力度，完善相关政策和体系。然而，城乡差距还是过于显著。结合现状，该结构在短期内不可能彻底消失，还会对乡村教育发展产生重要影响，并且影响乡村教师专业发展。要推动乡村教师专业发展，首先要保证满足他们的物质要求。但是，在大部分乡村地区，由于缺乏充足的教育经费，乡村教师工资待遇较低，这影响了乡村教师的专业发展，导致其社会地位较低。为了改善这一现状，国家和政府也不断努力，然而效果并不明显。因为缺乏经费保障，所以乡村教师专业发展积极性大受影响，他们对社会身份的认同度也越来越低，同时乡村教师团队中人才引进也遇到困难。针对部分经济发展情况较差的乡村地区，虽然出台了补贴政策，但是无法尽快落实，这造成城乡教育差距越来越大。除此之外，受到消费主义和市场化的影响，乡村教师群体无论是社会地位还是经济地位和其他参照群体的差距都比较大，这也影响了乡村教师的身份认同。

二、乡村基础教育教师职业认同的意义

教师职业认同会对乡村教师各方面产生影响，比如自身的素质、工作满意度、工作角色冲突的缓解情况，以及为工作献身的积极性等，对教师有着重大意义。

（一）乡村教师自身素质的完善需提高职业认同

教师职业不仅关系着个人的健康成长，还关系着全人类的幸福生活。教师职业认同程度与自身素质具有紧密联系。教师要落实各项教育方针和政策，实现提前部署的教学任务，并提高自己的素质，教师职业认同是非常重要的驱动力。通常情况下，如果教师职业认同度高，那么他们就会主动关注并获得与教师职业相关的各方面资料和信息，学习新的知识，不断充实和提升自我，在工作中也会懂得创新，从而提高教学质量，推动教育事业发展。

（二）乡村教师对工作的满意度与职业认同密切相关

如果教师职业认同度高，那么无论在日常学习研究及开展教学活动的过程中，还是在与学生、同事及领导的交流中，乡村教师都会有更加积极、乐观的心态。他们不仅可以发现自己的优点与特长，肯定自己的成绩与能力，体会工作与交往过程中的乐趣，感受成功带来的快乐，还会因自己的工作而自豪，因自己的工作而充实，在开展教育教学活动中感受教师工作带来的幸福，感悟教师职业的重要价值。由此可见，职业认同度越高的教师会具有更加积极、乐观的心态，对自己的工作会更加满意，也愿意在自己所在的行业中积极努力、坚持奋斗。

(三) 乡村教师缓解工作角色冲突需树立职业认同

在教育教学的过程中，由于各种原因，教师通常会出现一些角色冲突，比如教育现实和教育理想之间的冲突、教师角色和家庭角色之间的冲突、应试教育和素质教育之间的冲突、学习进修与工作之间的冲突等。这些冲突往往会使教师出现工作压力，或者导致他们产生职业倦怠，最终造成教师离职。但是，如果教师职业认同度提高，他们对待工作会更加积极主动，上述冲突都会得到缓解，他们会发自内心地认为教育是一份崇高的事业，可以为人类的幸福生活服务。不难发现，有些教师会放弃优越的条件而选择到偏远乡村地区从教，虽然工作非常辛苦，工资报酬较低，但他们却乐在其中，这与他们认同教师职业有很大的关系。

(四) 乡村教师献身教育事业以职业认同为前提

如果教师职业认同度高，那么他们在工作岗位上就能够进行准确的自我定位，在工作中也会有更高的积极性和主动性。他们会正确看待自己的职业，以自己的职业为荣，坚持为职业不断奋斗，并实现自我价值。具体来说，职业认同度高的教师以教育为信仰，将教师职业视为实现人生价值的途径，具有强烈的为教育事业奉献的自觉性。在部分乡村地区，中小学教师的社会地位仍然较低，各项福利待遇也不完善，但还是有大量的教师在自己的岗位上任劳任怨。他们之所以会这样做，就是因为他们热爱自己的职业，也能够正确看待自己职业的价值，有培养人才的使命感和责任感。

三、构建乡村基础教育教师职业认同的支持体系

随着城乡二元体制逐步消解与融合，逐步实现乡村教育的关注点由普及九年义务教育数量达标转向质量提升，义务教育由基本均衡向优质均衡过渡，乡村教师由学历合格到学历提升转变。笔者在乡村教师职业

认同及其差异分析的基础上，针对乡村教师职业认同存在的问题及成因，试图在政府、高校、社区、学校、教师五个层面，提出新时代乡村教师职业认同的支持体系。

（一）地方政府要加快政策供给

立足于乡村振兴的时代背景，为促进教育公平，缩小城乡差距，推进乡村教育的健康持续发展，国家特制定了《乡村教师支持计划（2015—2020年）》，为实现教育现代化添砖加瓦。国家相继出台的一系列政策、法规在很大程度上改善了乡村教师的生存现状，也有利于促进乡村教育的可持续发展。但是这些政策具体落实到地方时，仍然会遭遇各种各样的困难和问题，需要地方政府加强相应的政策供给，不断改进工作方法和模式，切实提高乡村教师的工资待遇，并建立健康、持续、长效的乡村教师发展机制。政府只有发挥政策的导向与引领作用，不断缩小乡村教师与城市教师之间的差距，才能提升乡村教师的身份认同，进而提升乡村教师的职业认同。

（二）地方高校职前教育要注重乡村体验

地方高校在乡村教师职前培养上始终发挥着重要的作用。地方高校同当地乡村的距离较近，而且地方高校的教师中本土教师较多，他们先前已积累了较为丰富的乡村教师知识，熟知当地的政治、经济与文化传统，对当地乡村学校教师的需求与发展最为了解。地方高校有必要和乡村学校建立合作关系，对本土师范生加强培训和选拔，关注学生对教学的体验，尤其是乡村体验，在教学中融入当地的文化和特色，增加乡村教育实践类课程，如到乡村进行实习、见习、社会调查和实践等，帮助师范生从不同角度观察和认识乡村，全方位体验和熟悉乡村教育教学。只有在与乡民和儿童的直接接触和交流中，师范生才能够不断感受和体会乡村教师对于乡村教育和乡村社会发展的重要性，从而产生强烈的职业认同和深厚的乡土情怀。

（三）乡村社区要多措并举

改善乡村教师工作和生活的环境需要多方面的努力与相互配合，乡村社区作为乡村教师置身的部分环境系统，会直接影响乡村教师对自身职业的认识和理解。例如，"读书无用论"在乡村是一个很普遍的说法。很多家庭不重视孩子的教育，认为读书没有用，不如早点把孩子送去打工，贴补家用，很多学生在完成义务教育后被迫弃学，家长也从不与老师联系，只会在学生出事时苛责老师，家长不尊重老师，不重视孩子教育，而教师也感到不受关注、不被重视。因此，在乡村振兴的背景下，乡村社区人民需要通过不断改善乡村社会风尚和乡村社会关系，转变乡村家庭"读书无用"的观念，宣传乡村教师的正面形象，重塑尊师重教的良好风尚，提高乡村教师的积极性和对学生的期望，进而促使乡村学生热爱学习，获得良好的发展。

乡村社会也可以让从乡村走出去的、有知识的个人或群体返乡，或者鼓励乡村出身的知识分子在退休后重回乡村地区，改善乡村文化环境，逐步转变乡村群众的观念。同时，应积极培育身在乡中的乡村教师成为"新乡贤"，重建乡村教师公共话语权。乡村社区通过多元化举措，为乡村教师打造良好的、适宜的乡村人文环境。虽然这是理想状态，但自我认同才是核心，只有确立了这个核心，乡村教师才能确立自己的职业理想，扎根乡村，主动地反思和学习，提高自身职业认同。

（四）乡村学校要建立专业发展共同体

乡村教师具有独立的特性，其职业技能不能用一般的教师职业技能来替代，需要考虑乡村教师承载的时代性、民族性与地域性特点，发展特有的实践性知识和能力。如在实践性知识上，乡村教师熟悉乡村社会的方言，了解乡村交往礼仪和风俗习惯，熟悉乡村的整体文化，可以避免猜疑与误解，积极融入乡村社会。

因此，乡村教师专业发展需要寄托于富含乡村文化的载体。乡村学校建立专业发展共同体,不仅要为乡村教师教育教学知识和能力的发展提供培养和指导,还要为乡村教师提供乡村文化共同体的学习机会。学校要制定相应的规则,促使乡村教师通过专业发展共同体,深入乡村调查研究,积累所教课程的乡土文化与乡村社会的内容。

乡村学校需要通过思想引领和体制机制完善,形成统一协调的组织,调动乡村教师参与的积极性,真正形成具有乡村学校特色的专业发展共同体,由此提升乡村教师的职业技能和通识素质,使乡村教师通过独具特色的乡村教育,与乡村学生建立起自然的情感关系,获得教书育人的职业成就感和认同感。

(五) 乡村教师要积极融入乡村生活

很多乡村教师的初衷并不是留在乡村学校,而是以乡村学校为跳板往城市学校迈进。即使社会和学校已经给予乡村教师与城市教师同等的待遇,但乡村学校仍然留不住教师,特别是年轻教师,有些教师虽然还在乡村学校,但已经"身在曹营心在汉"。乡村教师一旦对所处的地区和所从事的工作失去兴趣,就不能保持高效工作,容易产生疲倦感,缺少动力,安于现状。因此,提高乡村教师的职业认同,必须从乡村教师自身着手,当乡村教师在工作中实现自我价值,体会到乡村教师的职业价值,热爱乡村这片热土,立志做一名乡村教师时,乡村教育水平才会有质的飞跃。

在物质极为丰富的今天,利益至上的追求在一定程度上取代了乡土情怀的信念,很多教师不愿意留在乡村坚守乡村教育事业,导致乡村教师流失严重。培养乡土情怀除了政府、高校、社区、学校需要有所作为,更关键的还是在于乡村教师自身的主观能动性。很多从城市来的乡村教师不愿意接触乡村群众,也不愿意了解乡村生活,只熟悉学校的小环境却不了解乡村的大环境,只会在教室里上课却不到乡村大自然中探寻秘密。乡村教师要想找到自己安身立命之处,首先要打破成见,积极融入乡村生活，主动接触普通乡民。乡村教师可以利用教师的特殊身份与乡民打成一片，了解他们的生活方式，并适应这种生活方式，与乡民保持良好的人际关系，在乡民中树立起一定的声望。同时，乡村教师要修身养性，放下浮躁不安的心，学会享受乡村安逸恬静的生活，发现乡村的美好，不要因为身在乡村就自怨自艾，多与学生去野外散心，利用乡村大自然让乡村学生学到城市学生学不到的知识，同时自己也能受到熏陶。在融入乡村生活的过程中，乡村教师会潜移默化地受到乡村文化的熏陶，在内心深处形成乡土情怀，体验到乡村生活的独特魅力与价值，从而减少孤独感。

加强乡村教师队伍的建设，关系到乡村教育的未来，关系到每个乡村学生及家庭的发展，是目前我国乡村脱贫攻坚的重要一环。乡村教师需要坚定强烈的职业认同作为履职的保障，其自身的职业认同及职业水平都会对其职业价值和行为倾向产生影响，还会对整个国家及社会的思想观念产生影响。所以，促进乡村教育的发展需要提高乡村教师的职业认同。

四、乡村基础教育教师职业认同的提升路径

现阶段，乡村教师职业认同依然存在很多问题和不足，所以必须改变当前的状况。要使用多元化的方式，尽可能提升教师的职业认同。首先，要适当提高乡村教师的地位，提高他们对自身的认知。其次，要完善有关乡村教师的各项制度，增强他们对制度的认可，提高他们的服务水平。再次，要强化自我培训，让他们能够认可自己的职业。最后，要优化和完善教师补助机制，确保他们的收入能够满足他们的生活需求。

（一）提高乡村教师的社会地位

一般来说，教师对组织的承诺会影响他们的工作态度。教师对组织的承诺水平比较高，那么他们也会有较高的职业认同，这有利于他们获得自身的归属感，认同学校的组织目标，认可学校的价值观，他们也会更加积极主动地投入工作。如今，在乡村振兴战略的背景下，更应该重视乡村教师，提高他们的社会地位，并推动他们的主体性发展。乡村教师专业发展方案不仅要考虑乡村学校的发展阶段，也要考虑教师的情况和需求，给他们提供充分的人文关怀，重视他们的身心健康，切实维护他们的合法权益，尽可能满足他们的合理需求，以此来激发他们的工作热情，使他们对学校的组织承诺水平更高，增强他们对政策制度的认同感。另外，政府还要不断提高乡村教师的社会地位，确保其社会身份和政策制定者及推动者位于相同水平，要引导乡村教师积极参加相关政策的商讨和制定，这样能够保证政策满足教师的需求，让教师的话语权发挥作用，体现出教师的意愿。除了在制定各方面政策的过程中要重视他们的需求，对他们的人文关怀也要体现在日常工作过程中，要维护他们的基本权益，特别是和教师关系紧密的其他教育主体，比如管理者、政策制定者等，对教师的基本权益要表示尊重，要维护其身心健康。

（二）提升乡村教师制度性认可

国家应采用多种途径与方式承认和鼓励在乡村任教的教师，从国家与制度层面提升整个社会对乡村教师的认可度。而这也需要从制度上提高区域内部乡村教师的地位。当前，国家从"学校人"到"系统人"的举措就是在此方向上做的努力。与此同时，还要采用多种形式提供乡村教师所需的资源、发展机会、精神与物质补偿，以此来鼓励在岗乡村教师和吸引更多优质人才进入乡村学校，并长期留在乡村教书。除此之外，相关部门还要变革城乡趋同的教师专业发展模式，改变乡村教师教育内容与评价方式，提升乡村教师服务乡村社会的意识与能力，帮助他们获得学生、家长及所在社区的认可。在乡村社会中，乡村教师不仅是教师，也是需要承担社会责任的重要主体。在当前的社会背景下，乡村教师必须正确看待自己的职业，认可自己的身份，在拥有地方文化知识的同时，还要尊重地方差异，了解乡村学生的特点与需求，解读学生的内心世界。同时，乡村教师更要适应乡村社会生活，具备乡村本土情怀，能够结合当地已有资源进行课程开发，在培养乡村社会所需人才的同时，自愿为乡村建设服务。

(三) 加强乡村教师自我统整培训

相关部门要重视培养乡村教师的教学实践能力，同时还要培养他们的专业知识技能，合理设置准入门槛，针对不同任职阶段的教师，要合理规定其任职学历资格。在乡村基础教育教师入职之后，还要对其展开专业化培训，增强他们发现、分析与反思自身教学实践及存在问题的能力。在晋升职称考核方面，不能纯粹关注教师的专业知识，也要重视他们的教学实践水平。无论是在入职前进行培养，还是在入职后进行培训，相关部门都必须引导他们正确看待自己的职业及自己的身份，保证他们能够有效进行自我身份统整，这可以让他们正确看待自己的职业、社会地位及经济待遇等。所以，必须尽量突破该群体保守性和继承性的行动导向，强化培养自我统整能力的力度，确保他们能够正确看待自身职业的特殊性，正确理解教师系统内部不同层级之间的差异，确保他们在自己的岗位上兢兢业业，同时又具备一定的竞争意识，从而使他们专业知识能力更强，教育教学实践水平更高，使他们有能力应对教学活动中存在的各种问题。

(四) 完善乡村教师补助经费机制

为提升乡村教师职业吸引力，鼓励在岗乡村教师继续在乡村学校任教，或吸引社会优秀人才到乡村学校，相关部门须遵循"公平补偿+差序激励"原则，科学制定乡村教师综合待遇体系。首先，应将"以奖代补"的乡村教师补助经费支持方式转变为"先补后奖"的方式。《乡村教师支持计划（2015—2020年）》中明确提出，就乡村教师的补助而言，要充分考虑学校的艰苦及边远程度，以此为基础来建立合理的补助标准，要给乡村教师提供综合奖补。在落实的时候，部分贫困地区因为缺乏足够的财政能力，所以无法按时给这些教师发放相应的补助，再加上综合奖补方式的影响，最终贫困地区陷入了一种恶性循环，即"经费不足——落实不好——奖补金少——经费不足"。所以有必要打造三级经费分担机制，把乡村教师的生活补助政策落到实处，针对没有能力承担这部分经费的地区，有必要采取先补后奖的方式。其次，政府要以乡村的艰苦及边远程度为基础建立综合待遇标准，全面提高所有乡村地区教师的福利水平，以此来提高乡村教师岗位对于优秀毕业生的吸引力。在建立补助政策的过程中，国家要考虑到每一个地区的实际情况，按照公平公正的原则来提供补助，还要落实"差序激励"原则，使城乡教师资源配置积累的差距得以消除。

第四章

乡村基础教育教师教学能力发展

能力是潜在于个体身上,通过某种活动表现出来的个性心理特征。教师个体经验概括化的表现就在于教师的能力。教师的能力是一种心理因素,能够调控、支持并保证教育教学的进程、方式及效率。北京四中校长马景林将教师专业发展应具备的能力归纳为以下四种(如图4-1所示):

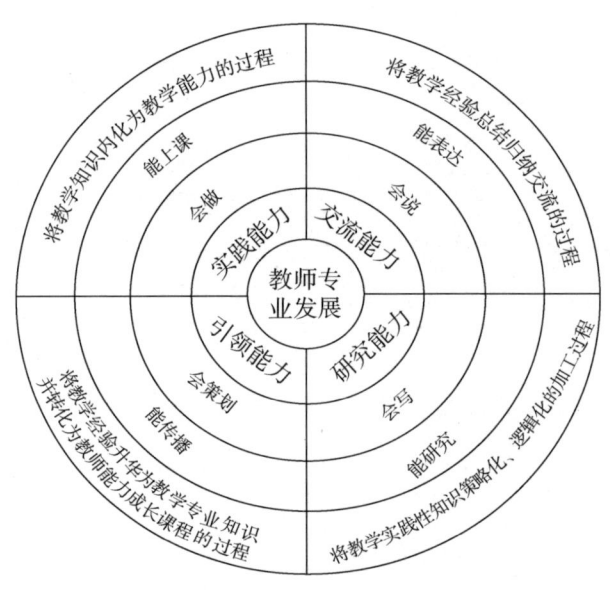

图4-1 北京四中校长马景林提出的教师专业发展应具备的四种能力

教师专业能力主要包括两个方面，一方面是一般能力，也就是智力，另一方面是教师专业特殊能力。要确保教师教学思维流畅，前提条件是教师自身具备一般能力。就教师专业特殊能力而言，一般可以细分为两个不同的层次。第一，和教师教学实践具有紧密联系的能力，比如语言表达能力、组织能力、课堂教学能力等；第二，能够提高教师教学实践认知的教学科研能力（如图4-2所示）。本章就乡村基础教育教师教学能力发展问题展开论述。

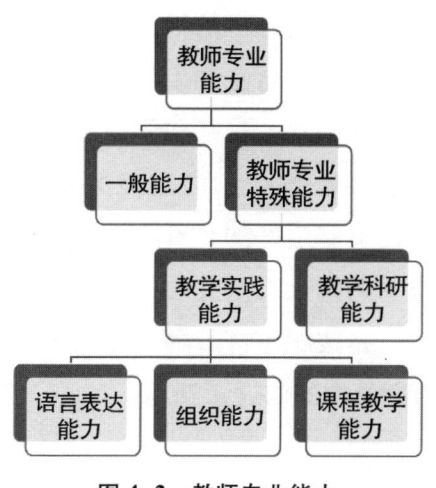

图 4-2 教师专业能力

第一节 创建适合乡村学生的学习环境

现代教学设计明确指出，教学设计者的核心任务在于针对学生营造相应的学习环境，在这种环境中，引导学生完成知识学习任务。学习环境功能丰富多样，可以给学生提供资源、学习工具和人际方面的支持。这些资源涉及学生学习过程中所需要的一些资料和信息，包括他们学习需要使用的工具和学习空间等。人际关系是指学生之间和学生与教师之间的人际交往。学习环境是学习者产生学习行为的容器。

一、促进师生良性的交往互动

教学是在教师与学生之间的交往中进行的。该观念突破了传统的思维和理念，把认识和社会进行衔接，使教学范围变得更广。教学交往也有一定的独特之处，有人把教学交往的特点归结为师生之间的主体性、互动性和互惠性。这种概括较宏观，具体些讲，从交往目的来看，教学交往这种活动有一定的目的性，其主要目标是既能够推动学生全面发展，也能够推动教师自身的发展。从交往主体来看，交往主体不仅包括学生，也包括教师，教师和学生在各方面都是平等的，包括人格、自主性等，然而双方信息的交互并不平等。从交往内容来看，交往主题往往是提前制定好的，具有一定的规范意义。教材是教学交往中师生相互作用的桥梁。从交往结构来看，教学交往是被提前精心设计和计划好的，是按顺序进行的，是需要根据设定的目标开展的。教学交往理念为教学中的沟通、互动、对话、合作等活动提供了合乎逻辑的理性基础。

（一）师生之间相互作用

教学的基本组织形式就是课堂教学。课堂教学过程中师生相互作用、相互影响，他们对彼此的作用不仅在行为方面，也在心理方面、言语方面等，促进学生的发展，同时推动教师的成长。所以，优质课堂教学要求我们构建民主、平等、合作的师生关系，增加师生之间及生生之间的多维有效互动，使课堂成为师生之间相互依存、交往对话和共同发展的舞台。正像苏联著名教育家苏霍姆林斯基（В. А. Сухо-млинский）提出的，课堂教学中之所以会出现一些令人困惑和失败的现象，主要原因还是在于教师不了解上课是一种教师和学生共同发挥作用的劳动，而决定劳动成功的主要因素就是师生关系。如果不能解决师生关系的问题，那么其他一系列的问题都不可能解决。

1. 建立师生间的依存关系

约翰·杜威（John Dewey）是美国著名的教育学家，他提出，教之于学就如同卖之于买。教学不仅包括教，也包括学，但是教学并非将这两者简单地相加，而是需要将两者进行有机结合，两者是辩证统一的。"教"和"学"相互依存、相辅相成，"教"离不开"学"，"学"也离不开"教"，它们形成了"复合主体的关系"。

叶澜教授提出，教育内部包括两种活动，一种是"教"，另一种是"学"。对于前者而言，活动的承担者是教育者，受教育者是需要被教育者认识和塑造的，也就是客体。而对于后者而言，"学"的主体是受教育者，学习者获取知识的重要条件之一就是教育者。因此，在复合主体的内部又呈现出互为主客体和条件的复杂关系。

这种相互依存关系主要表现为三个明显的特征，一是他们彼此都是需要对方的，教师需要学生用自身的经验积极构建所学内容的框架，学生需要教师指引他们以最经济、最有效的方式实现自身的发展；二是他们之间的活动是互为条件的，没有教师的教那就是"自学"，成本当然很高，没有学生的学那就是"白教"，作用自然极为有限；三是"教"与"学"的成效是相互证明的，"教"的成效体现在学生身上，"学"的成效表明教师的教学效果。

2. 促进师生间的对话行为

对话最初的含义指的是人和人之间的交谈方式，但是，对话并不指一切交谈。对话具有一定的美感，能够激发人的新意，激发人的遐想。对话是平等的，也是自由的。

教学即对话。克林伯格（Klingberg）认为，任何教学过程中都在进行对话。无论教师的教学方式如何，优秀的教学方式本质都在于师生对话。他认为，教学最初就是各种各样的对话，教学具备对话属性，具备该属性的教学往往被称为对话教学。对话教学是平等的、民主的、生成的、开放的,它具有持续性,体现了以学生为本的特质。所以,根据克林伯格的观点,无论是教师和学生之间,还是教师和文本之间,或者是学生和学生之间,都是一种对话关系。学生以已有的智力结构为前提,和课程进行对话,在已有的智力结构的基础上接受新的知识,从而促进智力发展。

师生间的对话是教师和学生相互的交流沟通,基础在于宽容、平等、尊重和信任。他们都有独立的人格,在对话中需要敞开心扉,使精神层面的交流需求得到满足。

3. 实现师生间的经验共享

从本质上讲,课程是一种"经验",学生要合理转换课程内容,使之变成自身的经验。人类的共同经验和个体经验相互交织在一起构成了课程;课程也是学生学习的载体,更是广大师生互动的意义。学生在校学习得到的所有经验之和构成了课程。

要让学生学好课程,教师的教学就必须着眼于"经验的共享",推动学习主体对这些经验的"建构"。利维·维果茨基(Lev Vygotsky)提出了最近发展区理论,他认为,教学引导、唤醒、启发了一系列内部发展过程,就儿童而言,上述过程只存在于他们自身和周围环境的关系中。社会建构主义者提出学习是知识的社会协商,个体要发展,首先要确保其建构的独有的主观意义和理论、社会及整个物质世界相互适应。在发展过程中,相互作用形成的有意义的社会协商是核心媒介。也就是说,个体的知识建构需要个体和他人分享经验、相互作用,而不是在自己的脑海中进行封闭的思考。总而言之,学习者要自主建构,首先就要和他人交流共享,推动知识的内化。因此,"教学是师生的经验共享"是教学交往必然引出的论题。

(二)师生、生生之间协调合作

近十年来,在教育教学改革方面,大家普遍认为最成功的就是合作学习。合作学习强调教学需要在各方面达成一致，包括技能、认知和情感。学生在小组团队中分工明确，开展互助性学习，共同完成任务，这就是合作学习。合作学习是一种生活态度和资源共享。与合作学习相对的就是个体学习。

我国课程论专家靳玉乐综合各种看法，对合作学习的概念给出了较为完整的阐释：合作学习是以合作学习小组为前提产生的教学组织形式，它合理使用教学过程中涉及的师生、生生、师师之间的动态因素，协调合作学习小组，推动组内所有成员的共同发展，并实现预期的目标。

他归纳了合作学习的定义：合作学习的基本教学组织形式在于合作学习小组，合作学习也是一种教学活动；合作学习是同伴之间的合作互助学习；合作学习是一种目标预设的教学活动；合作学习的评价标准和奖励依据是以小组为基本单位的，是一种按小组总成绩来进行奖励的教学策略；合作学习是以教师为主导、学生为主体的教学活动。

1. 把握合作学习的关键

合作学习强调在教学过程中教师和学生要平等交流，交往合作，共同参与，共同发展，这不仅是一种学习形式、一种教学思想，也是一种教学策略。

推进个体与群体的协调合作，必须满足一定的条件。美国学者约翰逊兄弟（David W. Johnson, Roger T. Johnson）认为，有五个要素是合作学习不可或缺的（如图4-3所示）。

积极互助指学生知道不仅要为自己的学习负责，也要为小组的其他成员负责；个体责任指所有学生都需要掌握分配的作业；相互作用指针对学习的东西，学生有机会相互解释、相互讲解，一起完成作业；社交技能指每一个学生都需要有效交流和沟通，给小组合作提供帮助，成员之间必须相互信任，避免出现分歧；小组加工指所有小组成员都要对活动情况定期进行评价，分析是否有效。

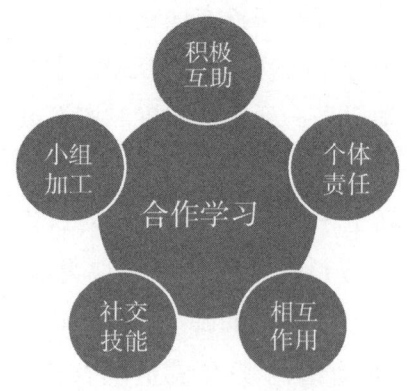

图 4-3 合作学习五要素

教师要认真进行整体策划，提高学习效率，包括确定在何种程度上运用合作学习，在什么内容及什么环节上运用合作学习，整体学习单元怎样安排，教学时的任务、奖励和调控如何分配，用何种方式进行监控及在什么情况下介入，怎样处理好沉闷、旁观、喧闹、离题、不协调、不均等等常见问题。

2. 奠定合作学习的基础

推进合作学习最主要的基础是学生必须具有合作意向和合作技能。在课堂教学实践中，这两者往往相互关联、相互促进、互为表里，而技能是重要的抓手。实际上学生习得合作技能要解决的核心问题是在合作中消解个人意见并从共享经验中重组自己的认识，这需要解决两个问题。

一是让学生习得哪些技能。斯宾塞·柯甘（Spencer Kagan）特别强调小组活动的社会技能。他指出了维持注意、鼓励、保障平等参与等一系列活动构成了社会技能。需要强调的是，在向学生传授合作技能前，教师必须进行以下两方面的分析。第一，要分析活动的具体方法，从而明确活动所需的技能；第二，要分析学生还没有真正掌握的知识点，从而明确需要给学生传授的核心技能。我国学者陈燕认为，在课堂合作学习中，基本技能主要包括十项，分别是倾听、说明、求助、反思、自控、帮助、支持、解释、建议、协调（如图4-4所示）。

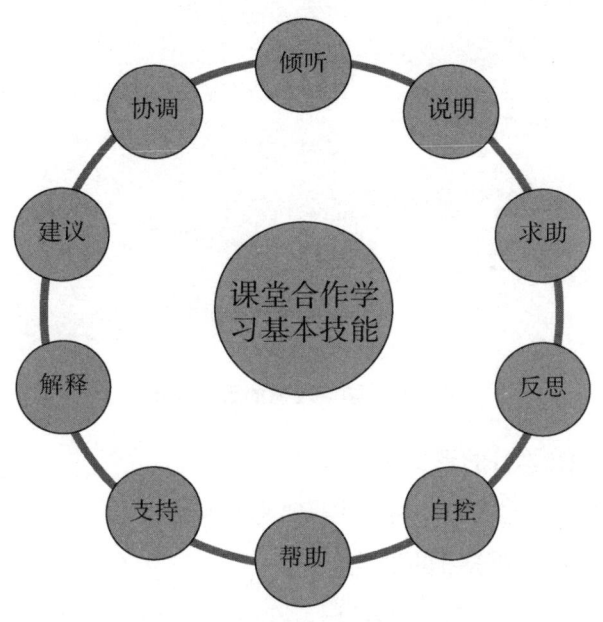

图4-4 课堂合作学习基本技能

二是如何使学生习得这些技能。卡甘提出，教师有必要建立"社会技能周"，在该周内，为了促进技能的获得，需要使用四种教学方法，也需要不断地调整和完善这些方法。小组内部需要合理安排学生的角色，让学生掌握技能相关的语言回答方式，增强学生的技能，并让学生对自己的技能运用情况进行及时的评价和分析。除此之外，约翰逊兄弟提出，学习技能应该通过如下五个步骤：第一，要让学生清晰、全面地认识需要学习的技能；第二，要让学生理解怎样才能够真正掌握技能；第三，要让学生有充分的训练机会，通过训练来掌握技能；第四，对学生的技能使用情况，必须定期反馈并及时处理；第五，确保学生能够将技能落实到实践中，直到内化为自己的经验（如图4-5所示）。

图 4-5 学习技能的五个步骤

3. 确定合作学习的形式

在课堂教学的过程中,教师需要考虑学科的主要特点,结合其差异,使用针对性合作学习的形式。

第一,基本式。教师讲解知识,小组成员相互合作,共同开展课堂教学。其主要程序为:教师精讲——组内成员共同合作学习——形成性测验——小组奖励——重新分组(如图 4-6 所示)。

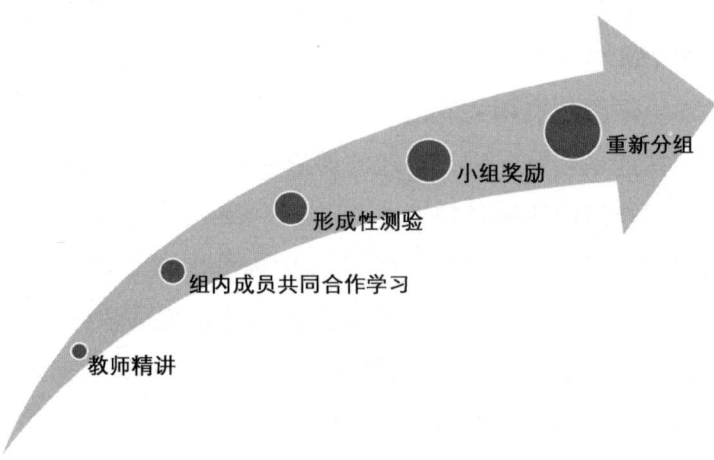

图 4-6 基本式合作学习

第二，拼盘式。教师把所有的学生进行分组，同时划分学习任务，每一个小组成员负责不同的任务。经过一系列的分析和学习之后，小组集合每一个成员的内容，最终构成若干专家组，组内成员需要一起学习特定的任务。然后，所有学生回到之前指定的小组中，并且把自己学习的内容教给其他小组成员，使得小组成员掌握所有内容。该形式的主要特征在于学习任务之间具有很强的关联性，所以学生在学习的过程中，对其他组的内容有充分的兴趣，这样能够推进小组成员之间的合作，使得小组成员之间互帮互助，共同完成学习任务。

第三，游戏竞赛式。在该形式中，学生是不同小组的代表，他们与成绩差别不大的其他成员之间展开竞赛，主要流程为：教师精讲——小组合作活动——游戏与竞赛。教师精讲和小组合作活动与第一种形式差异不大，游戏一般与教学内容具有紧密联系，主要形式就是来自不同小组的三人在一张竞赛桌上，这里的小组就是进行竞选之后推出的。该形式通常在一个教学单元结束之后开展，以竞赛成绩为基础，调整参赛选手，确保每一个学生都有机会参加竞赛活动。

4. 改进合作学习的评价

合作学习的评价有两个最明显的特点：一是重视小组自评，二是以小组综合成绩为标准。

所有小组针对成员的活动情况，都必须定期开展评价工作，这也是为了提高活动的效率，这种方式就是小组自评。自评时应讨论以下内容：总结有益的经验，明确发展的方向和目标，小组全体成员共同制定本组今后的活动方案。

合作学习评价的主要依据是每一个小组的综合成绩，并非个人成绩，否则就变成了个人竞争。在合作学习中，每一个小组需要展开竞争，这有利于促进小组成员之间的合作，有利于让每一个学生各尽其能，把小组的最大作用发挥出来。

二、构建校园和谐的心理氛围

应针对学生在现实境遇中产生的心理偏异和困扰,创建有利于乡村学生学习的环境。构建一种和谐的学习氛围,使学生增强信心、焕发活力、产生动能,这对于开发他们的智慧、培养他们的健康人格,从而提高他们学习与生活的质量,具有特殊的意义。

这里所讲的"心理氛围"是一种看不见却笼罩在课堂上的精神环境,通常称作"课堂气氛",具体表现为课堂上的社会交往和心理反应,比如焦虑、拘谨等。课堂气氛主要是教师和学生之间的情感交流和认知活动。课堂气氛体现出了师生关系的特点,同时又会给师生关系带来影响。不同的班级课堂气氛也是有差异的,即使在同一个班级中,也会有差异明显的课堂气氛,比如某科老师上课的时候气氛非常活跃,而另一科老师上课时气氛可能比较沉闷。无论如何,课堂气氛的一个主要特征就是具有相对稳定性,也就是说,课堂气氛会维持一段时间,不可能快速发生改变。对于农村的孩子来说,社会文化带来的认知、情感和行为的偏异,心理关怀的缺失,自我发展中的困扰,都会给"教"与"学"带来负面影响,急需正面的疏解和诱导。

(一) 唤起学生的积极情感

学生的情绪状态和情感体验是影响学习质量和成效的重要变量。学生愉悦、兴奋等积极的情感能产生正能量,而沮丧、怨恨等消极的情感会诱发无力感。教师在教学中要善于唤起学生的积极情感。

1. 激发学生的仁爱之心

教育的灵魂在于爱。如果缺少爱,那么教育是不可能存在的。假如一个教师缺乏爱心,那么这个教师必然不是好教师。作为教师,必须有爱,不仅要爱自己的岗位,也要爱每一个学生,更要爱这世间的所有事物。有的人认为,好教师的眼神充满了爱意,他们温情友善,充满智慧。在引导学生、教育学生的过程中，好教师也是充满爱心的，他们能够严慈相济，在教育中晓之以理、动之以情，从而推动学生的发展。一名好教师需要用爱来培养爱，用爱来激发爱，促进爱的传播，这样能够培养更好的师生关系，让学生更信任老师，从而将学生培养成为优秀人才。

乡村儿童，特别是留守儿童、贫困家庭儿童或单亲儿童，往往缺乏爱，所以，就需要乡村教师给他们提供更多的爱。通过爱让学生的潜力得以激发，促进学生的人格发展，让留守儿童有更强的动力去面对生活和学习。就留守儿童而言，教师如果能够给他们充分的爱，那么他们在学校的安全感也会提高，甚至对学校和老师产生依赖感，从而更好地融入社会。

事实上，当仁爱弥漫于整个教育环境时，其激发力和感召力是无比强大而深远的。

2. 诱发学生的移情体验

在课堂教学唤起的情感中，一种很重要的体验就是情感移入，即移情。其含义主要包括两个维度：第一，认知维度，对其他人的思维、情感和意向等方面的觉知就是情感移入；第二，情感维度，这个维度的情感移入指的就是共鸣情感反应。实际上，这两个维度之间会相互作用，影响共鸣情感反应能力的一个非常重要的因素就是通过认知判断他人情感的丰富性。此外，对于理解人而言，被唤起的共鸣情感也是一种非常重要的内部因素。心理学研究指出，情感移入给多元化的社会行为提供了动机基础，比如遵守秩序、帮助他人、合作共享等。因此，课堂教学中教师与学生设身处地地移入情感，是一种思想感染和道德教化，会营造出一种特殊的情感氛围。

移情，也有人称之为"共情"或"同情"。严格地说，移情是同情的心理机制。针对某人陷入不幸境遇，能够理解该个体的感受，并且愿意在力所能及的范围内为该个体提供一定的帮助和支持，这就是移情。

移情包含四种最基本的德行，即仁爱、节制、勇敢和公正。对于乡村学校来说，教师与学生之间能有更多的移情体验，能理解对方的处境或困境，就能唤起一种真诚的道德感，温润学生的心灵，并激发他们努力向上的意识。

3. 打造关怀学生的情境

对于成长中的儿童和青少年来说，关怀和关怀教育都是一种最富价值的心灵滋养。让乡村学校的学生在洋溢着关怀气氛的教育情境中学习，更应成为教育的追求。作为人类，关怀是一种基本情感。美国教育哲学家内尔·诺丁斯（Nel Noddings）提出，关怀是一种"投注或全身心投入"的状态，也就是说，个体在精神层面存在责任感，在责任感的影响下，该个体会牵挂或担心某事或某人。通常情况下，关怀并非单向的，而是双向的，需要双方沟通、交流，从而建立心灵唤醒体系。

俄罗斯伦理学家恰尔科夫在分析对处境不利的儿童的道德关怀时提出，心灵关怀是道德关怀的基本内容。在心灵关怀的引导下，关怀者需要把意识指向意义，通过情感进行体验，发挥思维的作用，反思自己的心灵活动，从而促进心灵的护卫及升华，感受生命的价值，体会生命的意义，并建立认知主体，净化自己的心灵。我国学者朱小蔓强调，在教师和留守儿童进行沟通的过程中，要以公平公正的态度尊重、对待他们，从而帮助他们树立自信，让他们积极乐观地对待生活和学习，使他们的精神驱动力更强，顺利度过留守阶段，最终步入社会，并成为合格的公民，这就是教师对留守儿童的心灵关怀。通过对留守儿童及教师进行访谈得知，一般情况下，留守儿童的精神世界也会因为心灵关怀发生改变，具体变化过程是：打开封闭的心——得到尊重和平等——体会到生活的乐趣和希望。

（二）开发学生的内在潜能

所有学生都有巨大的潜力。在教育中，学生潜力的开发至关重要，要激发出他们的潜力，就需要进行科学合理的教学设计。

课堂教学具有开发生命潜力的功能。课堂教学除了可以发展认识，还能够促进人的情感、价值观和态度的发展。教师把课堂的生命潜力开发出来，通过课堂教学推动学生的发展。现代社会强调，"教育的基本作用，就是保障人们有充分的自由来把握自己的命运，发挥自己的能力"①。

1. 引导学生小步前行

对于某种学习活动，学习目标就是应该达到的预期结果，该目标的实现不是一蹴而就的，往往需要一定的过程。但是我们若只关注过程，忽略了目标，那么就会适得其反，造成学生的学习热情大幅度下降，导致学生的习得性无助感增强。

为了让学生更加积极主动地投入学习中，一些优秀教师会建立容易实现的教学目标。合理的教学目标会以较低的起点循序渐进地提高教学难度，这样能够激发学生的学习热情，让学生通过学习有所收获。该策略对于乡村学校和学习困难的学生尤显重要。

学生的结果预期从某种程度上来说是一种诱惑，而且该诱惑较为强烈，能够刺激学生的学习热情，把学生的学习行为激发出来。但结果预期的动力作用是有条件的，一方面，预期的拉力会随着目标的逐步实现出现一定程度的递减趋势，因此应当根据学生的进步不断地提出新的要求，引导学生形成新的预期；另一方面，教师要根据学生的实际情况和可能性，分析学生的"最近发展区"，诱导出"跳一跳摘下桃子"的预期——既不太难，也并非唾手可得的毫无挑战性的目标，因为这样的目标才最具吸引力。

---

① 联合国教科文组织国际 21 世纪委员会：《教育——财富蕴藏其中》，北京：教育科学出版社 1996 年版，第 69 页。

2. 学会真诚赏识学生

当前有一个非常受关注的口号，那就是"赏识你的孩子"。乔治·米勒（George Miller）是一位著名的美国心理学家，他在很早之前就提出了赞赏效应。该效应表明，我们需要用欣赏的眼光看待每一位学生，要给学生积极中肯的评价，以此来激发他们的学习热情，让他们能够积极主动地学习与探索。在20世纪70年代，美国著名心理学家D.J.贝姆（D. J. Bem）提出一种改变自我意识的理论，并表明，对人的行为进行评定能够让人的自我认知发生变化，从而使其态度发生转变。贝姆认为，教师不能否定和责难学生，而是应该通过肯定性的评价对学生进行评定，把学生深层的"自我"激发出来，这会对学生的行为产生持续性影响。

3. 培养学生的认识兴趣

学生对客观世界和智力活动的兴趣，通常被称为认识兴趣或智力兴趣，这是一种带有明显感情色彩的、针对学习的喜好。一个人要终身学习，培养和发展这种认识兴趣具有极为重要的意义。

在课堂教学的过程中，学生能否积极主动学习，能否全身心投入学习中，一个非常重要的影响因素就是认识兴趣。教师在课堂教学过程中给学生传授理论方面的知识和内容，在实践过程中让学生进行探索和分析，或者让学生拥有挑战学习中的困难和挫折的体验，都会使学生逐步形成智力兴趣并终身受益。

苏联教育家巴班斯基认为，针对学习成绩较差的学生，教师需要使用能够激发他们认识兴趣的心理效应的方式来激发他们的学习兴趣，比如内容、形式和方法的"新颖效应"，不同看法的"冲突效应"，出乎意料的"惊奇效应"，等等。巴班斯基的建议可以为我们打开思路。

三、创造恰当且必要的保障条件

乡村学生的学习环境包括物质环境，特别是基本的办学条件。近些年我国乡村学校的硬件设施已有很大的改善，但是要解决乡村教育问题，不仅要考虑到硬件方面，同时也要重视根本性指标，也就是教学质量。一些地方提出，城乡义务教育的发展已经达到了均衡，但农村其实还存在大量虽然外观尚可但是实力非常薄弱的学校①，过于盲目的乐观造成乡村教育的发展情况不尽如人意。所以，要促进乡村教育发展，就需要缩小城乡差距。那么，我们应当创造哪些必要、恰当的保障条件来促进学生学习，提高教育质量呢？

（一）改善校园现有设施

城镇化进程越来越快，农村的流动人口数量不断增多，使得城市融入了更多的农村人口，他们也充分体会到了城市教育的优势。因此，他们也会想尽方法让自己的子女去城市读书。长此以往，乡村学校的生源就会越来越少，优秀教师的数量也不断降低。在大部分乡村地区，几乎每一个学校都变成了薄弱学校，这也与"过度调整布局"有关。针对这一情况，2012年7月，《关于规范农村义务教育学校布局调整的意见》明确提出，部分乡村地区需要以调整布局为切入点，尽快撤销或者合并不必要的小学和教学点。2015年《关于加大改革创新力度加快农业现代化建设的若干意见》又重申"因地制宜保留并办好村小学和教学点"。显然，办好乡村教育必须保留好、利用好并逐步改善现有设施，而不是另起炉灶再搞各种花里胡哨的"华丽转身"。这是在现有条件下如何做好乡村学校的物质文化建设的问题。

1. 校园要散发田园味

"校园"这一词主要指的是空间层面的区域，也就是某种场所。但校园建设本质上是一种文化建设。我国学者安文铸认为，中小学校园文化以中小学校园为地理环境圈，以社会文化为背景，以学校内部管理人员及所有师生共同构成的校园团体为主体，在学校开展教育，组织学生

---

① 袁桂林：《如何重新唤起农村教育的活力》，载《中国教育报》，2015年2月17日。

的学习生活并管理学生的所有活动方式和结果。该方式和结果的外部表现就是独具校园特色的物质形式和精神形式，并且对校园人的活动及校园人的发展产生了影响和制约。

作为一种"校貌"，校园能给人以鲜明、直观的"第一印象"，包括建筑的布局、教室的装饰、学校形象的设计，以及庭院和活动场地的规划等（如图4-7、图4-8、图4-9所示）。乡村学校在这方面有自身的优势和特色。我国古代就有"远市而不喧，林深而宽广"的说法，乡村学校的校园应当以清幽静谧、绿意葱茏、简洁明快为特点，各种学校标识巧妙地点缀其间，保留几分"野趣"和"原生态"，不必过分矫揉造作，其基本格调应具有"田园"味。好的乡村学校校园能体现以人为本的思想，充满了人情味、生活味、童真味，起到陶冶身心、涵养性情的作用。当然，校园环境可以更多地注重"寓意性设计"，即注重自然和谐性、童趣与身心协调、历史与文化认知、学校独有的办学理念、现代文化与乡土文化的融合，尽量做到让每面墙壁都说话，让每个空间都有启示。

图4-7　乡村学校

图4-8 乡村学校

图4-9 乡村学校

2. 给养要富含乡土情

记得住"乡愁"要靠乡土文化的熏陶。课程是学校和教师为促进学生成长提供的最重要的"文化给养"。但不可否认的是，随着工业化和城镇化的发展，现代课程为学生提供的文化给养偏重普适性的、抽象的和客观的知识，那些与乡村生活、传统文化相联系的本土性知识、民间知识被边缘化。因此，我国学者提出，应立足于文化和价值的多样性和丰富性，重视坚实乡村教育的文化基础。

课程文化给养的乡土性，对学生发展有深远的意义。乡村教育的一个非常关键的内涵体现在彰显乡村文化，促进乡村文明的传承和发扬，引导乡村学生深刻理解区域内经过数千年形成的生存理念，以此拓展乡村学生当前的生存意蕴。独具一格的乡村背景包括文化价值、生态秩序和心态秩序，让他们在这里寻找安顿生命的根基。乡村文化的构成主要包括三个方面：第一，乡村地区别具一格的生态景观；第二，以该生态景观为基础构成的人们的生活方式和劳作方式；第三，较为稳定的乡村生活、流传的民间故事和深厚的文化情感之间的交织。在这种天人合一的文化构成的影响下，乡村的主要文化品格就在于自然、淳朴、独到。在这种文化的影响下，虽然乡村学生的生活条件比较艰苦，但是他们还能够与自然和谐共生，感受民族文化的温暖和价值。

3. 设施要注重实用性

乡村学校的各种设施和设备要注重安全和实用，尽力保证教育和教学的需要。要把学校的设施和设备与课程实施有机地结合起来，使其作为"课程资源"真正起到作用。这里的课程资源就是师生在校所接受的教育教学内容，主要由三部分构成：第一，校内课程资源，比如学校的图书室、实验室等；第二，校外课程资源，主要涉及工厂、农田等，这部分主要属于社会资源，当然也包括大量的自然资源；第三，信息化课程资源，比如校内网络资源和校外网络资源等。

目前乡村学校的设施在很大程度上是可以满足教学需要的，部分学校的配置不合适或不周全，可以通过补充与更新来解决。一个很重要的问题是，教师怎样做到"物尽其用"，使之融入教学过程，帮助学生提高资源应用与整合能力，实际上这也是教师教学指导能力的体现。

（二）大力开发本土资源

立足于"乡土中国"的乡村学校，本身就浸润在极为丰厚的资源环境中。我国学者石中英先生曾经明确提出，要强化对农民及其后代的引导，让他们正确看待自己生产、传承的文明，并将其世代延续，在乡村教育的过程中，这也是非常重要的任务。钱理群教授提出，这样做的主要原因还是在于要守住乡村这一重要"精神家园",而这也是乡村的内涵之一。乡村教育的根本性功能之一就是为乡村学生打造"精神家园"。

乡村学校的教师首先要体认这种"乡村文明",才能谈得上去开发这种资源。农民经过在农村长期生产生活,于生产生活的实践中憧憬并创造的理想化生存状态和生活模式就是乡村文明。无论如何,我们都应该承认乡村生活确实是别具一格的。在乡村,农民自己创造历史、知识和生活制度。他们有自己的概念,也有对幸福生活的独到见解,因此乡村必然是存在文明的。

1. 汲取乡土文化

从我国教育现状来看,在很长的时间内,人们都认为乡土文化是落后的,是愚昧无知的,是低俗的,这造成教育领域未能引入乡土文化。当前乡村学生也缺失乡土情怀,这导致乡村学生的本质发生了改变,部分人表面上对乡土表示歧视,对劳动感到排斥,但是自身又无所适从。随着社会的发展和进步,乡村文明的价值越来越不被人重视,乡村社会及当地群体所浸润的文化背景也无法让乡村学生有充分的自信和积极乐观的态度。学校教育过程中普及的价值观主要在于升学、逃离穷苦,乡土文化严重缺失,同时缺乏精神基础,造成乡村学生越来越焦虑,甚至出现了精神迷失的状态。我国学者普遍提出,社会的发展必须有文化做保障,教育同样如此。任何一种教育模式都少不了文化背景,尤其是乡土文化的支持和保障能够全方位培养一个人,促进个体行为情感的发育。对于乡村学生而言,他们接受的知识不仅仅来自书本、课堂或者教师,乡村秩序和文化等更是每时每刻都渗透在他们的生活和内心中。

2. 开发校本课程

我国实行国家、地方、学校三级课程管理制度,倡导校本课程开发(如图4-10所示)。正如钟启泉教授指出的那样,"三级管理""一纲多本"的课程开发政策为学校的个性化、特色化提供了广阔的天地。乡村学校要借助课程建设把乡土文化纳入课程体系,充分发挥课程育人、文化育人的作用。当然,乡土知识有自身的特点。毛里尔(Maurial)提出,人类和自然相互融合、相互作用最终构成的认知和智慧,就是本土知识,其主要特征包括整体性、地方性和口头性。瓦伦(Warren)和迈克基南(McKiernan)认为,与本土知识相互呼应的是学校知识,也可以称之为学院知识。也就是说,学校课程体系中并未引入本土知识,这为本土知识进入学校课程提供了重要的机会。乡村教师要深入乡村,了解乡村文化,为开发乡村学校校本课程贡献力量。

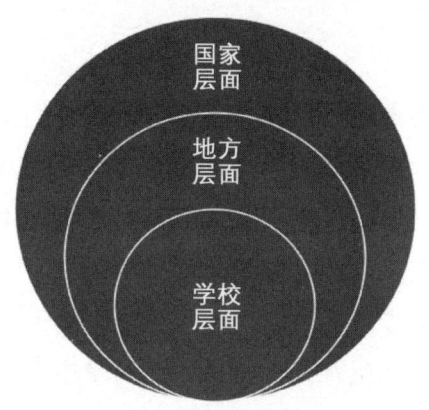

图 4-10　三级课程管理体系

我国研究者提出,在课程体系中引入各方面知识,校本课程开发是一个非常关键的渠道,其本质在于充分开发并利用地方课程资源。在三级课程管理制度中,校本课程开发和利用是重要落脚点,这也是学校的重要权利。开发过程中必须坚持平等的思想观念,对于不同知识的价值要表示尊重和认可,尤其必须尊重地方本土知识,这也是校本课程开发的前提和基础,也是其主要特征。只有学生能够真正理解地方性知识,他们才可能在地方经济发展中表现自我并做出重要贡献。在课程体系之中引入地方性知识,能够提高学生对地方的归属感和认同感,能够让学生真正关注地方的发展情况,用实际行动促进地方发展,这也有利于培养他们的爱国情怀，提高他们的道德素养。地方性知识和学生的生活之间相互作用、相互影响，一般性知识很重要，地方性知识同样重要。必须在课程体系中引入地方性知识，这样才能够让课程和学生的生活紧密联系起来，让学生的生活世界变得更加丰富精彩，体验感更强，还可以提高课程的价值。

3. 联系生活实际

我国学校课程主要是以学科课程模式展开的。只实施学科课程的最终结果是虽然学生学会了一般性知识，但是他们无法从中获得地方性知识，而这些知识和他们的生活紧密联系。所以，学科课程教学无法让学生掌握实际的生活技能。有学者指出，如果不开发本土性和民族性课程，长此以往，民族自信意识就会受到影响。假如在乡村孩子的眼里只有城里人对世界的理解，那么他们就只会向往城市的一切，而遗忘乡村的美好。

事实上，无论是什么样的图书馆，都不可能完全取代我们周围的生活，我们课程资源的来源也不可能是唯一的。我们要学会观察并总结生活，从中更好地认知自己。针对课程资源的挖掘，我们也要考虑生活情况，这样才能够让课程资源更加丰富多样，更有价值。

回归生活世界本来就是课程改革的重要理念。回归生活世界的地方课程生态观重点强调自然、社会及人类在地方课程体系中必须相互统一，要从中汲取地方课程设计的灵感和内容。乡村学校可以建立学科课程与活动课程相互协同、相互补充的机制，重视学科领域中的综合性学习，开展多种多样的综合实践活动。

（三）拓展教育信息化通道

现代社会是一个开放的信息社会，封闭的乡村已经不复存在，但与城镇相比，乡村获得信息的差距仍然较为明显。一些"表层文化"快速向乡村渗透的同时，与深层价值密切相关的知识文化信息传输却往往相对滞后。特别是一些地处偏僻的乡村学校,信息环境单调、信息通道阻塞、信息吸收不良,这已经成为学生与教师发展的障碍。教学是知识信息传输的过程,教育质量与教师教学能力的提高,都需要一个优质的、丰富的信息环境。从现实可行性的角度看,以下三个方面最不能忽视。

1. 运用现代信息技术

《国家中长期教育改革和发展规划纲要(2010—2020年)》指出:"信息技术对教育发展具有革命性影响,必须予以高度重视。"据此制定的《教育信息化十年发展规划(2011—2020年)》(以下简称《规划》)再次强调了该论述。我国要促进教育发展,将国家建设成为教育强国,提高我国的国际竞争水平,就需要改进长期以来教育方面存在的问题,促进教育发展,推动教育变革。《规划》尤其强调,针对乡村学校,必须强化建设及信息基础,使城乡数字化差距缩小,这也在一定程度上体现了我国不仅在巩固,更是在发展2003年到2007年期间农村中小学远程教育工作的成效,希望进一步促进乡村教育发展,使城乡义务教育发展达到均衡。国家也持续性推进农村中小学远程教育,让乡村和城市的所有学校班级都尽量实行多媒体教学模式,确保所有乡村学校的师生都能够获得优质的资源,这也充分体现了政府积极履行责任,推动教育公平的愿望。

从我国教育领域的实践来看,信息技术的影响尤为突出。从教育信息资源的建设情况来看,以前是建设学校信息资源库,而当前是打造区域内共建共享及共享互换资源库。资源利用也发生了改变,以前是静态的单一获取,而当前是动态利用和建设。教师资源的配置也发生了变化,不再是以前的实地挂职支教,而是转变成异地网络支教模式。在职教师的培养摒弃了传统的集中观摩课教研活动方式,开始通过网络开展异地教研活动。在网络教学的过程中,教师也通过多元化终端开展视频活动,进行教学;终身学习的时间和地点变得越来越灵活,不再局限于以前的在线学习，当前更不受时空约束，变成了泛在学习。

对于广大的乡村学校而言，互联网的影响更深刻。互联网的主要功能包括以下几点：第一，网络资源的检索和查询，通过使用网络资源，教师可以网上备课、网上授课，并引导学生开展自主性学习；第二，教师通过互联网渠道进行通信、研讨和交流，参加各种各样的活动，充分发挥互联网的作用；第三，学校通过网络组织多媒体信息并合理利用，比如编写学校主页，通过互联网渠道办黑板报、网络杂志等。

要促进中小学校园网的发展，实现预期的发展目标，教师是非常重要的。所以，学校必须强化对教师的教育及培训，同时完善信息化环境，增强教师的教学能力，让教师紧跟社会发展，顺应新的环境，从而推动教育发展，提高教育质量。

2. 建设乡村学校图书馆（室）

乡村学校图书馆（室）的建设，应注意以下几个方面：

（1）应注重图书资料的丰富性。很多青少年在阅读时只注重对教材的阅读，缺乏对更广泛领域图书的阅读，如果教师也只是读自己的专业性图书而不广泛浏览，教师群体也就不具有广阔的智力背景。

（2）要及时更新图书资料。更新内容主要包括两点，一点是购买新书，另一点是淘汰旧书。学校要定期咨询图书馆（室）的员工及教师和学生，以他们的实际需求为标准来购买和淘汰书籍，如果条件允许，要保证他们的需求尽可能被满足。学校也要不定期了解图书资料的使用情况，如果图书长期无人问津，那么就必须及时淘汰，并对资料进行更新。

（3）要提高图书资料使用率。学校建设图书馆（室）就必须考虑到实用性，确保图书馆（室）及其内部资料都能够得到充分使用，否则图书馆（室）是没有任何意义的。所以，要想评判一个学校的图书馆（室）的建设情况，可以重点分析其资料使用率。

（4）应关注图书资料的流通性。除了设置借阅期限，学校还可采用

"图书漂流"等方式，确保所有的师生都可以获得最新的资料，还要制定关于图书借阅的完善要求和制度，保障其使用率。部分资料价值高，但是又不存在副本，那么就要求有需要的人在馆内阅读，不能外借。

3. 深化多层次交流

我国学者以文化层面为切入点，研究了国内乡村教育发展的文化路径，一共有两种，其中之一是乡土化，另外一种是城市化。两种路径的文化背景不同，在不同文化的影响之下，有关乡村教育发展方向的思考也变得越来越"内卷"。也就是说，以前存在的某种制度、现象或者意识依然停留在原地，并未改变或更新，也没有本质上的进步和发展。而这也是当前乡村教育发展过程的文化选择特征。要想突破这种困境，必须使用系统化的思维方法，也就是说，教育作为一个整体系统，包括两个子系统，其中之一是乡村教育，另外一个是城市教育，两者在发展过程中，相互影响，相互联系，相互依存，共同进步。加强城乡之间的文化交流，教育系统化不失为一种现实之策。

就操作层面而言，我国已经有了比较成熟的经验，从城乡学生之间的"手拉手"、短期游学、交流考察等到教师之间的互学共建、协作研究，都获得了很好的效益。我国实施的跟岗学习的乡村教师支持计划特别强调要把城镇优秀的师资力量引入乡村学校。各个区域要结合当地情况，为教师资源的流动打造更加多元化的方式和途径，尤其是要促进骨干教师流动，推动优秀校长流动。教师的区域流动更要注重促进县城教师流动到乡村学校，乡镇范围内重点推动中心学校教师到村小学、教学点交流轮岗，进一步促进和深化城乡学校的文化交流。

第二节 选择适合乡村学校的教学策略

对"策略"一词的解释历来莫衷一是，张大均在《教育心理学》

一书中提出，在教学设计中，教学策略是非常重要的构成内容。在一定的教学背景下，为了实现预期的教学目标、满足学生的认知需求，学校和教师建立相应的教学计划，并制定对应的教学措施，这就是教学策略。①

之所以要在教学设计环节指出策略问题，就是为了保证实现预期目标，并且解决实际问题。策略往往关乎步骤、手段和方法。在实际教学中，策略指的就是对师生交流及开展教学活动进行指导的方式。教学活动往往会涉及各种各样的复杂因素，包括学生、教师和教材等，这些因素相互作用、相互联系，所以，教学策略并不是指某一种特定的教学方式。

一、有序开展教学活动

教学活动的开展是一个过程。在这一过程中，师生交往互动、共同发展。在教学设计的具体操作中，教学方法的采用、教学媒体的选择、教学组织形式的确定，通常都会纳入程序安排的格局，因此要以程序安排为线索，将各种教学策略组织起来，形成特定的模式。可以说，教学步骤的安排是教学设计中一项重点的、综合的纲领性工作。

这里要特别指出，"教学过程""教学活动程序"或"教学步骤"可以指一门学科、一个单元、一个主题或一堂课中教师的工作程序，具有阶段性和序列性的特点。从时间维度来看，教学活动的运动、变化及发展必须经过的基本阶段就是教学过程中的环节。也就是说，在教师的引导和支持之下，学生进行一次完整的学习要经过的各个基本阶段，就是教学过程中的环节。

（一）正确开展教学环节

教学过程可以划分为感知、理解、巩固、运用、检查五个阶段，这

---

① 张大均：《教育心理学》，北京：人民教育出版社2005年版，第135页。

也是课堂教学的基本顺序,即教学环节。一般来说,针对任何一个科目,教学过程都可以通过上述环节来进行。然而,影响课堂教学顺序的因素不仅仅包括教材逻辑,同时也涉及学生的认知顺序。因此,教师要设计教学环节,就要以上述教学环节为基础,合理调整并灵活变通。在环节的设计上,可突破程式化的条条框框,先将一堂课划分为前后相继、互相关联和配合的几个部分,然后再将各部分划分为更具体、更细致的进行步骤。

一堂课中教学环节的设计既可采用"递进式"顺序,也可采用"波浪式"顺序,还可采用"螺旋式"顺序,等等,但要讲求实效,确保能够如期完成教学任务。

要提高教学效率,教师必须合理划分不同教学环节的时间,做到全面合理安排,机动灵活,能够完成预期的教学任务,实现时间分配的科学性和有效性。

(二)科学安排教学事件

在教学设计的研究中,美国教育心理学家罗伯特·米尔斯·加涅(Robert Mills Gagne)等人对"教学"有一个很独特的看法。1992年,他们在《教学设计原理》(第四版)中将教学定义为"以促进学习的方式影响学习者的一套事件"。2005年,他们在《教学设计原理》(第五版)中又将教学定义为"嵌于有目的活动中的促进学习的一套事件"。他们进一步指出,这些事件体现在教材的呈现和教师的谈话中,而且学生通常也为自己提供这些事件,这种活动也属于教学,加涅称之为"自我教学"。

我国学者皮连生把知识、技能和策略的教学统称为"广义知识"的教学。他以学习心理为依据,着眼于"学"与"教"的匹配,提出了一个包括陈述性知识、程序性知识、策略性知识的"广义知识"教学的一般过程模型(如图4-11所示),清晰地勾画出使"学"与

"教"相互协调配合的内在逻辑。①

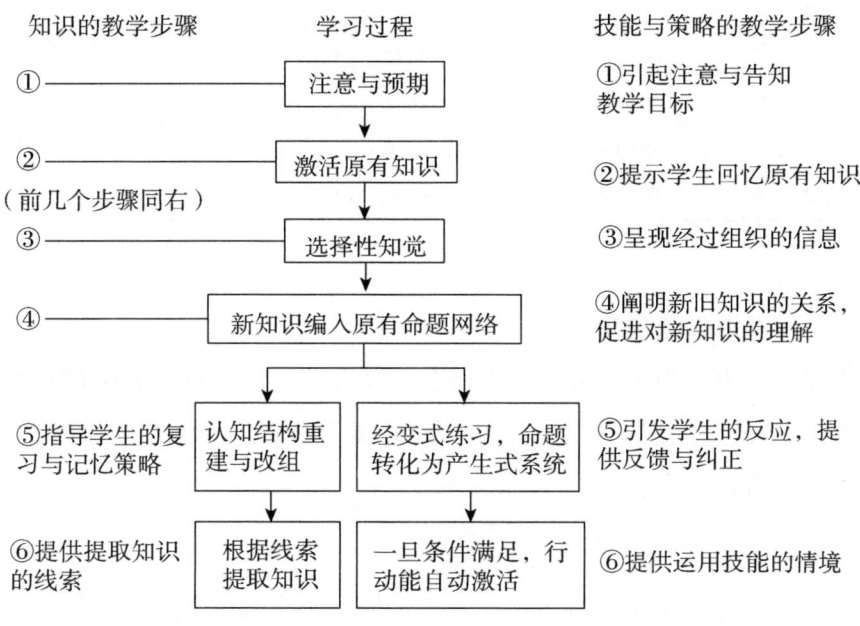

图 4-11 "广义知识"教学的一般过程模型

(三) 灵活采用教学模式

教师对课堂教学的进程安排是多种多样的,但常以一定的意图和方式为纲领,形成以某种操作为主导的运行模式。基本的教学模式有讲授式、讨论式、发现式、范例式和自学式等,它们都有不同的教学侧重点、内容难点及条件差异,详见表4-1②。

表 4-1 基本教学模式表

讲授式	讨论式	发现式	范例式	自学式
激发动机	提出问题	创设情境	归类提炼	自定计划

---

① 皮连生:《教育心理学》,北京:人民教育出版社1996年版,第267页。
② 毕田增:《教学模式选择范型试析》,载《教学理论与实践》,1994年第4期,第53—57页。

续表

讲授式	讨论式	发现式	范例式	自学式
导入新课	阅读思考	提供资料	教师讲授	教师参谋
讲授新课	小组讨论	学生探究	模仿自学	学生自学
强调巩固	教师精讲	验证结论	复习巩固	教师督导
反馈调节	课堂练习	练习转化	检测矫正	交流分享

二、综合运用教学方法

在教学中,为了完成预期的任务,实现一定的目标,教师使用的教学方式之和就是教学方法,其中涉及教师的教法,也涉及学生的学法,是两者的有机结合。

(一)掌握多种类型的教学方法

教学方法的类型丰富多样,分类的体系也很复杂,比较有代表性的有如下几种(如表4-2所示):

表4-2 教学方法类型表

教学方法分类角度	一级类别	二级类别
按照教学方法的形态	以语言传递为主的方法	讲授法
		谈话法
		讨论法
		读书指导法
	以直观感知为主的方法	演示法
		参观法
	以欣赏为主的方法	体验法
		鉴赏法
	以引导探究为主的方法	尝试法
		发现法
		研究法

续表

教学方法分类角度	一级类别	二级类别
按照教学活动的方式	揭示型教学方法	示范法
		呈现法
		展示法
		口述法
	自主型学习方法	
	共同解决型教学方法	教学对话法
		课堂讨论法
按照学习刺激的类型	呈现法	
	实践法	
	发现法	
	强化法	
按照教学方法的功用	组织和实施学习认识活动的方法	
	激发学习和形成学习动机的方法	
	教学中检查和自我检查的方法	

其中，按照形态划分教学方法是我国常用的一种分类方法。

（二）紧跟教学方法的改革趋势

现阶段，全球各国都在深入改革课程和教学，在这样的背景下，教学方法的改革趋势也发生了改变，包括以下几方面内容（如图 4-12 所示）。

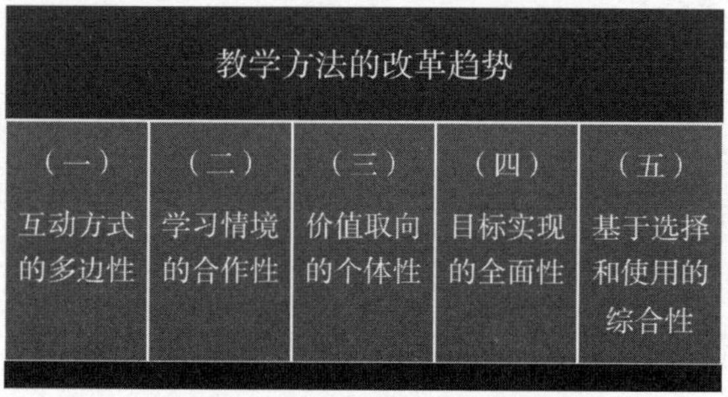

图 4-12 教学方法的改革趋势

教学方法的改革趋势：
（一）互动方式的多边性
（二）学习情境的合作性
（三）价值取向的个体性
（四）目标实现的全面性
（五）基于选择和使用的综合性

第一，互动方式的多边性。也就是说，当前的教学方式已经发生改变，不再是传统的单向传输方式。在教学中，教师和学生要相互交流、积极互动。

第二，学习情境的合作性。现代教学方法强调要促进教学中不同动态因素的配合。通过这种配合促进学生和教师之间的思想沟通及共享，有利于帮助学生提高成绩，同时增强他们的合作意愿，培养他们的合作精神，帮助他们形成良好的品质，将他们培养成为对社会有用的人才。

第三，价值取向的个体性。现代教学方法强调教学过程中要做到因材施教，要考虑学生的个性特征，把学生的潜力激发出来。

第四，目标实现的全面性。现代教学方法的教学目标不仅包括让学生掌握知识和技能，同时也更重视学生的情感态度，关注学生的价值观和学习方法、学习过程等。教学方法应具有包容性和科学性，发挥多方面功能。

第五，基于选择和使用的综合性。教学方法的综合性指教师将多个教学方法结合在一起使用，从而达到预期的效果。教学方法是丰富多样的，一种方法的优势可能正好弥补了其他方法的不足，教师将不同的方法结合在一起使用，能够优势互补，改善教学效果。

（三）优选灵活多样的教学方法

对于教学方法的选择原则，国内外的认识比较一致，即无论使用什么样的教学方法，都必须考虑教学目标，结合教学任务、科目特征、教学内容、教学规律和实际情况等，还要落实启发式的指导思想，合理使用教学方法并灵活变通，处理好每一个细节。

在一定的教学环境下，把选择的方法结合起来使用，形成一种动态的结构，这就是教学方法的灵活运用。教学方法的灵活运用要注意以下几点：

（1）要把教学方法的整体功能发挥出来。在应用教学方法的过程中，第一，要把课程相关的各个要素的功能作为一个整体发挥作用，其效果要大于单独发挥其中某一方面的作用；第二，要把不同的教学方法结合起来，使这些方法相互协调、优势互补，发挥共同作用。

（2）必须坚持启发式教学指导思想。启发式不仅仅是一种教学方法，同时也是一种教学过程的指导思想。教师要结合学生的情况，发挥学生的主体作用，采取多元化的方式，把学生的学习积极性调动出来，引导学生主动学习和思考，从而推动学生的个性发展。

（3）要坚持灵活性。教学是一种艺术，教学方法的使用就是一种艺术创造。课堂应该充满生命力，教师不能一味照搬或者套用固定的教学方法，也要考虑到实际情况，合理选择教学方法。古语云："运用之妙，存乎一心。"所以，教师不仅要熟练地使用教学方法，也要创造性地使用教学方法。

三、多样互补组织形式

师生在一定的制度和程序的约束下，实现协调的教学活动的结构形式，也就是教学组织形式。通俗地说，就是以某种形式或稳定关系将学生组织起来进行"教"与"学"。教学组织形式的主要含义包括三点：第一，一定的师生互动形式；第二，特定的时间安排；第三，某种情况的教学因素组合。教学组织形式是同社会需要、培养目标、教学任务、教学内容、教学程序与教学方法紧密联系在一起的。科学合理地确定教学组织形式，能够让教学质量更高，并且推动学生的全面发展和进步。

教学组织形式发展的最初阶段是个体教学，后来演变为集体教学，而当前的教学组织形式则是这两者相互结合的新形式。当前的教学组织形式已经超越了以前的教学组织形式，比如班组教学、个体教学等。17世纪上半叶，约翰·阿姆斯·夸美纽斯（Johann Ames Comenius）提出了班级授课制，这一理论在诞生两个半世纪之后，被运用到实践中。此后，对教学组织形式的改革与探索一直没有停止。在班级授课制普遍流行的同时，人们注意到了班级授课制的缺陷，并尝试用种种更能适应学生个体差异、尊重学生个性的教学组织形式对其进行弥补，甚至试图取而代之。于是，一系列具有重大影响的教学组织形式也就应运而生了。

（一）大胆变革班级授课

以班级授课为特征的教学组织形式，以其高效率和能发挥教师的主导作用、学生集体的影响作用的优势而经久不衰，至今仍是各国学校教学的基本组织形式。但这一形式也在进行着变革，其趋势是集体教学同分组教学、个体教学相互融合。

（1）集体教学。在现代学校中，这一教学组织形式是最普遍的，同时也是最具有代表性的。在教师的引导和帮助下，学生在共同的集体中学习。在集体教学的过程中，教师需要对学生进行指导和帮助，朝着预期的目标不断努力，让学生通过学习获得一定的知识和技能。无论是从消耗时间的角度考虑，还是从教师付出精力的角度考虑，这一组织形式都是最经济的类型。但是，每个学生之间的差异比较大，包括学习方法、学习能力等，这一形式无法兼顾这些方面。

（2）分组学习。这一组织形式主要指的是把一个班级的学生划分为不同的小组之后，教师结合每一个小组的特征，给他们布置相应的任务和作业。这一组织形式的适用范围也很广，如主题讨论等。

（3）个体教学。这一组织形式是指在特定的课堂背景之下，针对学生的个性差异进行教学，旨在使学生接触更适合自身特点的教学材料，并且及时接受教师的指导和帮助。

（二）灵活推进活动教学

随着新课程结构的确立，在我国基础教育的课程结构体系中，不仅有了作为独立课程形态的"综合实践活动"，而且安排了各学科的"综合性学习""实践与综合应用"等学习模块,因此课堂教学同实践活动和综合学习相互匹配、相辅相成的活动教学成为一种颇具活力的组织形式。活动教学并不一定局限在一间教室里或一个班级中进行,其使用的教材与课程安排也并不固定,也不以教师讲授为主要的教学方法。

活动教学的本质与特征是坚持"以活动促发展"为基本指导思想,其基本习得方式是主动学习,基本学习内容是程序性知识,包括问题性、策略性及情感性等方面,基本取向在于培养学生的能力、提升学生的素质。

活动教学以自主实践操作为中心,其步骤一般是:建立学习目标,激起学习需要——参与实践活动,进行实际操作——交流活动经验,提炼学习成果——反思活动过程,促进迁移应用(如图4-13所示)。

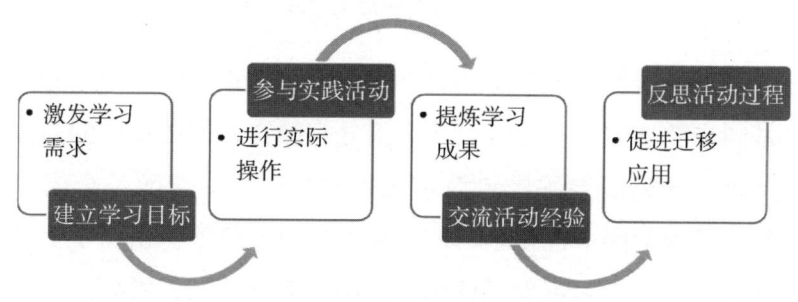

图4-13 活动教学的步骤

(三)勇敢出新个性教学

我国教育改革在"办好每一所学校,教好每一个学生"的新征程上前进,"个性化"教学也成为新的改革方向。

我国学者曾把"个性化"教学分为三种类型,即调适型(通过教学或补充教学使学生适应学习任务)、发展型(开发学生的优势智能,加速学生的发展与赶超)、综合型(前两种方法的综合)(如图4-14所示)。我国教学改革的许多实践探索已经取得了一定突破,如"自学辅导""个别化教学""灵活课程""掌握学习""分层递进教学策略"

等，都积累了许多可贵的成果。

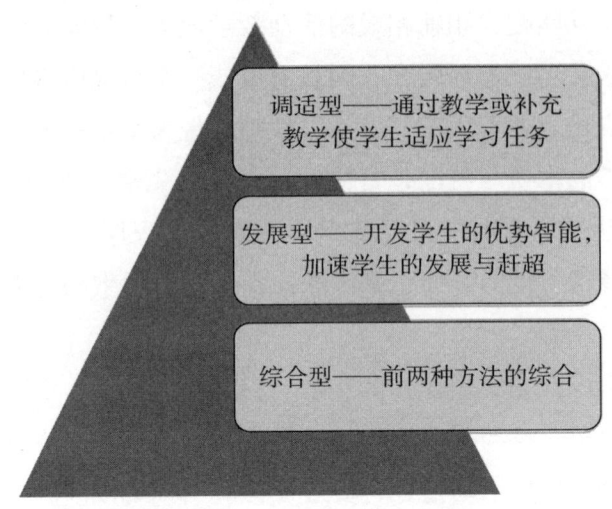

图4-14　个性化教学的三种类型

分析研究我国课堂教学中的教学组织形式变革，有两个趋势引人注目。一是同步教学与分层递进、分类指导相结合，即把集体的同步教学与分层递进、分类指导的异步教学统一起来，以便兼顾各个层次的学生。二是常规教学同个性化学习、开放性学习相统筹。由于学生的知识基础、资质禀赋、学习习惯、认知风格都不完全相同，常规的教学组织形式所追求的统一性很难满足同一课堂中学生的各种需求，最理想的办法是创造一种更加开放、更加自由的教学组织形式，让学生自主地进行个性化学习。

（四）多样选择教学媒体

使用教学媒体，是一种直接参与教学、在教学过程中传递信息的方法。从某种程度上来说，教学手段和工具是伴随着教学活动的产生而出现的，比如教材、黑板、电视机、幻灯机等，这些工具在教学中发挥着重要作用。在当今社会，多媒体技术发展速度不断加快，人工智能技术越来越成熟，这些新的技术给学生创造了丰富多样的学习情境，使得学生的学习效率更高、学习质量更好。作为教学过程中重要的工具和手段，教学媒体有利于增强学生的思维能力，提高学生解决问题的水平，发挥着越来越重要的作用。

教学媒体的选择是一项比较复杂的工作，涉及的因素比较多，比如教学目标、教学内容和教学活动等；同时还与教师的教学态度、教学水平，以及学生的学习特征等息息相关；还有管理方面的因素，如实施教学的时间、地点和资金等；环境因素也是必须考虑的，如教室的光线条件、空间大小等。所以，教学媒体的选择需要谨慎考虑多方面因素，最终的选择必须科学合理。

（1）目标控制原则。教学目标规定了教师的教学方法、教学内容，同时又对学生的知识接受起指导作用，也就决定了媒体类型的选择。

（2）内容适合原则。课堂教学中，大到学科、小到章节的内容都是有差异的，不同的教学内容适用的教学媒体必然各不相同。

（3）对象适用原则。无论是选择多媒体，还是设计教学媒体，教师都必须重视学生的认知特征，不能一味地套用固有模式。

在当前的教学中，使用率较高的教学媒体主要涉及交互媒体、听觉媒体及视觉媒体等。

随着电子、通信等各项技术的发展，教育技术也开始发生各种各样的改变。现代教学媒体的主要发展趋势在于媒体设备小型化、微型化，存储容量大型化，媒体功能综合化，信息交流国际化，以及媒体制作和使用简单化等。

随着互联网在乡村学校的全覆盖，"互联网+教学"的教学模式得到了日益普及。乡村学校可通过"慕课"引入学习资源，丰富学习内容和形式；也可推广"翻转课堂"的模式，变革课程结构，运用"微课程"引领学生自主预学，强化课堂交流对话，在"可视化"技术应用上也有更大的拓展空间。

一般而言，在教学过程中，现代教学媒体的基本模式包括以下

三种:

一是辅助式。在使用这种模式的课堂教学过程中,媒体往往是一种辅助性工具。其主要特征是将教师讲授与辅助手段相结合。媒体的使用方法有两种:演播法和插播法。这是目前教学中最常用的模式。

二是直接式。学生直接通过现代教学媒体学习,并获得学习反馈。通常情况下,现代教学媒体主要是程序教学、机器学习或者计算机辅助教学。这种模式最主要的特征在于并不要求教师发挥中介作用,而是要求其编制科学、有效的成套程序教材。学生在这种模式的学习中需要有高度的独立性和自主性。

三是循环式。学生通过现代教学媒体进行学习,主要包括电视、广播等,以此来传递教学资料,主讲教师和学生见面机会少,甚至不见面。

(五)科学编制练习作业

在教师的教学活动开展中,练习作业是非常关键的一个环节;在学生的学习过程中,该环节同样非常重要,而且必不可少。通过完成练习作业,学生能够对新知识进行巩固和运用,这有利于提高学生的自主性,增强学生的责任感等。苏联教育家巴班斯基在对教学最优化和减轻学生负担的分析中指出,不应该取消作业,而是要通过作业来获得更好的教学效果。但是,我们也应当看到,传统意义上的练习作业,必须在新课程背景下加以改进。

1. 更新练习作业的功能

要拓展练习作业的作用,使其不局限于帮助学生巩固知识、理解知识或熟练掌握知识,而是要让学生从中得到更多的社会经验,提高学生的体验感,使学生获得更加丰富多样的学习策略和手段,最终实现学生自主建构知识的目标。

练习作业不仅要发挥教师的引导和帮助作用,也要让学生获得知识和能力,让学生形成积极主动学习的意识,提高学生收集信息的能力,帮助学生培养团队合作意识,提高学生合作及解决问题的能力等,更要发展他们的创新精神,提高他们的实践能力。

练习作业不仅仅是为了让学生完成课堂任务,更是要促进学生的全面发展,即通过练习作业引导学生形成正确的三观,培养学生形成优秀的个人品质,促进学生的人格发展等。

2. 设计练习作业的原则

设计练习作业一般要经历以下环节:确定目标和内容——确定重点项目及其难易程度——确定形式、种类和数量——具体编制——检验修订。

练习作业的设计因课程、单元教学内容、知识类型、学生基本情况不同而异。教师要根据学科特点,精心勾画练习作业的轮廓,设计练习作业的具体内容。在设计过程中要遵循以下原则(如图4-15所示)。

图4-15 设计练习作业的原则

(1)目的性和针对性。教师进行练习作业设计时,首先要确定练习作业达到的目标,围绕目标选择来编制习题。同时,教师还要认真钻研教材,把练习作业作为教学活动的一个组成部分,结合所教班级学生的实际情况设计练习作业。目标不同，题目的类型也不同；教学阶段不同，对学生的要求也有差异。教师要在不同的情况下进行针对性的练习作业设计。

（2）系统性和层次性。在练习作业设计中，教师要考虑周全，不仅要全面把握教材内容，使练习完整且连续，让学生更加系统地进行复习和训练，还必须体现层次性，能满足不同层次学生的学习需求，从而推动不同层次学生的发展。

（3）全体性和适度性。设计练习作业时，教师要考虑到所有学生，而不能只关注优秀学生。练习的分量、次数、时间、难易程度都要考虑到大部分学生的学习能力，使他们有足够的时间和精力完成教师布置的任务。

（4）启发性和多样性。练习作业设计也必须重视启发性，教师要通过练习作业设计激发学生的学习积极性和主动性，提高学生的求知欲，从而启发他们的思维，让学生通过练习作业掌握更多的学习方法和途径。具有启发性的练习作业设计有利于突出学生的主体地位，使学生通过练习作业学会独立思考，深化对知识的理解。练习作业设计还必须重视形式的多元化，灵活多变的练习作业形式才能够激发学生的兴趣，提高其学习积极性。

（5）诊断性和补救性。教师设计练习作业时，要使其具有诊断性和补救性，达到了解学生和帮助学生学习的目的。这就要求教师不仅要设计一份完整的基本练习作业，还应当设计一些备用的、机动的作业，以便及时布置给学生，达到补救的目的。

3. 编制练习作业的要求

练习作业的设计是教学设计的重要组成部分。纵观国内外的练习作业设计，已经在许多方面出现了明显的转变。当然，这种转变并不表明对原有传统的全面否定，而是一种扬弃和发展。

这种转变的走向主要表现为：从关注课业转变为关注发展；从统一

要求转变为分层引导;从刚性控制转变为弹性选择;从独立完成转变为协同合作;从静态分离转变为动态参与;从机械训练转变为探究创新;从量化评价转变为质性评定。

目前练习作业设计在类型和形式上都有一些创新,其类型主要有以下七种(如图4-16所示):

图4-16 练习作业的类型

一是摸底型。这是为了了解学情而设计的诊断学生基本情况的练习作业。

二是尝试型。这是为学习提供准备的练习作业,能为学生进一步的自主学习和发现学习做好铺垫。

三是习得型。这是基于教材,为使学生掌握知识与技能并习得方法而设计的基本练习作业。

四是分层型。这是针对不同学习水平的学生设计的练习作业。

五是践履型。这是学生需要实践才能完成的练习作业。

六是综合型。这种练习作业可以是单元内的小型综合训练,也可以是学科内或学科间的大型综合训练。

七是研究型。这是学生进行自主探究和合作的研究性练习作业。

第三节　设计适合乡村课堂教学的活动过程

无论是乡村学校还是城镇学校，目前都是以班级授课为课堂教学的基本组织形式。因此，组织课堂教学活动是继教学设计之后另一项非常重要的教学工作。教师的教学能力集中表现在课堂教学的动态活动中。乡村学校的课堂教学正在发生变革，许多学者称之为"课堂转型"。从操作层面上看，课堂转型必须落实在课堂教学过程的变革上。

一、激发乡村学生的内生动力

学生在课堂学习中的内生动力具体表现在其学习积极性，也就是学生在学习过程中的心理状态，具体涉及意志努力、情绪振奋和认知活跃等方面。心理学研究成果显示，学习绩效是影响学生学习效果非常重要的一个因素，此外还有动力因素、策略因素和智力因素。

现代心理学研究表明，推动学生进行学习的内部动因，或者说其"活动的一切推动力"，并不是单一结构，而是由多种动力因素共同构成的一种系统，正是该系统触发了学生的学习活动。在学习的心理动力结构中，学习需要是深层核心。需要是个体积极性的主要源泉，为个体从事活动提供了重要的内部驱动力；需要是"外部现实"的反映，其体验形式表现为主观的欲念、愿望或意向。学习需要可以表现为偏向于理性的、对学习必要性的认识和信念，或是对未来的谋虑和理想，也可以表现为带有情绪体验色彩的、对学习的兴趣和爱好，也可以是在行动中表现出来的习惯或意志行动。

研究指出，一个完整的动机主要包括三方面因素：第一，外在诱因；第二，内在需求；第三，自我中介调节作用。也就是说，个体通过自我调节，让自身内在需求和行为外在诱因之间相互协调，最终形成对行为起激发和维持作用的动力因素，即动机。

（一）激发学生的内在需求

学生学习与发展的内在驱动力量都是需求。人的需求由不同层级构成，从低级的层次到高级的层次，形成一个逐级递升的"需求金字塔"。美国人本主义心理学家马斯洛的分析指出，低层次的需求一旦获得满足，驱动力就会衰减；而当高层次的需求获得满足，则会引起更强烈的追求。所以，要促进学生可持续发展，就要着眼于培养其高层次的需求，特别是精神文化方面的需求，同时还要注意培养其"需求的文明"。

对学习的需求是人的一种天性。我国"生本教育"的研究认为，作为学习者，儿童的学习天性给教师的教学提供了原动力，而这会对学习者及其学习行动产生支配作用，并且会决定教学效果。所以，要让动力体系更加合理且高效，就要正确看待"教"的地位，有效发挥"学"的作用。在课堂教学的过程中把学生的内在需求激发出来，可以从以下几个方面努力。

1. 唤起学生的求知欲望

好奇心与求知欲是人的一种"本性"。教师在讲授时要充分利用知识的魅力，激起学生的认知积极性。大量的研究指出，利用外在的刺激手段，不如利用知识本身唤起学生对其追求的意愿来得那么持久、深刻。反过来，知识学习也可以给学生以"内在奖酬"。

教师教学时，也要尽量使用新信息，让学生耳目一新。著名儿童心理学家让·皮亚杰（Jean Piaget）在研究儿童认知发展的过程中给出了一种新的原则，那就是"适当新颖"。他提出，在教学过程中，给学生呈现的材料必须与其过去的经验息息相关，同时也必须新颖，并且两者之间不存在分歧和冲突，能够相互协调，这样才可以让学生充满兴趣和好奇心，从而启发学生的思维。总的来说，在教学中，我们要以教材为基础，引入与之相关的、更新颖的材料，这样可以产生更好的教学效果。

2. 掀动学生的智力情绪

智力情绪是在学习活动中伴随学习过程产生的情绪体验，对人的智慧潜能可以起到直接的激活作用，具有"动力"的性质。从课堂教学的实际来看，正如苏联教学论专家斯卡特金在谈到现代教学论时所说的："我们已经建立的教学过程非常合理，也具有一定的逻辑性，然而，其中却缺乏积极情感，所以导致学生变得苦恼、焦虑和恐惧，这些阻碍了他们全力以赴地去学习。这样的过程同生活对教育年轻一代的新要求是背道而驰的。"所以，他得出这样的结论，"必须通过各方面力量，转变教学工作，使其成为学生的快乐源泉，并推动学生的发展和进步"①。

三百多年前的捷克教育家夸美纽斯早已注意到教学中的情绪方面，他在《大教学论》中提出，教学这种艺术能够让人产生愉快的体验，当代教学方法改革更是十分重视教学过程的认知侧面和情意侧面的统一。苏联教育家赞可夫曾经提出，如果教学法碰触到了学生的意志领域，或者和他们的情绪领域相关，触及了他们的精神需求，那么该方法就会发挥出更好的作用。广大教师在教学改革中，应注意改变"灌注式"教学方法，调动学生内在的学习积极性，掀动他们的智力情绪，让他们在愉悦的气氛中学习，只有这样才能在激发学生的求知欲、发展他们的聪明才智和创造能力方面取得可喜的效果。

3. 引起学生的探索需要

一般情况下，为了让学生积极主动地追求本源，并进行探索和分析，善于教学的教师往往会制造认知冲突。格奥尔格·威廉·弗里德里希·黑格尔（Georg Wilhelm Friedrich Hegel）曾经明确提出，思维的一

---

① [苏] M. H. 斯卡特金：《现代教学论问题》，北京：教育科学出版社1990年版，第56、84页。

个普遍要求就在于凡事要追求本源,这也是思维的主要特点。在教学中,假如教师提出的观念或者思想和学生已有的知识之间出现了分歧,就会产生认知冲突。这会让学生感到困惑,让学生的思维不断地碰撞,从而激发学生的探索欲,提高其求知欲,在这样的情况下,教师适当地进行引导和启发,就很容易达到预期的教学效果。

设置悬念情境也是提高学生探索欲的重要方式,情境的主要作用就在于激发。苏霍姆林斯基指出,教师"不要讲究",要让学生带着疑惑去分析和探索,去获得更充分的知识,从而实现预期的教学目标。

当然,在激发学生的学习愿望和要求以后,教师还应当推动学生的积极参与和投入。根据心理学研究结果来看,如果教师能采取合理的方法让学生"卷入"任务,那么,就会实现激励内在动机的目标。

(二)注重学生的认知定向

学习作为一种有意识的自觉活动,是由多种心理因素构成的。按照心理活动对学习所起作用的不同,我们可以把这些心理因素分为两大类:一类是进行智慧操作的认知因素——感知、记忆、思维与想象方面的因素,也叫智力因素;另一类是引导、推动和维持认知活动的意向因素,也称非智力因素。

教育改革的实践,使人们越来越注意学习中认知活动与意向活动的相互依存和相互转化——认知的积极化固然依靠以需要为核心的意向的主导,而认知活动的展开也可以唤起、激发并创造新的需要与意向。因此,教育心理学家更倾向于在统一的学习活动中通过强化认知过程本身去引起、维持和激励学习的意向,更注重认知需要、智力情绪之类的内在动机。

1. 提示学习目标

引发学生学习动机的一个重要因素就是学习目标,学习目标也是学生学习的预期结果。学习目标具有引导作用、激励作用和召唤作用。教师要发挥学习目标的作用，增强学生的学习热情，让学生全面了解学习目标，认识到学习的个人意义和社会意义，从而建立一系列与目标相近而且科学合理的目标序列。通过一个个小的成功来鼓舞学生，让学生始终有强烈的学习兴趣。

教师在教学时可以通过向学生提示学习目标，调节学生心理能量的配置，提高学生心理激活的水平，使学生产生正确的认知定向，保证学习任务的顺利完成。

教学中提示目标的方式很多，可以陈述应当达到的要求，可以说明最终的检验标准，可以言说教师的期许，可以提出应当解决的问题，还可以列举学习结果的种种表现。

2. 指出课题意旨

教师要指明当下即将学习的课题的意旨，一是要把课题学习的意义具体化，二是要讲明学习关涉的方向、范围、要点、重心等。

课题的意旨中最重要的是学习这一课题的意义。学生学习任何课程都有相对概括的意义，这些意义对于学生来说一般都是较为抽象和长远的，比如学好物理、化学、生物等科学知识是为祖国的社会主义建设做贡献，学习艺术类学科是为了提高自己的审美素养等。学习这些课程的意义如果能被学生真正理解和内化，就能够对学生产生长期作用，所以教师必须重视这方面的教育。

但就学生在课堂情境中的学习而言，要让学习目标和任务具有激励性作用，提高学生的学习积极性，就必须确保这种抽象意义上的学习的必要性和重要性与当下要学习的内容的具体意义具有紧密联系。除此之外，还要设置"心理场"，使抽象概括水平上的"社会意义"同具体的"个人意义"相互统合。

3. 明确具体要求

作为学习的一种诱因，目标的导向作用已被许多研究证实。

美国教育心理学家罗伯特·马杰（Robert Mager）认为，如果你不明确自己的目标,那么你可能会达成另外一个目标,甚至还不知道自己已经迷失了方向。只有你明确自己的目标,才可能选择正确的、通向目标的道路。梅耶(Meyer)是美国著名的认知心理学家,他认为,在课堂教学之初,教师就要让学生明确教学目标,这样才能够让学生为了该目标的实现而付出更多的时间和精力。但是,怎样的目标才能真正起到指引作用呢?

1970年,达蒂斯(Datis)主要对十年级学生进行了分析,其参考的主要著作是《健康教育》,他分析了三种条件对学生成绩产生的影响,分别是精确目标、含糊目标和无目标。根据研究结论来看,和其他两种相比,精确目标更能够提高学生的学习成绩。1985年,汉密尔顿(Hamilton)对相关研究进行了回顾,他提出,学生在回忆学习过的阅读材料时,不同类型的目标都有一定的帮助作用。如果目标对于要学的材料进行了清晰的阐述,那么,任何类型的目标都会对言语信息产生积极作用。

4. 开启认知"门户"

学习时,学生要通过感觉、知觉接收哪些信息,他们的注意应指向和集中于什么事物或活动,这就是对信息的认知定向。我们知道,知觉和注意是意识的"门户",是主体的选择性过滤器。知识信息只有被学生注意选择,才能被有效地吸收。教师的教学活动只有引起学生的知觉和注意,才可能达到预期目的。导入的目的之一,就是按照知觉与注意的规律为学生确定认知定向,使他们把加工信息的有限"智源"指向并集中在最重要的、有最大潜在收益的内容上。

那么,在课堂教学中组织学生的知觉与注意,进行认知定向的策略有哪些呢?

一是提供组织注意的"线索"。如了解哪些内容是重要的,告诉学生应予以注意的范围,对教材的思路、脉络给予提示。

二是给教学内容增加一些刺激要素,以起到指导和控制的作用。如介绍有关的背景知识，引用与内容相关的新颖有趣的材料、例证，利用"先行组织者"，等等。

三是根据知觉与注意的特征，组合各种刺激。如设计好能引起注意的教学情境，充分利用强度、对比、活动变化、色彩变化等心理物理特征吸引注意；利用教学刺激的新异特征、强调特征、情绪特征等因素引起认知定向等。

5. 设置导入环节

导入指的是教师在教学时通过采取多元化的教学方法，形成提高学生的注意力、激发学生的学习兴趣、建立明确的教学方向、设置清晰的教学目标等教学行为。这些教学行为往往产生于正式上课之前，一般情况下用于进入新单元、新课导入或者新段落教学等。

导入课堂教学，正如戏剧的序幕，有利于集中学生的注意力，有利于渗透主体，等等。精心导入可以让学生对学习充满兴趣，激发他们的求知欲，使他们积极主动地投入学习。

导入除了具有激发学生认识兴趣和学习动机的作用，还能传达教学意图，引起学生对课题的关注。在上课之初，通过有效的导入，学生能够掌握课堂教学的核心内容，这有利于提高他们的学习质量，这也是导入环节的主要作用。教师以学生可以理解的方式把教学意图传递给学生，比如提示学习目标、学习方法等，这有利于学生在学习时正确地分配心理能量，主动地调节与控制认知活动。

(三) 通过教学情境的设置激发学生的内生动力

情境通常由特定要素构成，其具体表现形式包括物质条件、风气及习俗等。教育情境是由直接影响教育效果的一系列因素共同构成的。

教育情境类型丰富多彩，以载体进行划分主要包括两种，一是实在情境，二是模拟情境；从功能角度划分，也可以划分成两种类型，一是体验情境，二是问题情境。

教育现象极为复杂，教育情境的种类难以尽述，它们之间又是紧密联系甚至互相包容的。情境的特征表现为：其一，感性因素比较丰富，具有直观性；其二，内部蕴含主题，具有典型性；其三，可以反复感知，具有稳定性。

为了更切合课堂教学的实际、便于教师操作，我们将达成目标的教学情境分为三类：实在情境——自然的、社会的物质环境；图像情境——以画面形式出现的形象、事件和活动；符号情境——口头、书面与体态语言显示的意义。

1. 安排科学的刺激模式

学生总是在各种刺激组成的教学情境中进行学习活动。大而言之，作为刺激的"教学事件"包括教学目的、内容、方法、手段；小而言之，教师的呈示行为、信息传递途径、与学生的相互作用方式、师生活动的步骤与变换等，都会影响到学生的注意状态、动机水平和意志努力程度。美国心理学家盖治（Gage）曾将引起学生注意与兴趣的特征分为四类：刺激的心理物理特征、刺激的情绪特征、刺激的强调特征、刺激的新异特征。教师在组织教学活动时，应当综合考虑各种刺激因素的效用，并把它们结合成一个促进学生主动、积极、有效学习的刺激模式。

2. 创设恰当的问题情境

我们经常讲的设置"问题情境"，其实质是引起学生的"认知冲突"，即学生原有的知识经验同他新接触会到的现象与事件发生某种"冲突"，引起其认知的不协调，于是学生会产生疑惑与困扰等心理上的不平衡感，形成一种求知的推动力。这实际上是一种心理"紧张"而导致的能量积聚，促使学生产生追本求源的积极性。在课堂上创造冲突性情境，可以让学生直接面对现象与事件，也可以通过语言进行描述或铺陈。

3. 利用模拟的诱导方式

学生对于新异的活动方式和刺激形式的反应是特别积极的。当他们感到这些刺激很有趣时,这种兴奋和愉悦的状态自然生成为一种学习的驱动力量。教师在课堂教学中,要使学生愿学、乐学,就应当有一种求新求变的意识,创造一些模拟的情境,即带有象征性、表演性和想象性的场面或细节,尽力诱导学生产生学习兴趣与意愿。当然,这并不是要求教师不顾实效地"标新立异"和"哗众取宠",而是希望教师有一种机敏的智慧,使其在平实中见新异,在随意中存匠心。

二、指导乡村学生的学习活动

教师和学生是教学中最活跃的"人的因素",其潜能的发挥关键在于他们的主体性是否被唤醒。教师作为教学工作的主体,其主导作用集中反映在学生作为学习的主体和作为自我发展的主体方面。那么,主体性的含义是什么呢?人作为对象活动的主体呈现的本质特征即为主体性。人作为认识主体,在处理和外部世界的关系的过程中,主体性是人呈现出来的一种功能特性。在主体作用于客体的过程中,主体所表现出来的能动性同样是主体性,具体指的是创造性、自主性和主动性。

就课堂教学而言,主体性表现在两个方面:一是在与教育资料的相互作用中,表现为选择性、自主性、能动性和创造性;二是在与另一个教育主体的交往过程中,表现为主体间性。主体间性和主体性是有明显差异的。主体性是人通过对物进行改造而发展自我,主体间性主要指的是人与人在相互交往中发展自我,交往的双方都是主体,两者相互平等、相互尊重、相互理解。从某种程度上说,"教"和"学"之间的关系是相互解放的,同时也是相互成就的。要改变"教"和"学"相互割裂的现状,首先需要建立主体间的关系。

(一)引导学生掌握知识与技能

基础教育对学生提出的基本要求是,学生应该有较强的基础学力,而基础学力的核心在于掌握基础知识和具备基本技能。为了让学生拥有基础学力，教师首先应该给他们传授有丰富价值而且连贯稳定的基础知识，从而让学生拥有一定的适应社会的技能。在基础教育阶段，课程内容的重要构成部分就是"双基"。

培养和提高学生的基础学力，要求我们正确地理解课程标准中的知识与技能目标。

第一，知识、能力、素质这三者之间并非简单的相互对立。知识作为重要资源，是提高素质、增强能力的前提条件。要获得能力和素质，就需要掌握、建构、内化并运用知识。从某种程度上说，知识内化的综合体现就是能力增强，而知识积淀和升华的具体表现就是素质提高。增强能力是关键，掌握知识是基础，提高素质是最终目标。我们需要以知识为基础，让主体之间产生相互作用，从而培养学生的智慧，提高学生的能力和素质。

第二，知识中涉及人类认识世界的智慧方式，具体表现在人对一切外部事物的情感态度，包括自然、人及社会。而学生正处于掌握知识、内化知识并生成知识的重要阶段，他们正是在这一过程中认识世界，并获得相应的情感态度，形成一定的价值观。

第三，知识是结果和方法及内容和形式的统一。知识反映了外部事物的运动发展及其规律，知识的具体形式涉及人类社会独到的思维方式，呈现了人类社会独一无二的行为模式和体验方式。

课堂教学中怎样才能使学生真正掌握知识，进而"转识成智"呢？

1. 联系现实生活

教好知识的关键，在于将课程包含的人类在历史实践中总结概括出来的知识精品，转化为学生的精神财富，成为其个人头脑中的经验系统，这就需要联系现实生活中学生已经拥有的知识和经验。

陶行知在描述经验在知识学习中的作用时，提出了"接知如接枝"的观点。他在区别"真知识"和"人为知识"的论证中提出，要获得真正的知识，就要把思想和行动这两者融为一体，此类知识的根本在于经验，必须植根于经验，从经验中生长并开花结果，否则，知识就不是真正的知识。他还认为，要掌握真正的知识，前提条件是有一定的经验为知识做根基，让知识在这种经验之上成长成熟，这样才能够帮助我们内化他人的知识，让他人的知识也成为我们知识体系的一个重要构成部分。可以说，教好知识的奥秘就在于以现实生活中的事例、现象和学生的经验、体验为土壤，经过教师的勤奋耕耘，结出知识之果来。

杜威曾经提出"教育即生活"的命题。教学和生活也是息息相关的。教学作为一种活动，需要在生活中准备；教学主题只有一个，就是丰富多样的生活。生活能够被人感知，从本质上来看，生活就是人和人的际遇，在这种际遇中，人们揭示生活并体验生活。教学回归生活，就要以生活事件的样态为前提组织教学，以生活的完整性为前提理解经验事件，在教学范畴中引入涉及学习者生存和成长的重要生活事件。

2. 采用充足的事例与多种方式

教师应结合课程中的知识，特别是关于概念和原理的知识，通常都是经过抽象概括的、带有一定规律性的知识。这种知识不是一种感性形态，而是理性形态，其原型也并不生动、丰富和具体。对于中小学生而言，他们的生活阅历并不丰富，思维水平也比较低，因此，要让他们掌握规律性知识，教师就需要在教学中引用极具代表性的案例和事件，并对其进行适当的概括和比较。这些事例不仅要有"正例"，还要有"反例"；不仅要有"常式"，还要有"变式"。这样才可以使他们既能认清"要义"和"本赉"，又能区分出"真假"和"异同"。

教好知识不但要使"理"与"事"相互匹配，而且要注重以多种方式来促进学生对知识的掌握。美国心理学家霍华德·加德纳（Howard Gardner）的多元智力理论（如图 4-17 所示）提出的要求是，学科教学过程中应该使用多元化的方式，从不同的切入点着手，学习同一个主题。针对同一个主题，教师通过多元化的方式传授，学生也会有更深刻的见解。比如 1991 年加德纳在《未经教育的头脑》一书中明确指出，教学的方式至少要包括以下几种：叙述、逻辑分析、动手经验、艺术探索、哲学考验、参与合作的经验或者人际经验。

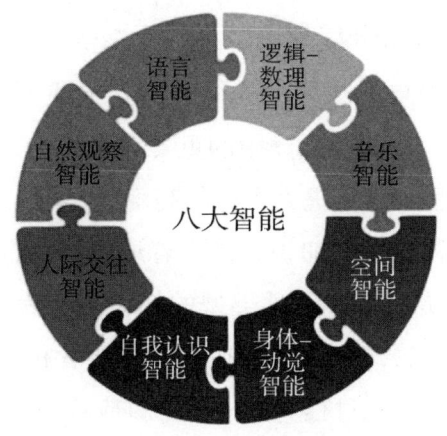

图 4-17 加德纳多元智能理论模型

3. 注重巩固练习和实际应用

学习活动不是一劳永逸的。"遗忘"和"变形"是学生的头脑在存储信息时必然要遇到的问题，而解决问题的基本方法就是"复习""练习"和"应用"。以达成知识教学的目标来说，必须以掌握基础知识为前提，迁移知识并创新，而这个过程离不开"练"与"用"。

要提高"练"的质量，必须坚持"求实""求精"的原则。一是要提高针对性，按照不同学生的水平和特点，设计和采用不同内容和形式的练习，根据不同教材的难易和要求，把握好练习的数量和顺序；二是要讲究科学性，加强练习的指导，明确练习的目标，注重练习的分布与重复，及时反馈和校正。

在课堂教学中，不仅读书是学习，运用也是学习，而且是更重要的学习。知识的积累是为了运用，而运用知识也会让积累起来的知识变得更稳固、更丰满、更灵动。苏联教育家苏霍姆林斯基曾经提出，学生到校学习并非机械性地学习知识，而是通过学习让自己更聪明。"所谓发展智力，就是使知识处于运动之中，处于运用之中。"因此，在课堂教学中重视并激励学生挖掘所学知识的价值，创设一定的情境让学生运用知识解决问题，是培养学生创新精神、实践能力和创造意识所必需的。

（二）带领学生领悟过程与方法

新课标把"过程与方法"作为课程目标的重要组成部分，无疑突出了"过程与方法"在教学活动中的重要意义。

为什么要把过程与方法提到目标的高度呢？对于所有学科来说，过程方法的知识是一种类型的知识，代表着该学科的探究过程和方法论；而概念原理的知识属于另外一种类型的知识，代表着该学科的探究结果。但是这两种类型的知识具有内在联系，两者相互影响、相互依存、相互转化。任何一种探究过程和方法论都对应着一定的探究结果或者结论。要获得概念原理体系，就需要经过一定的探究过程，并且具备一定的方法论。除此之外，概念原理体系的本质又包含着探究过程和方法论，随着概念原理体系发生变化或者发展，探究过程和方法论也会随之发生改变。不同学科的概念原理体系是有很大差异的，对应的探究过程和方法论也各不相同。

当然，过程与方法是在学习知识的过程中习得的。学生要真正理解和掌握知识，就必须从知识的来龙去脉中领会知识的真义及其发展路径，必须在用知识攻坚克难、解决问题的过程中体味其方法。因此，在学习知识的活动中注重展示过程与方法是一种"水到渠成"的教学艺术，是引导学生进行认知学习和智慧运作的一种示范和训练。

1. 引导学生明白结论的来路

德国民主主义教育家阿道尔夫·第斯多惠（Friedrich Adolf Wilhelm Diesterweg）曾说过："不好的教师奉送真理，好的教师教人发现真理。"在部分情况下，过程的意义远远超过结论，过程可以把探索和创造的欢乐调动出来，让人有更充分的学习兴趣及动机。过程还能够体现出思路、呈现出方法，让人学会学习，更能够帮助人建立一定的进取型人格,从而促进人的发展,推动人的自我完善。

从学科本身而言,在一个整体中,过程和方法同知识和技能是两个不同的侧面,是互为支撑的存在。在一个学科中,假设概念原理体系是"肉体",那么"灵魂"就是探究过程和探究方法,这两者必须相互结合,才可以体现出学科内涵。事实上,在教学中,离开了"过程"的任何"知识结论"的记取,都势必造成离开实质性内容的机械性学习,学生自然无从掌握解决问题的策略和方法,也难以感悟一门学科的精神和价值。

应当说,不管什么知识的结论,其实都蕴含着日积月累获得正确认识的艰辛历程。所以,让学生了解知识的产生与发展过程,不仅是使其掌握知识的必经之路,同时也是一种对其进行"激情励志"的教育。如果学生能俯瞰知识的来路,自然会更深切地理解蕴含于知识中的策略、方法与智慧。

2. 带领学生寻觅思考的轨迹

"教会学生思考"不能靠微言大义的架空说教,必须结合日常教学的点滴累积。在任何知识的背后,其实都蕴藏着思考的轨迹,要依靠教师引导学生去追寻。

以数学为例,在我们的教材中,大部分常数都是美丽且冰冷的数字,而形式化的海洋淹没了各种各样的火热思考。所以,我国数学教育家张奠宙指出,对于数学而言,将知识由学术形态转化成教育形态,是该学科的一个主要教学目标。从学术角度来看,数学知识是"冰冷的美丽";但是从教育形态来看,数学知识其实是"火热的思考"。他提出的转化路径包括以下几方面。

第一,把教材中形式化的表述顺序颠倒过来。教师以知识产生背景为前提,把原始的思考过程呈现出来,这样才能将学生带入一种"火热的思考"的情境。

第二,引入具体案例和活动,以此提高学生思考的积极性。

第三，把知识的内在联系揭示出来。要打乱教材中原有的知识序列，在其中引入其他学科的知识，从而构成新的网络架构，以此来激发学生的思维。

第四，从思想方法角度着手，构成教育形态。

3. 给予学生蕴含方法的教育

知识具有多方面的教育价值。知识是一种事实和观点，也是一种思想和精神，更是一种方法和工具。正如科学教育学的奠基人约翰·弗里德里希·赫尔巴特（Johann Friedrich Herbart）所说的："我不把科学视为一副眼镜，而把它看作眼睛，而且是一双用来观察各种事情的眼睛。"将知识变为科学地认识客观世界和主观世界的依据与武器，能拓宽学生的视野。

对学生进行方法的教育，是一项细致而长期的工作，其操作要求一般包括五个要点：一是要促进具体做法向内在素养的转化；二是要重视教师教法同学生学法的对应；三是要注意动力因素对智慧因素的推动；四是要加强一般指导和学科指导的联系；五是要凸显统一要求与因人而异的结合。

应当特别强调的是，学生的各学科学习具有"共性"，因此教师需要做一般性指导，如完成课业方法的指导、学习心理的指导、调控学习过程的指导。这些指导都可以提取出一些共同的规律和普遍的要求。但心理学研究指出，这种一般性的方法是"弱方法"，而"强方法"是在学科知识教学中获得的。只有结合学科和具体内容的学习指导，才能真正地促进学生的学习，学生也才能真正学会运用某种学习方法。

（三）促使学生体会情感与态度

学生来到课堂上，并不是照单领取一笔"知识货品"，而应当是领略知识魅力，全身心地感受知识带给他们的快乐。也就是说，课堂教学中的知识教育也是情感、意志与态度的教育。

我国学者朱小蔓说过，情感教育从某种意义上说，就是丰富人的感受，包括对自然、对艺术形式及对整个社会的感受，让学生把自身具备的强烈的感受欲望，以及细致、独特及敏锐的感受能力保留下来。学校在进行情感教育的过程中应该给学生建立丰富多样的体验活动，让学生自发主动地进行亲身体验，并感受其中的意义和价值，以此为基础，引导学生追求更高尚且更积极的体验感。

1. 增强学生的情感体验

情感体验是学生全身心沉浸学习并在亲身经历中感悟的心理活动，是在丰富的、真实的情境中生成的感受。让学生获得切身体验，才能让他们拥有求知的热情、领略知识的意义，进而推动学生在学习中投入精力。体验需要以经验为前提条件，在人的精神世界立足，通过个体对事物的意义的自我建构，以自身情感来体会经验，通过发挥想象，让经验变得生命化、个性化。在体验的领域中，所有的客体都是有生命的，都具备一定的生命意蕴和生命情调。体验具有过程性特征，必须由个体亲自经历，而不可由他人传授，整个过程充满个性，也具有创造性。

通过教师的指导，学生将知识对象进行转化，从而得到客观且准确的知识，这样的过程就是体验。在这个过程中，学生结合自己的实际生活，发挥自己已有的知识和经验，依靠自己的情感或知觉进行再认识、发现及创造。

通过体验，人类经验和个体经验可以相互结合，情感和理性可以相互对话。对知识进行生命化和个体化之后，知识就会变成学生的精神食粮，真正走入其内心世界，在学生的心灵和人生中留下深刻的意义，帮助其建构精神和个性。

总之，获得切身体验强调让学生产生知觉、情感、领悟、践履等一系列心理效应。

2. 锻炼学生的意志品质

课堂教学总是要求学生完成一定的课业任务。事实上，学生在成长过程中，完成课业任务是一段重要的经历，每一项课业任务都激发着学生的积极情感，促进着学生的成长。在这样的成长过程中，学生不断产生并化解问题，通过不断运用知识，使知识和能力不断互动和交流，从而推动情感、态度和价值观的成长。

课业任务需要学生按时地、保质保量地、持之以恒地完成。在完成过程中，学生会遇到客观上的困难和主观意志方面的干扰。对于学生来说，日复一日地克服各种干扰，需要增强学习动机、培养坚强意志、保持行为自律，这无疑对他们的自觉性、坚毅性和持久性都是一种最好的锻炼。

课业任务的完成还有利于学生社会责任感的形成。研究指出，要想培养人的社会责任感，首先应该设置完善的外在制度，同时还要创造一定的舆论氛围。不仅如此，教育活动还需要主体的主动介入和个体的积极参加，其核心生成路径体现在两方面，一方面是外在规范和内在自觉的统一，另一方面是理性认知和实践体验的统一。学生完成课业任务正是以规范要求与自主履行为特征。学生对自身的学习任务负责，是其责任意识形成的起点，因为一个人只有对自己负责，才会对自己所处的社会关系积极负责。

3. 培养学生的积极态度

态度是指在实际生活中，影响个人对特定对象做出行为选择的有组织的内部状态或者反应倾向性，包含认知成分、情感成分和行为成分。知识技能的习得涉及的问题是"能不能"，即能不能陈述事实，能不能按一定的规则表现出一定的行为；而态度的培养则涉及"愿不愿"的问题，即个体愿不愿意选择特定的反应。

根据克拉斯沃尔（Krathwohl）等学者的分析结果，态度有各种各样的内化程度。态度按内化程度由低到高分为注意、反应、评估、组织、个性化。注意是接受能力的表现，内化程度处于最低水平，比如在教师宣讲长征精神的过程中，学生能够保持听讲，就是注意态度；反应是超过单纯注意的一种行动,比如学校组织植树节的活动,学生愿意参与,就是反应态度;评估是指行动和获得满意感,使得行动更具有价值,比如学生学习一种新知识时十分认真,就是评估态度;组织具体指价值标准组织,以组织为基础,判断不同价值标准之间存在的联系,使各种标准之间的矛盾冲突得以化解;个性化具体指的是价值个性化(如图4-18所示)。上述几种不同的内化程度也反映了态度变化发展的动态过程,要让态度发展成为道德,前提条件是形成内化程度最高的态度,即经过一定的组织后,价值标准成为人的个性系统中的稳定态度。从这个角度来看,价值观与道德实质上是一样的,都是内化程度较高因而较为稳定的态度。

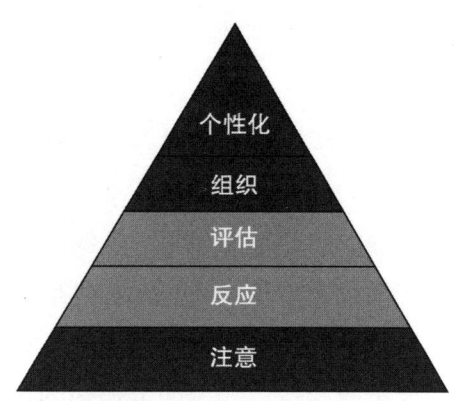

图4-18 态度的内化程度

三、提高乡村学生的核心素养

《教育部关于全面深化课程改革落实立德树人根本任务的意见》强调,教育部将研究提出各学段学生发展核心素养体系,明确学生应具备的适应终身发展和社会发展需要的必备品格和关键能力,突出强调个人修养、社会关爱、家国情怀,更加注重自主发展、合作参与、创新实践。在深化课程改革落实立德树人目标的过程中,发展核心素养体系处于基础地位。

核心素养，是适用于一切情境和所有人的普遍素养。每个个体在发展的过程中，都会遇到不一样的情况，为了应对这些情况，每个人都应该具备各种素养。对于任何个体而言，其应该具备的素养主要包括两部分，一部分是核心素养，另一部分是由核心素养开发的其他素养。核心素养的获得是后天的、可教可学的，具有发展连续性，也存在发展阶段的敏感性。核心素养是个体最基本的关键素养，成长性最突出。核心素养是自身带有特定结构、功能和生长力量的单元，就像树木的年轮，位于树木生命的中心，随着树木的生长和发展，年轮也不断地向外扩展，由内而外发挥着重要的作用。人要形成良好的人格，并且健康成长，就需要具备一定的能力和品质，比如与他人合作的能力、坚守原则的品质等。

到目前为止，无论是发达国家，还是发展中国家，在课程教学改革的过程中，分析学生发展的核心素养都是其重点内容和核心目标，这也成为近几年国际教育发展的一个重要趋势。从我国的政策实践来看，特别是新课程改革之后，学校及教师的观念都在发生改变。他们认识到知识学习并非唯一的教育目的，也并非最重要的教育目的，而是需要在知识学习的过程中，使学生习得获得知识的方法和路径，提高学生创造知识的水平，让知识成为学生精神生活的主要因素，让知识丰富学生的生活，让学生的生活更有意义，而这一过程与学生的核心素养发展具有紧密联系。

（一）主管部门要推进课程统筹

核心素养是知识、技能和态度的综合表现，这决定了核心素养的习得具有整体性与系统性。课程改革非常重视"统筹"，其主要原因是，人才培养是具有一定规律的，在培养的过程中，各个环节之间都具有一定的相关性。根据实践结果来看，要从本质上解决人才培养问题，单项的、局部的改革是不可能实现目标的,所以必须促进统筹改革。统筹改革要从不同的学段着手,包括小学、初中、高中,甚至大学阶段,针对每一个学段都要建立明确的教学目标,确保不同学段之间的学习目标及内容等相互衔接、相辅相成,不会脱节、交叉或者错位。还要促进各学科的统筹,避免学科知识交错不清或者简单重复,要促进各学科知识的配合联系,从而达成综合育人的目标。也要对课标、教材、教学、评价等各个环节进行统筹,让教学内容更加合理、教学评价更加公正,不能纯粹通过成绩来评价学生。同时还要促进统筹一线教师、管理者、社会人员及专家的教育思想,防止他们的观点或想法出现分歧,要组织他们相互配合,共同发挥育人合力。此外,还要统筹学校、社会、家庭和课堂等,促进各个阵地之间的联系,打造协同育人的良好环境,完善育人体系。

从课程教学的角度来说,培养和提高学生的核心素养要从哪里入手呢?我国著名课程论专家钟启泉指出,教育内容和学习者关键能力的统一就体现在核心素养,其中教育内容是客体侧面,学习者关键能力是主体侧面。

1. 整合课程内容

课程统筹在教学层面上最重要的工作是进行课程内容的整合。这其实是一种综合课程取向,其中涉及两种或者两种以上学科的课程要素,这些要素可以通过使用某种方式和某个主题或者真实情境衔接在一起。这在中小学的课程实施中是有载体可利用的,一是各学科的综合性学习;二是专设的综合实践课程;三是一些综合类学科,如"科学""艺术""品德与生活""品德与社会"等,当然还可以由学校自主开发某些校本课程、选修课程、活动课程。

课程内容整合的着眼点是提高学生的综合素质,这本是"核心素养"的题中应有之意。并非将不同的素质结合起来就构成了综合素质,而是要促进不同素质之间的内在联系,从而推动其内在融合。所有的素质只有放到个性整体中观察才有意义,正如黑格尔说过,"割下来的手就不再是手"。因此,综合素质为核心素养的形成与发展构筑了一个可靠的基础,尤其是综合素质的"基础性发展目标"——道德品质、公民素养、学习能力、交流与合作能力、运动与健康、审美与表现——更体现了核心素养的要求。

2. 凸显内在联系

课程内容的整合绝不是凑合或拼合,只有凸显内容之间的有机联系,具有潜在的意义,才有利于学习者领会真理、发展能力、形成素养。从学习者的角度来说,其素养的形成必须依赖于发现和建立课程内容之间的联系。

当代学习理论强调,对知识的深层理解和意义建构,都必须依赖于掌握知识体系的内在联系,以及原有知识经验与新知识学习之间存在的联系。美国当代教育心理学家维特罗克(Wittrock)提出的生成学习理论指出,对于学习者而言,他们的知识并非客观事物的简单模本,也并非通过教师或者他人简单传授所得,而是需要他们真正把握知识的内在关系,并深刻理解知识和学习者经验及学习情境之间的关系,才能够促进外部知识的内化,成为学习者的心理意义。

3. 改善教材呈现

学生的课程学习离不开教材,在课堂教学的过程中,教材呈现和教材内容理解具有紧密联系。教材呈现是指把教材内容呈现给学生的各种方式,包括教师在教学过程中使用教材的情况、组织教材给学生呈现课程内容的情况等。教材的主要特征是范例性,必须把教材视为个体奠定坚实知识基础、促进认知发展、完善人格修养的重要凭借。经过精心选择、编撰和呈示的教材,在有效的课堂教学中,是师生交往对话的"谈资",是学生接受人类文化的"中介",必须重视。

因此,教师应该重点考虑怎样通过有效的方式把教材呈现给学生,从而转变学生的学习方式,提高学习效率。

（二）教育要强化学生能力锻炼

能力是个体通过某种活动所表现出来的个性特征。能力和其他个性特征相区别的地方是，它对活动的进程和方式起调节、控制作用，直接影响活动的顺利进行及其质量水平，原则上属于经验的范畴，是系统化、概括化的经验，即类化的经验。

作为人的一种重要素质，能力的形成需要一定的基础。人们常说，无知必然无能，知识是能力形成最不可或缺的条件。知识是学生发展的支点和素质的要素，也是"三维目标"（如图 4-19 所示）实现的切入口、凭借和载体。《基础教育课程改革纲要（试行）》提出，要转变以前课程教学过程中过于关注学生死记硬背，引导学生进行机械式训练和接受学习的模式，要引导学生主动参与学习过程，积极分析并思考，从而获得更多新知识，具备学习知识和分析问题的能力，与他人交流合作，从而解决问题。以上要求可以总结为学生应重点发展的三方面能力：思维能力、实践能力和创新能力。

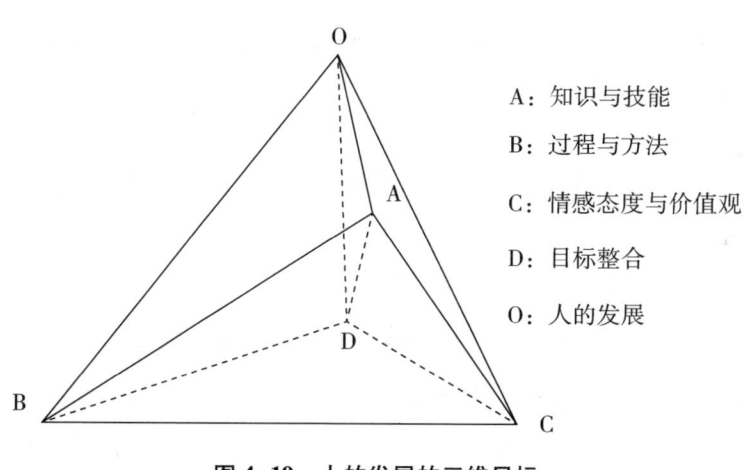

图 4-19 人的发展的三维目标

1. 培养学生的思维能力

知识是思维的产物，也是智慧的结晶。从内容层面来看，知识涉及深刻的思维,包括丰富多样的智慧;从形式层面来看,知识涉及现成的结论及各种各样的论证过程。课堂教学并非只展示教材中已有的结论或简单地呈现已有的论证,而是要将其论证的过程展示出来,并引导学生通过该过程深刻理解论证的思维。这样才可以帮助学生真正理解知识并且掌握知识,让学生将这些理论或者论证转化成自己的智力。如果教学中缺乏思维参与,那么结论的生成只是刻板的条文,会导致知识和智力的内在联系被割裂。

智力的核心是思维,有效的课堂教学应当"为思维而教"。美国教育家杜威曾说过,要让获得的知识具有逻辑性使用价值,前提是知识需要在思维过程中得到,而非偶然得到。除此之外,知识是思维的基础,但是思维的基础并不只有知识。而且知识没有自由,但是思维是自由的,因为思维是创造、是决定没有发生的事情。除此之外,知识和思维这两者之间也不存在完全对等的关系,针对思维能力,知识经验也不可能完全发挥积极作用,如果对知识有过分的依赖性,思维的发展可能就会受到阻碍。

为了提高学生的认知,推动学生的思维发展,在教学的过程中,教师应该牢牢把握学生的"最近发展区",通过"挑战性的任务",必要的提问、建议和指导,以及合作性的交流与互动等举措,让学生通过"跳一跳摘桃子"的思维紧张和意志努力,发挥出自己的潜能,实现从"现有发展区"向"最近发展区"的跨越。

2. 锤炼学生的实践能力

美国心理学家罗伯特·斯滕伯格(Robert Sternberg)提出,实践智力是一种非常重要的能力,能够让人把理论转化成实践,同时也能够转化成抽象思维,获得实践成果。

我国学者认为,实践智力并没有真正回归到实践的本义上来,他们提出,实践就是以认知为前提的解决问题的过程。个体使用自身已有的知识和技能解决实际问题的过程中必须具备的生理特征和心理特征即为实践能力。衡量个体实践能力的主要指标是个体解决问题的层次及质量。

培养学生的实践能力，要唤起学生的实践动机和兴趣，引导学生动手、动口、动脑，在获得实践技能的基础上，组织学生进入一些具体的实践情境进行锻炼。研究指出，情境实践能力因素必须以反复实践为前提条件，这样才能够更合理地评估实践者的自身能力和具体情境的关系。经过反复实践，针对实践中可能会存在的问题和挑战，实践者才能够做出更合理的预案，尤其是对于一些突发情况，实践者可以提前做出判断，并且做好决策。教师有必要给学生提供各种各样的问题情境，通过这种情境引发学生的思考和实践，从而提高学生的实践能力。此外，在生活和学习中，要时刻呈现出与学生实际生活相关的问题，合理解决这些问题能够有效提高学生的实践能力。

3. 发展学生的创新能力

美籍奥地利政治经济学家约瑟夫·熊彼特（Joseph Alois Schumpeter）首次指出经济活动中经济增长的内生变化，即"创新"，为现代创新研究奠定了基础。因此，创新能力不仅包括创造力，也包含再次发现与重新组合的能力。根据时代的变革性特点和我国建设创新型国家的要求，强调素质教育是以培养学生创新精神和实践能力为重点的教育，这正反映了我国教育与时俱进的一种取向。创新教育是指通过对中小学生施以系统的教育影响，让学生发挥独立作用，对新的事物和知识进行发现与认识，并把握其中的规律、掌握相应的能力，从而成长为创新型人才。

在教学对话中重视问题解决的"学"与"教"，对培养学生的创新能力极富意义。美国心理学家乔伊·保罗·吉尔福特（Joy Paul Guilford）认为创造性心理品质指的就是对问题的敏感性、流畅性、灵活性、独创性和再定义能力。塔夫脱（Taft）和吉尔克里斯特（Gilohrish）提出，如果个体具有高创造性潜力，其主要特征一定包括以下几个方面：喜欢将自己的问题提出来；做事情的方式比较特殊；工作比较独立；比较喜欢尝试新鲜事物；想象力比较活跃；解题思路更多元化；能够产生新的观念和思想；有冒险精神；幽默感较强；对美非常敏感；性格并不随和；不注重细节；缺乏对社会可接受性的注意。

此外，美国学者托兰斯（Torrance）分析了创造性人格的特征，较为突出的特征有：在困境下容易产生疑问、有强烈的好奇心、能提出假设及猜测。

我国学者也通过研究论证了创造性儿童的一个非常重要的特点在于好问。董奇曾经提出创造性儿童的主要特点就在于有强烈的求知欲。他们从小就有强烈的好奇心，对于事情喜欢追根问底，他们学习兴趣强烈，具备探究意识。

（三）教师要走向深度教学

"深度"，从内涵上讲，泛指触及事物内部和本质的程度。统观今日之课堂，无论是"为何教（学）""教（学）什么"，还是"如何教（学）""教（学）得如何"，都比较肤浅，不够深入。这集中体现在以下四个方面：意义不足、营养不良、过程缺失和价值残缺。

深度教学指的是教师全面挖掘教材内容的深层含义，帮助学生突破浅层学习、提高学习质量、改善学习品质的教学状态。和浅层教学相比，深度教学更加关注教学内容、教学目标和教学过程等一系列因素的内涵和品质。

1. 为学生提供学习"支架"

学生的学习是一个循序渐进的过程。教师进行深度教学，要在"导"上下功夫。美国教育家杜威说过，"指导"一词是中性的，具体指的是引导被引导者的主动趋势，使其朝着另外一个方向发展，而非盲目分散其注意力。指导存在一种基本功能，该功能的一个极端属于一种方向性的帮助，另一个极端的具体表现是调节和支配。所以，指导既是一种引领和帮扶，又是一种规范和制约（如图4-20所示）。

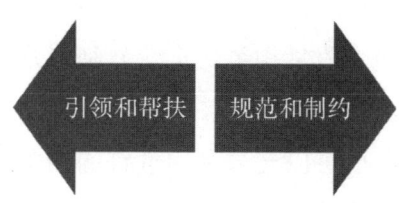

图 4-20 指导的作用

教学中的"导"是一个从"扶"到"放"的过程，因此教师要善于为学生建立一个拾级而上的"支架"，再在适当的时候撤去"支架"，让学生在利用自身力量的过程中增强本领。

（1）激活"旧知识"。学生在认识新的课程内容时，必须参考当前已有的经验及知识，将其从大脑中提取出来，"接近"将要学习的内容并活跃地进行新旧知识的相互作用。这就需要下一番"预热"的功夫。从目前的实践来看，通常的做法如下。

一是从已知到未知，由旧知引新知。要让学生理解新的知识，就需要依靠他们原有的知识。而教师在讲学的过程中，也要从已知到未知，以原有知识为基础，引出新的知识。戴维·保罗·奥苏贝尔（David Pawl Ausubel）是美国著名的心理学家。他提出，在学生的认知结构中，必须包含一定的知识储能，以此来同化新的知识，这是学习的前提条件。他还指出，对学习产生影响的核心因素是学生已经知道的，所以教学过程需要参考学生已有的知识架构。所以，他认为必须把新旧知识结合在一起。教师要以促进理解为目的，引导学生以已有的知识为前提，从中寻找支撑新知识的点，然后再采取一系列的方式，比如复习、提示和铺垫等，使旧知识，尤其是和新知识有关的旧知识被激活，从而使新旧知识联系起来。

二是指导学生自学，提供预习线索。教师可以在学生学习新课前布置预习，并给予指导提示或给出预习提纲，让学生写出预习所得，在课文中做出标记，提出疑难问题……总之，要让学生养成一种自学和预习的习惯。

三是定向积累经验，收集相关信息。教师通常可以指导学生通过有目的的观察、调查采访、实地踏勘、动手实验等实践活动来获取学习新内容的相关经验，学生也可以充分利用学校的图书室、实验室，以及校外的青少年活动基地、儿童之家、博物馆等社区资源，或者上网搜集有用信息，作为学习新知识的准备。

四是进行尝试探索，引导学生主动学习。教师提前做好准备工作，引导学生进行尝试性训练，让学生提前了解和学习相关的内容，并有新的发现和收获。

（2）采用"渐进式"。这一方式要求教师在充分发挥辅助作用的同时，力求为"放手"创造一定的可能条件和合适机会。如：

①示范解题步骤，让学生知晓有效的解题方法。教师可以给学生提供专家解决问题的具体例子，例如美术教师先演示如何绘制两点透视图，然后再要求学生自己去画。

②进行"出声思考"，让学生理解操作时的思维过程，进而模仿这一过程。这一方式有助于学生在解决问题时，模仿教师使用有效的思考方法。例如物理教师在黑板上解答动量问题时，口述自己的解题思路。

③使用"提问"，激发学生的思维。通常，在学生积极解决问题的过程中，教师需要引出新的问题，以此来启发学生，让学生的注意力集中到重要的环节，教师也可以直接给出一些有意义的建议。例如在示范和出声思考以后，物理教师让学生思考一些涉及重要知识点的问题。

④改变教学材料，层层递进式发展学生的能力。改变教学材料的一种形式就是改变任务要求。例如在进行对阅读材料提问的相关教学时，教师先提出关于单个句子的问题，然后是关于段落的问题，最后是关于整篇文章的问题。再如在体育课上，教师调低篮筐，让学生练习投篮，待学生练习熟练后，再升高篮筐。

⑤提供书面或口头的"提示和线索"，引导学生的思维。如在幼儿

教育中，常常用"小兔子绕洞跑，跑了一圈跳进去"来教儿童如何系鞋带等。

（3）利用"组织者"。组织者是"先行组织者"，20世纪60年代，这一概念由奥苏贝尔提出。根据该学者的观点，在学习材料出现之前展现出来的引导性材料就是组织者。其呈现出来的内容对于学习者来说往往通俗易懂，而且其概括和包容的水平都明显超过要学习的内容。所以组织者可以把新旧知识衔接在一起。

根据奥苏贝尔的同化学习理论，在学生的认知结构中，假如他们已有的知识有足够高的抽象和概括水平，超过新的知识，那么新旧知识的联系和同化就会更有效，这也是一种理想状态下的有意义接受学习的内部机制。所以，该学者认为，在呈现学习材料的过程中，必须落实一个重要原则，那就是概括水平由高到低不断分化。除此之外，针对分化的所有层次，教师都需要给学生提供丰富多样的案例，以此来进行论证，确保所有层次的知识都相互贯通，从而帮助学生巩固知识。

按照奥苏贝尔的提高教材可懂度的策略和技术，教师在讲授过程中，可以设计三种"组织者"：陈述性组织者、比较性组织者、具体模型组织者。

（4）搭建"教学支架"。按照维果茨基的理论，儿童从现有水平走向"最近发展区"，是在与文化环境的互动中，在成人的帮助和与同伴的合作下实现的。在课堂教学的条件下，教师的讲授可以利用"教学支架"（也称"脚手架"）来促进儿童的认知发展。

如果儿童遇到了超出他们认知的问题，那么在他们试图解决的时候，教师给他们提供支持和帮助，这样的支持和帮助就是"教学支架"。之所以要提供"教学支架"，就是因为希望学生可以独立完成任务，并让学生顺利地度过"最近发展区"。从操作的角度来看，"教学支架"必须重视学生的具体需求，如果学生对帮助的需求比较高，那么教师就要提供"教学支架"；反之，教师就需要撤销"教学支架"，让学生自己完成。从功能发挥的角度来说，"教学支架"使得学习范围更广，学生借助"教学支架"可以在部分情况下完成一些无法完成的任务。因此，这也是一种重要的教学模式，在该模式的指导下，教师需要给学生提供相应的帮助，帮助学生发挥主观能动性，顺利完成任务。

（5）准备"错题本"。差错在学习中是难免的。教师应当把学生的错误视为一种"资源"和"财富"，让学生准备一个"错题本"，把易犯的和典型的错误记录下来，吸取教训、自我警示。心理学上有一个著名的现象叫作"蔡格尼克效应"，诞生于1927年。这种心理现象的发现者是格式塔学派心理学家库尔特·卢因（Kurt Lewin）的弟子蔡格尼克（Zeigarnik）。在一次实验的过程中，蔡格尼克效应要求所有的被试者连续去做22项小工作，并让他们在部分工作未完成时停止，继续去做其他工作。实验中各项工作完成或中止的次数是等同的，每一个被试者完成和中止的工作在其工作总数中占比都是50%。做完全部工作后，学者就会要求被试者回忆做过工作的名称。根据研究结论，大部分被试者最先想到的都是他们并未完成的工作，对于这部分工作的名称，他们的回忆速度非常快，而且准确性较高。实验的结果表明，完成任务受阻造成被试者的心理紧张未能得到解除，这种心理状态可能促进人的记忆，提高学习效率，并诱发继续工作的动机。可见，"错误"是可以利用的。

2. 优化课堂生活

课堂是一种在特定的学习场所中进行的活动，受到特定社会文化情境的制约。师生从各自的出发点进行活动，并在该过程中相互作用、相互影响。从理论方面来看，课堂活动由以下几个方面构成：第一，认知活动，学生通过探究、理解教材，形成和发展对其含义的认识；第二，社会活动，学生通过与他人交往沟通，丰富见解和感受，从中习得沟通方式，学会社会交际；第三，内心活动，学生对自我进行启发并且促进自我发展（如图4-21所示）。

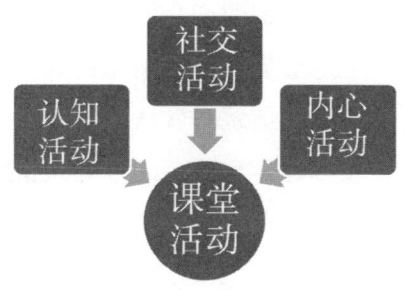

图 4-21　课堂活动的构成

丰富的课堂生活是一种"沸腾的精神生活",它应当包括以下三个方面。一是充实的智慧生活。智慧,不仅是一种高级的认知水平,还是饱含意义感、幸福感的精神享受,如智力情绪、自我体验、进取精神、存在意义等。二是和谐的人际交往。课堂作为学校和班级生活的最重要的场所,几乎每时每刻都活跃着行为的主体——学生与教师。他们以文化为背景和中介,以交往关系为基本形式,进行着社会性的相互作用,使文化能够薪火相传,这种交往带给师生各种社会需求的满足。三是富足的自我观照,即学生用在课堂上学到的知识和观念对照自我、反思自我,这种切己体察能让学生学到的东西深入个人的内心世界。

3. 引导学生领会价值意义

随着我国教育改革的不断推进,教育领域未来必然追求走向知识的"意义世界"。知识的"教育立场"强调,要全面了解并且把握知识的文化性和价值性,必须突破传统的"工具理性"观念,要把人类的命运、知识的境遇及人类的幸福结合在一起。根据郭元祥教授的研究结果,知识包括意义、符号表征和逻辑形式,这三者不可分割。知识外在表达的存在形式在于符号,而知识构成的规则在于逻辑性;知识的内核在于意义,而意义内隐于符号的规律系统及价值系统。所以必须牢牢把握这三者之间的关系,才可以理解并掌握知识。

知识的意义代表着特定文化的价值,象征着特定文化的思维方式、生存际遇及情感态度。揭示知识的意义能够让学生增强文化理解力，提高文化包容度，有利于学生形成良好的民主社会价值观，包括平等、自由和等，同时可以促进学生的情感态度认同。在文化的启蒙下，学生会了解如何生活和做人，懂得选择和塑造怎样的人格魅力、生活方式、思想信念等，也就是让学生懂得自己真正要追求的东西是什么。

在课堂教学中，"教"往往是某些特定的课程资源或者教学活动，而"学"往往是对所学内容的各种意义的领悟。我国道德教育研究专家戚立国曾经提出，意义就是价值。事实上，由实体知识所触发的意义领悟并不仅仅是一种开掘，在部分情况下这种意义可能会超越知识本身，比如个体对于价值的追问、对于真善美的追求等，相比于知识都是更具价值的。这种意义产生的心理机制也是多元化的，比如感悟、联想或启示，而并不仅仅是推理或迁移。这些伴随知识生成的意义会牢牢地印在学生的意识中，还有可能会帮助学生形成终身的价值观。

第四节　采取针对乡村学生特征的教学措施

我国教育改革与发展以实现公平和提高质量为中心。公平的教育必须面向全体学生。从实践的角度来说，面向全体学生、促进全体学生的发展，其着力点在于面向每一个有差异的学生。也就是说，如果不针对不同学生的差异性特征进行教学，就谈不上促进全体学生的发展。

作为社会公共生活的重要领域之一，教育公平不仅体现在保障受教育者有平等的受教育权利和机会上，还要求教育从业者尊重个体差异、正确看待个体差异，并使用相应的教学策略，促进每个独立个体发展和发挥自我优势及价值，从而推动所有个体的全面发展。

一、构建具有乡村特色的课程体系

课程体系是人才培养的"施工蓝图"。无论是城镇还是乡村,教学都离不开课程。针对乡村学生特征进行教学,首先要在建设具有乡村特色的课程方面下功夫,重点是解决课程内容的问题。课程内容是实现课程目标最重要的资源、载体和中介。从某种程度上讲,所有的课程问题其实都属于内容问题。课程设计指的是课程内容的安排,其中课程目标是选择、决定课程内容的主要依据,课程实施就是循序渐进地落实课程内容的过程,而判断课程内容教学效果的环节就是课程评价。所以,在课程实践中,所有问题都与课程内容的安排,即课程设计,紧密相关。

《国务院关于基础教育改革与发展的决定》指出,要实行国家、地方、学校三级课程管理。这为我们构建一种包含国家、地方、学校三级课程的计划框架提供了政策支持。国家课程和地方课程主要解决一定范围内同一批受教育者的共同素质问题,而学校的校本课程能够尽可能满足所有受教育者的差异化需要。课程决策权的下放,促进了中小学课程内容与所在区域经济建设、精神文明建设的融合,提高了课程的适应性,同时增强了其开放性和参与性,促进了各方面主体参与课程的开发,包括学校、教师和家长等。

构建乡村特色课程,主要通过开发校本课程来落实,同时也要注重国家课程和地方课程在校本化实施中的乡土知识融入和渗透。

(一)科学整合课程资源

形成课程的所有因素来源于必要而直接的课程实施条件,即课程资源。从空间分布角度来讲,课程资源主要包括两种类型,一种是校内课程,另一种是校外课程。校外课程资源包括除学校以外的一切物质环境资源、文化资源及人力资源。在学校课程活动的开展中,课程资源的主要功能是储备和支持,储备主要是指储备知识、经验、文化、物质及精神等;支持主要是指支持制度、组织、人力资源和物质等。部分学者以隐性功能层面为切入点进行分析,指出课程资源开发和利用的主要正向功能包括以下四点:第一,构成学校、家庭和社会一体化教育网络;第二,生成教师合作;第三,推动教师的专业发展;第四,为社区提供服务。他们指出,由于校外课程资源开发的人文功能较强,该资源的德育价值较高,有利于促进学生的个性化发展及社会化发展。

1. 选取有价值的本土知识进入课程

新课改要求落实校本课程比例,就需要对课程内容进行调整,引入有价值的知识和信息。学校通过校本课程开发,以教师和学生为重要中介,推动知识的活化和人格化发展,促成课程的地方性和知识化发展。课程设计者在开发校本课程的过程中应该重视地方性知识,将其特有作用发挥出来,比如推动区域发展、促进地方建设等,并且适当提高校本课程的地位,完善课程结构,促进不同知识之间的优势互补,最终建立完善的课程结构体系。

许多研究指出,选取课程资源要注意优先性和适应性两个原则。因地制宜是课程资源开发与利用的立足点,本土知识可以满足这一要求。

本土知识是与普遍性知识相对的概念,指由本土人民在自己长期的生活和发展过程中自主生产、享用和传递的知识体系,与本土人民的生存和发展环境及历史密不可分,是本土人民的共同财富[1]。获得本土知识并提高知识储备量,可以让当地人全面了解该地区面临的问题,并推动问题的解决。简言之,在解决本土问题的过程中,本土知识是非常重要的。此外,无论是重新认识普遍性知识,还是对其进行改组,都必须参照本土知识。这充分体现了本土知识的重要性,所以在乡村课程中必须引入本土知识,从而完善知识体系框架,进一步明确农村基础教育的发展方向,促进农村教育的发展,为农村人的生存发展提供保障。

---

[1] 石中英:《知识转型与教育改革》,北京:教育科学出版社2001年版,第64、327页。

2. 汲取民间智慧融合于课程中

乡土知识中富含着一种"村落生存智慧"①。乡土知识也可被称为传统知识、民间知识、民族知识，我们通常从以下两点来理解：第一，乡土知识以乡村生产生活为基础，总结概括与自然及社会实践相关的经验和知识体系；第二，乡土知识不仅包括与乡土社会存续相关的自然知识，同时也覆盖社会知识，具体包括医学知识、传统农业知识和技术知识等。总结和拥有这些知识的人往往都是乡村社会成员，这些知识与他们的生活息息相关，这类乡土知识被称为"原生性乡土知识"。另一种是非乡村社会的人基于研究与传播需要而总结的乡土知识，被称为"次生性乡土知识"。乡土知识具有特殊性，和现代科学知识有着显著差异，在人类知识体系中扮演着重要角色。

乡土知识具有三个相互作用的特点。一是乡土性。费孝通曾提出一个经典的指称——"乡土中国"。可见乡土之于我们国家的重要性。要培养学生的爱国情怀，就要使他们了解中国的土地伦理和农业文明。二是民间性。在中华文明中，"亲缘"和"地缘"始终是非常重要的关键词。土地必须和人建立联系，才会有文化意义。三是知识体系。乡土知识作为民间社会的原生性纽带，是维持、处理、协调乡土社会的自治性知识。这些知识往往是当地人世代流传并总结出来的，在特定的文化背景之下，或者在一定的区域中，大多通过非正式的文字或者口头传承。也有一部分通过一定的方式记录在文字典籍中，内容包括婚姻制度、宗教生活、风俗和歌谣等。乡土知识自成体系，并在一定程度上受外来文化的影响，随着社会的发展不断发生改变。乡土知识由各方面的元素构成，包括思维、意识、宗教、价值和信仰等。乡土知识的内容也涉及物质文化，包括家居、建筑、交通、饮食、服饰等。在相应的文化板块

---

① 朱启臻、赵晨鸣、龚春明：《留住美丽乡村——乡村存在的价值》，北京：北京大学出版社2014年版，第178—179页。

中，这些乡土知识构成了具有一定稳定性和独立性的文化形态及知识系统，作为族群文化的象征，关系着族群文化的发展，与其他文化知识系统存在显著差异。乡土知识是人类社会创造的特有产物，无法被其他知识代替。

3. 发掘乡村文化精华贯通于课程中

乡村蕴藏着大量的传统文化的瑰宝。先祖选定一块宝地，便在这片土地上世代繁衍，形成了颇具特色的村落文化。中国的村落文化体现了某个区域独一无二的村落景观，不仅如此，更是蕴含着当地的文化特色、风俗习惯和信仰等（如图4-22所示）。当我们从审视村落文化价值的角度考察村落时，就会发现其中蕴含着大量的文化资源宝藏，即便是一棵树、一片瓦，都象征着当地的文化，蕴含着当地的乡土情怀。当外来者试图改变什么的时候，就会发现无从下手，就像触碰一件巧夺天工的工艺品，生怕破坏它独特的美。

图4-22　中国村落

有待学校课程开发利用的乡村文化资源极为丰富，如田园、山林等农业文化景观，故事、传说、风俗、节庆、礼仪等民间文化形式，诚信、勤俭、孝顺等民间道德观念。当然，这种开发必然是一个取其精华、去其糟粕的过程,是破除陈规陋习、建设新风尚的过程。

(二)准确突出课程特色

彰显课程特色的主要方式就是开发校本课程。通过开发校本课程,可以补充、完善并健全课程结构体系,使其更加合理。通过知识的生产和传递,促进学生三观的形成,提高学生的综合素质,从而达成课程历史性变革的目的。在校本课程的开发中,一个非常重要的理念是尊重学生的个性和兴趣,这能够促进学生知识的建构,推动学生个体化知识的形成。课程设计者要以学生的兴趣偏好为基础开发校本课程,这不仅是对学生人格的尊重,也是以人为本精神的体现。

国家课程和地方课程的实施过程都体现了课程特色。课程专家富兰(FuUan)、庞弗雷特(Pomfret)和韦斯特伍德(Westwood)等人通过参考北美的课程改革情况,提出了课程实施的取向,具体包括三个方面:第一,适度取向;第二,忠实或精确取向;第三,改变或适应取向。我国课程研究者张华也曾在其分析中提出,课程实施的取向包括三个方面,分别是课程创生取向、忠实取向和相互适应取向,这三者构成一个连续的整体,在不同的方面都有相应的价值及存在的合理性。在我国基础教育改革的背景下,课程落实不能仅仅停留在"忠实取向"方面,也需要走向"相互适应取向"和"创生取向",这为在各类课程中融入特色元素开拓广阔空间。

1. 课程要面向农村生活

乡村学校的课程要贴近乡村学生的生活世界。"生活世界"这一概念是由德国哲学家埃德蒙德·胡塞尔(Edmund Husserl)提出的,指我们个体或者团体生活的现实且具体的环境,其特征包括非客体性、奠基性、相对性、主观性、直观性。简单来说,生活世界可以被人触摸,它不是抽象的,而是日常的。也就是说,"生活世界"的概念比"当地社会经济"的说法全面得多,包含农村社会生活的方方面面。学生对课堂所学知识的理解和活化始终离不开生活世界赋予他们的经验，课程的意义建构也与生活息息相关。因此，有研究者指出，乡村学校的中小学课程必须面向乡村的生活情境进行设计，以此来更好地培养乡村学生的素质，锻炼其生活技能，提升其道德品质等。

关于将生活经验融入课程的意义，杜威认为，学生的课程学习需要参考当前已有的经验。要实现预期的教学目标，个体和社会都要结合长期的生活和实践的经验。①

2. 合理开发田园课程

我国有研究者提出，田园中蕴含着各种各样的课程资源，我们应该将这些资源挖掘出来。对于个体生命的发展，田园能够提供丰富多样的环境资源及多元化的课程资源，包括独特的自然资源、朴素的环境资源等，我们应该利用这些资源，将其作用发挥出来。农村的田间劳作、自然景观、农业文化、田园游戏等都是非常重要的田园课程素材。课程的最终目标是推动人与自我、社会、文化和自然的融合，这四个方面共同组成了田园课程理解与开发的重要维度和基本视角。田园课程的主要特征如下。

第一，朴素的生活性。以自然为主题的教育理论源远流长，其中具有代表性的理论包括让-雅克·卢梭（Jean-Jacques Rousseau）的自然教育理论、杜威的生活教育理论、卢卡斯（Lucas）的环境教育模式理论、陶行知的生活教育理论、陈鹤琴的"活教育"理论，而且直到目前，教育学家依然非常关注自然田园，并以现有相关教育理论为基础推动田园教育发展。在田园教育的过程中，学校和教师都比较关注儿童自己的生活经验，同时也比较重视他们的具体发展需求，在课程中引入儿童的生活经验，正因如此，该课程具备朴素的生活性特征。

---

① ［美］约翰·杜威：《我们怎样思维·经验与教育》，姜文闵译，北京：人民教育出版社1991年版，第304页。

第二，原生态的自然性。田园课程旨在"自然"。这种自然性特征最为突出的体现就是课程资源的自然性。田园中的一草一木、一花一石都能作为教学的重要资源引入田园课程中。该特征的体现还包括课程目标必须顺应学生自身的发展规律，还要保护孩子淳朴天真的个性特征。自然的田园课程是人与自然的心灵对话，体现了教育能够撼动人的灵魂的作用。

第三，灵活性和动机性。田园课程的教育场所并非固定的，而是突破了学校的空间限制，在大自然这一广阔的场域内开展教学。在教学过程中，教师也可以结合实际情况，对教学内容进行合理的调整和安排，而学生也可以充分发挥自己的思维能力、想象力和创造力。

第四，潜隐性。儿童掌握的田园知识和经验，以及与之相关的情感态度等，都不断受到城市文化的冲击。此外，现阶段中小学教师的课程意识越来越薄弱，也影响了田园课程的开发。

3. 乡土文化融入学科学习

20世纪末，《村落中的"国家"》一书正式出版，该书的核心内容就是描述文化变迁过程中的乡村学校。该书提出，小学是深入乡村的国家机器。乡村学校校长的任免权掌握在国家手中，学校的课程和教材等也都由教育部决定；学校的课程是国家的法定文化，课堂上使用的语言是普通话，而且比日常生活用语更加规范和正式；学校内部也有属于自己的象征性符号系统，比如学生需要穿统一的校服、学校有专属的校歌等。可以说，"村落中的'国家'"象征的就是学校。

正如皮埃尔·布尔迪厄（Pierre Bourdieu）所指出的，国家不是高居于上或远居于外，而是通过教育系统内化于所有个体的认知生态秩序中。国家在每一个个体中间，塑造着个体的认知方式和行为方式。

乡村学校课程突出了乡土特色，应当把乡土文化融入各学科的"教"与"学"。乡村学校的学生对国家法定课程的学习如果"悬浮在乡村社会之上，它早在精神上、心理上切断了与乡村的联系"，不能与真实的社会生活环境相契合，其意义就会大打折扣。"真实的社会生活多表现为复杂且不规则的镶嵌画，生活的丰富与滋味体现于此，文化的绵延与持久体现于此，而学校则应嵌入这幅不规则的镶嵌画中，与周遭融为一体，妥帖自然，因为它原本就属于乡村。"①

二、采取适合乡村学生的教学方式

城乡教育公平是教育公平中一个非常关键的方面。教育公平的核心阵地在课堂，课堂教育公平的实现程度会对教育公平的实现产生影响，同时也是教育民主化进程的体现。公平不是平均，公平主要包括三个不同的层次，即平等地对待相同的、有差别地对待不同的、对弱势群体进行补偿，即"平等原则""差别原则"和"补偿原则"。有研究者提出，课堂是一项制度、一种时空、一个场域，更是一种启蒙。教育公平的实现在很大程度上取决于课堂正义的达成。正义作为社会的首要价值，必须在课堂上得到传播与传递。参照罗尔斯的正义原则，正义的课堂必须让学生平等地享有作为社会人、个性人及未来人的权利，并且给予最不利者以最大限度的补偿。

（一）改进集体化教学

亨特（Hunt）提出，教学过程的核心在于教师适应。在班级开展教学的过程中，教师需要适应学生的差异，并且要通过改进集体化教学使学生的不同学习需求得到满足。

一是要尽量给学生提供平等的教育机会。这并不代表着教师要同样对待所有学生，而是要结合实际情况来教学。如果学生的注意力不集中，教师就要对该学生反复提问。如果学生能够独立冷静思考，而教师却不断地发问，可能会适得其反。

---

① 刘云杉：《乡村学校：村落中的国家》，载《中国教育报》，2012年12月8日，第3版。

二是全面关注学生的不同需要。教师要及时发现学生在各个方面发生的改变，包括行为、态度及情感等，并认识到学生的具体需要。比如学习困难的学生在受到批评后感到很没面子，是因为他们也有自尊的需要；有的学生经常得不到回答问题的机会，但他们也有表现自我和得到认可的需要；有的学生无心学习，是出于缺少家庭温暖、早恋等原因。这些因素都干扰着学生的认知，如果教师不能进行有效疏导，会对学生的学习产生不利影响。教师应在教学的各个方面，无论是知识的传授、技能的训练，还是心灵和情感的交流，都要兼顾不同学生的具体需要。

三是采用不同的方法与手段。教师要设计开放性的学习内容，为学生提供多元化选择的学习活动，引导学生合作互助，以此来使学生的不同需求得到满足。同时教师也可以发挥自己的作用，针对不同学生的特点，通过支持与赞许、关注与肯定、接纳与暗示等方式，用眼神与仪态、言语与动作、接近与触摸等来满足学生的个性化需要，鼓励学生投入集体学习活动。特别要注意的是，在课堂教学设计与实施中，教师应灵活使用"低起点、缓坡度、多活动、快反馈"，以及"小步子、小转变、小梯度"等策略。

（二）切实实施因材施教

在课堂教学中，教师应该正确认识每一个学生的个体差异，并且尊重这种个体差异，包括尊重每一个学生的个性和背景，不抱有任何歧视，让所有学生都积极平等地参与课堂。这有利于提高学生的自我存在意识，让学生明确自身的优势和价值，从而激发出潜力。学生的个体差异不仅包括经验水平和理解能力，也包括学习策略应用及学习方法使用。所以在课堂教学中，教师也应该将学生的个体差异视为重要的资源，以差异为切入点进行教学对话。

1. 着眼学生的差异发展

差异教学的观点和主张主要包括：在班级教学的过程中，教师除了重视学生的共性，更要关注他们的个体差异，并且将这两者结合在一起。这有利于激发学生的潜能，发挥学生的优势。在差异教学的过程中，教师要重视满足学生的不同需求，但是也不能消极适应。教师需要考虑个别情况，对学生进行有效引导，从而推动学生发展。

差异教学明确指出，学生的个体差异表现在各个方面，并且在不断地扩大。从教学层面来看，教师要重视学生的差异，尤其是智能方面，包括学习的动机、兴趣、风格和方式等。首先，教师要在教学目标的设置上关注学生的差异，确保目标对学生具有挑战性；在课程安排上也需要考虑学生的差异，不仅要有必修课，而且要有选修课；在教学环节上也要考虑学生的差异，设置和组织适合学生的学习活动，提高学习效率。教学活动应该以小班为基础，结合其他形式，包括个别学生、大班、小组等。同时，教师要关注学生的情感，重视他们的态度和价值观等方面的差异，为学生树立正确的榜样，端正学生的学习态度，提高其学习能力。此外，学生的表达方式也是丰富多样的，教师应该引导学生大胆展示自己的与众不同。最后，教师也需要引导学生进行自我参照评价，而不是完全以统一的标准对学生进行评价。

2. 推行优质的差异教学

要提高教学效果，差异教学是一个非常关键的途径。优质的教学不仅意味着教学质量的提高，而且能在一定程度上体现出教学的公平性和公正性。所以，优质教学的一个非常关键的标志在于，并非只有部分学生学会了学习，而是所有学生的学习都获得了预期的成效。实施差异教学就是优质教学的一部分，让各种有差异的学生都能获得公平公正的发展机会，推动每一个学生的发展。

（三）开发多元智力

多元智力理论明确指出，在全球范围内，不可能有两个人的智力完全一样，每个人的智力都是有差异的。学生在学习中也会表现出不同的智力水平。因此，在允许的范围内，教师应该根据不同学生的智力特点来进行教学。多元智力理论对乡村基础教育教师的启发是，乡村学生之间的智力只有"不同"没有"不好"，只要提供合适的教育方式，他们都可以得到最大限度的发展。

三、采取长善救失的育人措施

我国古代著名的教育论著《学记》曾提出一个著名的教育原则——"长善救失"，这一原则强调教师必须了解学生的实际情况及心理特点，发扬学生的优点，克服学生的缺点，贯彻因材施教的原则。

从乡村教育的实际看，学生学习的差异是一种客观存在，发扬他们的长处、校正他们的失误，是乡村基础教育教师的职责，也是遵循教育规律的睿智之举，更是一条值得践行的教育路径。

（一）发挥乡村学校的优势

乡村教育的健康发展取决于许多因素，概括地说，包括外在因素和内在因素。外在因素中非常重要的是政策环境。国家对于生态文明建设和美丽乡村建设的决策及出台的相关政策，都释放了明确的信号，随着农业现代化和农村经济的发展、农民收入的提高、农村文化的繁荣，乡村教育外在因素的逐步优化是必然趋势。内在因素中学校与教师是关键。我们必须看到，乡村教育确实有许多困难和矛盾，但同时也有一些有利的内在因素，特别是在教学中，我们应当扬长避短、因势利导，在提高全体学生的学习质量上竭尽全力。

1. 发挥小班教学的育人优势

随着我国城镇化的推进，许多地区在义务教育领域已经出现"微校""小班"的教学形式，小班教学或者复式教学势在必行。小班教学其实并不是什么新鲜事，其在世界范围内的许多国家和地区已有多年历史。有研究者通过实证研究指出，在小班教学的落实中，出现了两种不同的类型，其中一种是自然小班，这种班级是受客观因素影响而产生的，比如人口迁移，这种情况多出现在农村和县级薄弱学校中；另外一种是主观小班，即人为地将班级划分为小班。当前，我们国家越来越重视教育的均衡发展，所以自然小班越来越少。不过，无论什么类型的小班，比之当今我国城市中出现的"超级学校"和"巨型班级"，都更符合教育规律，都更有相对优势。

我国的研究人员指出，小班教学是一种课堂教学组织形式，但是班额数较少，其主要目的是推动全体学生的发展。而要实现这一目标，就要合理使用小班教育模式，并发挥出该模式的作用和优势，尤其要为所有学生创造适合他们发展的机会及时间和空间条件。在落实该模式的过程中，教师要正确看待学生之间的差异，尤其是学生自身的个性特征，要尽可能发挥出所有学生的优势，激发每一个学生的潜力，从而发挥每一个学生的价值。也就是说，小班教学能够以教育环境的时空优势为切入点，给我国实现公平的教育过程提供先行研究的平台。从实践层面看，小班教学更有利于师生间的交往互动，更有利于因材施教和精细指导。

2. 因地制宜设置学习内容

乡村生活和乡村环境都有自身特殊的地方，只要教师有一双慧眼，就能敏锐地捕捉许多"教"与"学"的素材，而且这些素材还更容易为学生所喜爱、吸收，更能启迪学生的观察、思考和探究。应当说，乡村本身就是一个包容性极大的课堂。以生态文明教育为例，有学者指出，亲近自然是人们对村落生态最直接的印象，村落本身也是人类生产生活的聚落，其无不体现着人们对自然的改造和利用。村落就是人们在面对自然环境时的一种直接反应，是人们在开发和利用自然的过程中形成的一种人群分布和构成，它时刻离不开自然，因此村落中的人们也必须与自然和谐共处，这种保持自然生态平衡体系的理念也始终贯穿于村落的发展过程中。

美国环境伦理学家霍尔姆斯·罗尔斯顿（Holmes Rolston）提出，在城市、村落与荒野这三种不同的环境中，村落介于城市和荒野两者之间，可以让我们更好地思考文化和自然的问题。从某种程度上看，自然被驯化之后形成了村落，村落也代表着人类生产和自然荒野之间的碰撞，体现了人类能够对自然进行改造和利用。不仅如此，村落让我们从另一个层面看到了人类对自然的管控，即村落的生态文化。可以说，乡村是教师就地取材、丰富教学内容的宝库。

3. 在广阔的空间开展活动课程

活动课程作为与学科课程相互支持、相互补充的教学形式，是培养学生兴趣特长、发展学生创造才能的重要阵地。乡村孩子勤劳务实，更喜欢各种课外、校外、户外的活动，诸如社区服务、集体文艺表演、公益事务、科学考察、民间体育竞技等，他们都乐于参与投入。以"综合实践活动"为例，它与"田园课程"的命意就特别契合，具体包括以下几点。第一，与社会的自然交往。要铸就交往的智慧，就必须在人与人之间，并且要在人与人之间的自然交往的过程中进行教育。对于任何社会而言，人与人越是相互依赖，他们之间的互动就越多，这也有利于锻炼人的生存智慧，并使其更加丰富。如果互动只存在于人机之间或者家庭成员之间，人的实际品性往往是无法凸显的。第二，与自然世界的互动。人和自然环境互动，有利于激发人的好奇心，刺激人的求知欲，从而让人更好地认识自然。第三，与文化的自然对话。人是一种文化的动物。无论是理解文化还是认同文化，都必须让人去亲自体验，这样才能够提高人对人类文化的认同感。第四，与自我的深层交流。人必须通过自我沟通交流、自我反思、自我修炼等实现自我觉醒，这样才能够让他人更愿意亲近和接纳自己。

（二）动态调节课堂教学

乡村学生的学习困难或学业不良是一个逐步累积的过程，如果教师不能觉察他们最初的差错和微小的失误,并及时加以调节,待到较大的困难甚至系统性的错误出现时,解决起来就相当棘手。因此,教师在教学中要注意防微杜渐。那么,怎样才能及时发现学生在学习中的问题而进行适当的反馈调节呢?最必要的措施是"教——学——评"一体化。

在传统的教学过程中,大部分教师认为课程评价仅仅是教学的最后环节。这种观念造成课程评价的结果往往不准确而且也不客观,教师无法通过评价来了解学生的学习情况,也就影响了教学质量。在这种情况下,"教——学——评"体现的是一种由此及彼的线性关系,教学和评价并未紧密联系,而是相互割裂,教学完成后才进行评价。

而在当前转型评价的范式中,教学、学习和评价三者结合在一起的模式受到了青睐和重视,这三者相互联系、相互制约、相互影响。课堂教学活动离不开课堂评价。课堂教学不是一个简单执行教学方案中的内容与程序的过程,而是一个持续做出新决策的过程。这些新决策的依据是学生通过学习反馈的信息,也就是说,教学应当是数据驱动的,而这些数据就来自评价。因此,评价本身应当是"教"与"学"的一个有机组成部分。在新课程改革的背景下,做好教学评价应做到以下几点。

1. 将教学评价贯穿于整个教学过程

许多研究者强调,在班级授课中,测验与评价的目的应顾及教学过程,教学前运用准备性和安置性评价,教学中采取形成性和诊断性评价,教学后采取总结性评价。

2. 建立动态连续性评价模式

必须打造一种动态连续性评价模式,才能够在课堂教学中整合评价活动。在该模式的帮助下,教师可以及时了解学生的学习情况,从而制定能给学生提供帮助的更有效的方案。该模式具有一个重要功能,那就是结合学生的具体表现,分析学生的问题来源,然后给出针对性的建议,帮助学生解决问题。同时,该模式还可以让教师全面了解所有学生的兴趣偏好和需求等,最终完善课堂教学内容,组织学生开展有助于促进学生发展的活动。在教学过程中引入测评活动，教师能够及时了解学生各方面的情况，同时结合学生的实际情况，分析其中的问题和不足，从而及时优化、完善课程方案。

与该模式相匹配的是多元化的评价方式。通过采取多元化的测评手段，教师可以更全面地了解学生的信息，包括其知识理解情况、能力情况等。除了使用传统方式进行测评，教师也可以通过课堂教学对学生进行观察，了解他们的作业完成情况，分析他们的实践探究活动情况等。从评价者的角度来看，教师不仅可以使用专家评价法或者教师评价法，还可以发挥学生的主观能动性，让学生进行自我评价。

评价任务多元化和评价问题多元化都属于多元化的评价模式。使用新型学业成就评价模式并不代表我们要完全摒弃之前的方式，而是要取长补短、优势互补。传统的方式主要就是纸笔测试，现在要对其进行重新设计和优化，不再一味考查学生对零碎知识和技能的掌握情况，而是考查学生对基础知识的理解情况、运用能力情况等。除此之外，教师还应该给学生建立真实开放的问题情境，通过让学生解决实际问题，提高学生的实践能力及探究能力，这也是推动课堂评价转型的重要方式。

3. 落实一体化课堂运作模式

我国研究者卢臻提出了一个"教——学——评"一体化的课堂运行系统。在课堂教学中，教学目标是非常重要的，因为教学目标决定了学习活动，同时也决定了课堂评价。以学习目标为基础，学习活动和课堂评价相互影响、相互促进，实现学习目标，同时对目标进行验证，最终构成"定标——达标——验标"的课堂教学转轴，并且对学生的"学"和教师的"教"进行调控，促进教师和学生相互合作，通过"教"促进"学"。

（三）注重学生学习的个性化辅导

对学业落后或处境不利的学生实施教育补偿，本来就是教育公平的一项要求。在统一课堂教学的背景下,教师对学习上有困难的学生进行辅导是一种负责任的行为。重要的是,教师与学生应建立一种关怀和信任的关系,这种关系对教育具有不可估量的意义。个性化辅导包括以下几种形式。

1. 课前进行铺垫辅导

根据掌握学习理论,如果学生的学习成绩差距在10%以内,那么教师只需要给学生提供必要的认知前提活动、积极情感前提特性、高质量教学。传统教学之所以会出现差距,主要原因是学生在学习新知识之前,并非位于同一起跑线上。

学困生的基础知识并不牢固,面对新知识,他们遇到的问题会更多,需要教师在课前给予辅导。教师往往习惯于课上用3—5分钟时间复习旧知识,以旧引新,这种做法对学习程度较好的学生的确能起到辅助作用,但这几分钟的复习对于学困生来说是不够的,教师还应在课前给予他们更多的指导帮助。比如有的语文教师课前在听障学生的课本上给有关字词注音,帮助他们降低学习新知识的难度。

为了全面了解学生的问题,教师可以在讲授新的知识和内容之前,提前对学生进行测试,以测试结果为基础,设计针对性的补救方案。也可以采取其他方式,比如练习、问答等,了解学生的基础知识水平。

2. 课上进行及时辅导

部分学生在感知或智力方面有缺陷,可能连基本的课堂教学内容都无法掌握。所以,教师要结合他们的具体情况,帮助他们减少学习负担,适当地提供辅导及帮助,或者提供一些辅助材料。同时教师还要合理使用课堂教学过程中的空闲时间,对这类学生特别关照。比如在教"角"这个概念时,因视障学生没有对角的认识,教师除了请其他同学用准确的语言对角进行描述,还要提供角的实物或模型,让视障学生实际摸一摸,从而感知角。

如果有些学生自身学习能力强,而且学有余力,能够尽快消化课堂知识，教师也可以给他们提供更多的教学内容或者教学材料，或者在闲暇时间提供指导等，让他们合理安排自己的时间，学习更多的新知识。在课堂作业中，教师也要给这些学生布置一些难度相对较大的题目，以此来提高他们的学习主动性。

3. 课后进行强化辅导

课后，有的学生由于对课上的教学内容掌握得不清晰，完成作业速度慢，教师就需要对他们进行强化辅导。首先，对当天的教学内容要及时进行巩固。辅导时不要求面面俱到，而是围绕教学重点和基本要求反复强化练习。其次，对于个别有特殊需要的学生，教师还要按照教学计划中的要求进行辅导和训练。

课后辅导要充分发挥助学伙伴和家长的作用，教师要和学生一起制订辅导计划、落实辅导时间、确定辅导方法，并及时了解辅导的进度和效果，提高辅导的质量。

课后，教师还要对特长生进行指导，通过建立兴趣小组或者开设兴趣课程，引导他们自学一些知识，推动其特长能力的发展。

第五章

乡村基础教育教师专业发展途径

乡村教师专业能力的提升是促进城乡教育均衡发展的基础，也是新课改在乡村地区推进的重要基石。立足乡村地区教师队伍的现实情况，在现有乡村经济发展和技术条件的支持下探索乡村教师专业发展，可以更好地促进乡村教师专业能力的提升，提高其素质并推动新课改在乡村地区的推行，这具有非常重要的意义和价值，有利于丰富教师专业发展模式，并为教师专业发展提供借鉴。

第一节 在与学生的和谐共生中寻求专业发展

要解决乡村学校师生互动的问题，不能仅仅停留在互动认知和探讨的表面，而需要透过现象看本质。在解决问题的过程中，教师专业发展是一个非常关键的因素，必须以教师专业发展路径为前提，提高乡村教师自身的专业水平。但是，促进乡村教师专业发展不是一蹴而就的，整个过程会受到政策、社会环境等多个因素的影响。所以，必须重视师生关系不确定的动态环境，具体包括社会分化、教育主体、学校管理这三个不同情境。在不同的环境背景下，要明确乡村学校师生共生的目的，结合具体的问题，给出对应的改进方案。

具体做法是以乡村学校内外互生环境为切入点，结合教师专业发展路径，考虑师生互动问题的解决，关注社会情境，合理地使用当前的政策及资源等，从而推动师生互动。同时在学校管理和教育主体情境中，从多个角度着手，进行开拓、扭转、防护及对话，比如教师生涯发展、家校沟通、教师多维反思、领导力创建等，从而推动师生沟通从混沌到清晰、从独白到对话的转变。

一、社会情境下构建师生共生体系

近几年来，社会经济、科技和文化等各方面都在发生变化，文化方面出现一种简化时尚"快文化"的趋势，相比之下乡村文化的发展节奏依然比较慢。在"快文化"的冲击下，大量的乡村文化发展停滞，甚至从人们的视野中消失，这也影响了乡村教育的发展。乡村文化和多元文化的融合并不意味着一味崇尚新的知识，而是应该以坚持本体性文化为前提进行文化融合，否则就是本末倒置。乡村学校教育环境从被动接受转变为主动探究，这体现了文化的主体性，同时也是乡村基础教育教师专业发展的前提和保证。所以，要解决师生互动共生问题，首先应该从政策和环境等宏观层面着手。如今，整个社会都越来越重视乡村教育，国家为推动乡村教育颁布了各项政策和制度，学校要充分把握这些机遇，挖掘乡村教育的优势资源，包括文化、地缘和风俗等，规避网络信息产生的不良影响，同时落实多元文化领域融合，从而推动师生互动共生，促成主动探究的教育环境，并建立完善的师生互动沟通体系。

（一）教育政策有利于师生沟通互动的形成

自中华人民共和国成立以来，我国乡村教育的发展历程主要包括以下几个阶段，即奠定基础、畸形发展、恢复整顿、综合改革、重点发展。在不同期间，国家也颁布并落实了各个方面的政策，比如从普及"两基"到"燎原计划"，从"撤点并校"到"农远工程"，从"两免一补"到"幼儿教师培训计划"，从"城乡教育一体化"到"教育振兴行动计划"，这些政策促进了基础教育的落实，改善了乡村教育不容乐观的情况，同时，也对乡村教育质量提出了一定的要求。不仅如此，UGS协同视野①下的教师教育模式，对教师专业发展也是非常有利的，有利于推动乡村教师的专业发展，促进乡村师生互动共生。

在推动国家发展的过程中，教育是非常重要的战略因素，必须从全局角度着手，推动乡村教育发展。教育工作者不仅要完成预期的工作任务"量"，更应该重视"质"，也就是要落实素质教育。在各方面政策的要求下，乡村学校也越来越关注培养学生的素养和品德，这也促进了师生互动沟通，推动师生之间的情感和心灵交流。

在师生互动方面，乡村学校必须做到"思想上重视、行动中支持、情感上关怀"，努力给师生互动提供良好的环境，建立良好的氛围，从而促进师生互动，以实现预期的目的。"思想上重视"指学校的管理人员应该重新认识教学目标的内涵和外延，提高教师的沟通意识，增强教师的沟通技巧，把师生沟通互动在学生的学习方面发挥的作用和价值挖掘出来。"行动中支持"指在政策不断推广和落实的背景下，乡村学校要组织丰富多样的校园活动，让师生有更多的机会互动沟通。比如组织优秀教师分享自己的工作经验和心得，从而在整体上提高教师的沟通能力，完善学校师生沟通体系。"情感上关怀"指不仅要让教师关注学生的情感状态和心理状态，与学生沟通交流，也要让校长发挥作用，给教师一定的情感关怀。教师也是独立的个体，他们在乡村教育中扮演着重要角色，需要获得人文关怀，得到学校的肯定和社会的认可。所以，给教师提供人文关怀和有效的沟通交流也有助于促进师生共同发展。

(二) 本土资源有利于发展乡村特色沟通方式

在乡村地区，特殊的地理环境为地缘亲近的人们提供了共同的文化资本。在同一区域之内，教师、家长、学生的沟通语言、生活背景及生

---

① UGS协同视野是指大学、政府、学校三方合作，共同推进教育发展。

活习惯都有一定的相似之处。乡村家庭的文化资本和文化起点并没有太大差距，这就创造了教育起点的公平性。在乡村熟人社会环境的背景下，师生之间不仅存在教学的授受关系，同时也可能存在家族血缘亲近关系，这促进了师生的沟通和交往。随着政策的倾斜，偏僻落后的乡村环境得到了改善，这对教育的发展也产生了积极影响，使乡村教育资源更加丰富多样。

在教育目标的引导下，教育越来越重视人的自身发展。在乡村学校，要提高教师的沟通能力，首先应该推动教师专业发展。乡村学校通过调整学校布局，生源稳定性提高，教师的教学压力有所下降，教学节奏有所减缓，这有利于开展特色教育，同时也有利于发展特色师生共生关系。

同时，教师可以利用得天独厚的自然环境开展教学实验，结合乡村教育的问题和现实境遇，进行创新型教学改革，为乡村"小班教学"或"自然教育"提供契机，变被动接受困境为主动寻求发展。这样一来，不仅可以解决乡村部分小规模学校班额小无法正常开班的问题，而且可以充分利用自身条件开展田园式、发现式、合作式的特色教育，比如教师可以带领学生到大自然中探索，在自然的环境中增强沟通互动。对于教师来说，"自然教育"或"小班教学"的教学实验为师生提供了特色的沟通互动模式，走出了传统的班级课堂，打破了在讲台上下沟通的限制，迎来了走进学生群体的融入式互动。自然环境及小班化的互动能给予师生足够的空间和机会进行接触，让教师对学生的关注度提高。另外，情感的投入也有利于关怀教育的展开，让学生学会关怀身边的人。

顺应社会政治的发展，乡村学校要在教育现实中汲取经验，取长补短，走出具有自身特性的发展道路，审时度势、抓准时机，改革乡村教育体制，利用本土社会资源，面向乡村学生，发展乡村特色的师生沟通。乡村教师专业发展支持体系，为学校、教师和学生的发展提供了新的机遇,寻求各主体之间的深度融合,使农村小学的发展告别"小而弱""小而差"的过去,迎接"小而优""小而美"的未来。

(三)规范乡村网络下的师生互动

2003年以来,乡村中小学现代远程教育工程的实施使乡村学校的教育信息化、教育现代化水平日益提高,教育资源、教学形态、教学方式的呈现也更加多样化,为乡村师生打开了网络沟通互动的大门。网络平台上的沟通互动是师生沟通互动不容忽视的一部分,并且所占比重越来越大。网络沟通作为时代的新兴产物,虽然有其不足之处,但只要对其使用加以规范,不仅能给师生的生活和学习带来便利,还会加快师生沟通互动的速度,缩短师生间的距离。

首先,对网络沟通进行合理定位。教师在日常教育教学中应当正视学生沉迷网络的问题,耐心沟通、合理引导。比如,可以与沉迷网聊的学生在网上沟通,此时教师与学生在网络沟通中的角色定位是朋友关系而不是师生关系,这种方式会让学生更容易接受,从而更好地了解网络沟通的利与弊。

其次,利用网络沟通弥补现实沟通的短板。在进行网络沟通时,教师与学生无须在现实中见面,对于一些性格内向的学生来说,这为他们亲近老师提供了便利;对于一些难以当面阐述的问题,网络为师生提供了最适合的交流情境;对于一些教师在课堂上或学校中无法顾及的学生,课后的网络沟通也能帮助教师更全面地关怀学生。

再次,信任是网络沟通互动的前提,网络沟通需要尊重个人隐私。师生网络沟通互动往往会因网络不稳定等客观因素造成沟通中断和停止,容易使师生相互不信任甚至感到失望。因此,教师获得学生的信任是网络沟通的前提,教师应无条件地尊重学生,保护学生的个人隐私,这样学生才会打开封闭的内心,向教师诉说内心最真实的想法。

最后,以对话为主、指导为辅进行师生网络沟通互动。独白式的沟通会将师生间的距离越拉越大,教师与学生进行网络沟通时不应采取传统的"命令——接受"模式,而应探索以对话为主、指导为辅的开放的沟通形式。网络沟通互动的作用是现实沟通无法代替的,教师在网络沟通中的形象少了一丝现实中的威严,多了一份柔和与亲近;以指导为辅不意味着弱化教师的指导作用,而是拒绝强调教师传统的权威指导,以学生更好接受的方式给予其科学合理、切实可行的指导。

合理开展师生网络沟通,是在合理定位、弥补短板、取得信任、尊重学生的基础上,以对话为主、指导为辅的要求下建立的规范的网络沟通形式,其巩固了师生有效沟通,发展了师生共生关系。

(四) 以多元文化促进师生共生系统多样化

我国农村常住人口总量达到6亿,而农民人口数量达2.8亿左右,这意味着乡村教育与我国很大一部分人的切身利益有着紧密联系,而在实现教育现代化目标的过程中,乡村教育是一个非常重要的薄弱环节,其中的不足和问题较多,突出体现在乡村教育培养模式整体呈现平面化。平面化的发展会限制学生的思维水平;立体化的培养模式将开放、包容、绿色、公平等不同的文化理念相结合,指导师生互动交流,让学生了解不同文化的价值,使师生共生系统中的内容更加丰富、方法更加合理、政治文化更加多元化,从而推动师生互动的多维动态发展。

在开放理念的指导下,师生沟通互动需要紧跟社会潮流,追求全面发展。教师不能过分关注学生的成绩,要更重视他们的个性和素养。在包容理念的指导下,在师生沟通的过程中要相互理解,做到优势互补,除教师单方面发起沟通外,学生也要积极主动与教师沟通交流,实现师生和谐共生。在公平理念的指导下,在师生沟通中,教师必须一视同仁,不能有差异地对待学生。在绿色理念的指导下,师生沟通互动要形成一种循环有机且健康自然的可持续发展模式,在学生的成长道路上发挥重要作用。

开放、包容、公平、绿色的文化理念能促进师生共生系统的发展,使该系统避免同质化,走向多样化发展。师生沟通内容要做到将普适和特殊两者紧密结合,因为师生沟通互动并非仅仅停留在浅层的言语交流,其最终目标是推动教育发展。在沟通内容方面,教师不仅要考虑学生集体的问题,也要关注学生个体的心理、生活和情感等方面的问题,把普适和特殊融为一体,落实因材施教的原则,建立丰富多样的对话内容。在沟通方法方面,教师要把理论和实践融为一体。如前所述,师生互动的内容不仅要具有普适性,也要具有特殊性,这就需要乡村基础教育教师把理论和实践融为一体,通过发挥理论的指导作用,对师生的交流互动实践进行指导,解决实践中的问题,提高沟通互动的效率,创造更好的对话效果。在沟通性质方面,师生沟通同时具有社会性和教育性。在学校中,师生沟通主要是关于教育方面的内容,而学生在学校之外也是社会成员,所以沟通也是具有社会性特征的,这时的沟通是指向社会生活的。但是,在乡村学校,大部分教师都不重视在沟通中培养学生的社会适应性,导致学生进入社会后人际交往能力差,甚至无法适应社会环境。此外,教师在与学生沟通时,还应注重传统文化传承和现代文明教育,因为内生型乡村社会的精神来源就是传统文化,地方文化是地域特色的体现,现代文明则代表着整个社会的发展趋势和方向。要促进乡村教育发展,就需要在教育的方方面面落实传统文化和现代文明相结合的重要原则。

以开放、包容、公平、绿色的文化理念指导师生沟通互动发展,可以提高师生交往效率,从而促进教师专业发展,最终推动乡村教育发展。

二、学校管理中促进师生关系走向和谐共生

在"善教"与"教善"的交往场域中,师生关系涉及多个层次,如位差效应下的上位决定式、关怀教育下的无条件尊重与积极回应等。

无论如何,师生沟通的最终目标都是推动人的发展,不仅促进学生的进步,也推动教师的发展。教师是教育活动中的重要主体,学校管理要提高教师的沟通能力,让教师的角色定位更明确。教师并不仅仅是给学生传授知识的人,更是突破传统思想、打破文本权威、调动学生学习兴趣、推动校本课程研发、促进学生全面发展的重要角色。作为教师,应该正确认识师生互动沟通的重要性,牢牢把握乡村教师的发展机遇,建立明确的职业生涯规划,提高自己的教育水平和教育能力,完善家校沟通策略。与此同时,学校也要优化、健全管理模式,推动师生关系和谐发展。

(一) 教师职业发展有利于推动师生沟通

传统的乡村教育体制过于滞后,教育效果不尽如人意。正如陶行知所说,中国乡村教育的道路是错误的,乡村教育让更多人选择逃离乡村,涌入城市;乡村教育让更多人追求锦衣玉食,却不积极劳作;乡村教育让人更追求奢华的生活,却忽略了务农,甚至瞧不起务农;乡村教育让更多的学生变成了书呆子。所以,乡村教育必须和生产劳动紧密结合在一起,不能和社会生产项目脱节。要转变这种思想观念,必须推动乡村教育的发展,尤其要发挥乡村教师的重要作用。

为提高乡村教师团队质量,我国出台了各项政策,如农村特岗教师计划等。在各方面政策的作用下,乡村教师的素质水平不断提高,在一定程度上推动了乡村教育的发展。省培、国培等乡村骨干教师培训项目也发挥了重要作用,提高了乡村教师的专业性,推动了教师和学生的沟通。在师生交往的过程中,教师应该具备明确的沟通意识,和学生保持平等的地位,师生沟通的宽度和广度在一定程度上取决于教师自身沟通水平的高度,所以教师应该转变自己的意识,推动学生积极参与沟通。同时,教师也要明确沟通定位,在乡村文化的发展中,乡村教师是非常重要的引领者,应该考虑乡村社会的文化和学生的生活环境,将沟通的范围扩大,延伸到学校之外。随着网络技术的发展,师生的互动越来越便捷,沟通方式越来越多元化,效果也越来越好。此外,乡村社会的支持也是促进师生互动的重要保障。如果与当地居民的相处气氛团结友爱、和谐融洽,教师的精神生活也会更丰富,教师能进一步融入乡村,这对乡村教育的发展是至关重要的。社会的认可是对教师价值的最大肯定,能够让教师更积极地和学生亲近,与学生达成共识,积极主动地关心学生。

学校在社会改良的过程中起着重要作用,尤其是在乡村地区,学校和周边环境的联系更加紧密,这使得学校的活动性质发生了变化,师生的互动积极性更强,互动内容也更丰富精彩,这有利于发挥学校管理及师生沟通的作用。把学校和社会改良机构联系在一起,能够推动贫困地区教育的发展。学校也是一个小型社会,和同地区的其他工作者进行比较,教师可以和学生及家长保持沟通,从而推动乡村教育的进步,并且将家庭、学校和社会联系融合起来,扩大沟通范围,创建和谐共生环境。

(二)教师职业生涯发展有利于稳固和谐共生环境

教师职业生涯是一个动态的、具体的、多变的、循环的发展系统,而不是从入职到离岗的单一发展路径,随着教师职业生涯的发展,师生关系也会发生转变。由费斯勒的教师生涯循环论(如图5-1所示)可知,教师的职业生涯发展受个人环境和组织环境的影响,职业生涯的稳定持续影响着师生关系结构的稳定持续。因此,稳固师生和谐共生的环境需要教师坚定自身的教育信念,坚定教师生涯发展,不断自我更新,提升自身的教育素养与能力,持续进行师生沟通,保证师生沟通互动有效进行,促进问题解决和师生共同成长,达到和谐共生的最终目的。

在教师职业生涯的八个不同阶段中,对师生沟通互动的要求各不相同。在职前期,教师以学生的身份学习教育理论知识与专业实践活动,

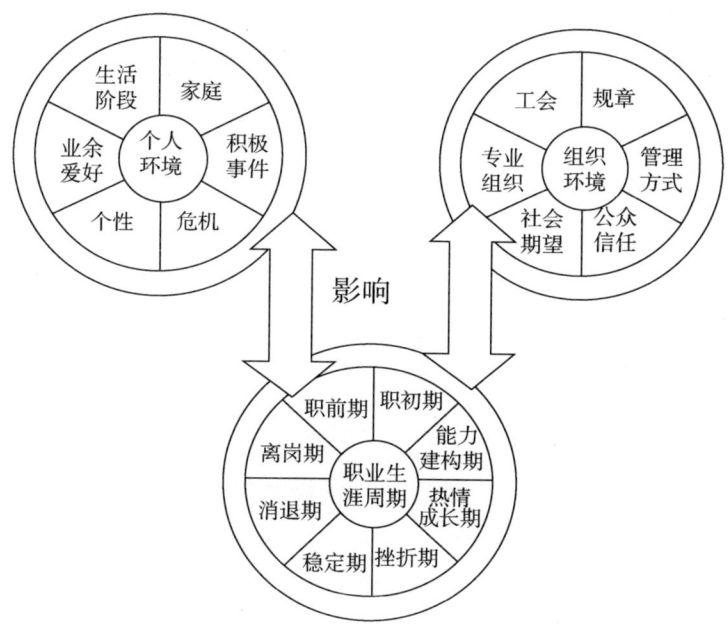

图 5-1 费斯勒的教师生涯循环论

对师生沟通的理解还未深入,这一阶段教师需要熟练地掌握与沟通相关的理论知识及儿童发展心理学等方面的知识,为之后的沟通打下理论基础。在职初期,新手教师关注自身的教学大于关注学生,他们会忽视师生之间的沟通,与学生的沟通存在距离感,这一阶段教师要学习务实的语言,向有经验的教师请教,在工作中积累沟通经验。能力建构期与热情成长期是教师沟通技巧和沟通能力发展的高峰期,这一阶段教师从关注教学转向关注学生,在师生沟通中尊重和信任学生,采用平等民主的双向沟通,明确沟通的目的是指向学生而不是指向教师,因此教师在沟通前充分准备,制订沟通计划,以便对突发问题采取应对措施。在挫折期和稳定期,教师的沟通能力进入"高原地带",教师作为"替代父母"全身心地关注学生,与学生积极沟通。但久而久之,教师自身也需要获得他人的关怀。为保证师生沟通互动的有效性,需要个人环境和组织环境为教师提供良好的生活与工作氛围,如家人的支持与体贴、领导的问候与沟通等。消退期和离岗期是师生沟通逐渐减弱的阶段,虽然教师的职业生涯即将结束,但师生沟通的影响不会消失。教师作为学生成长过程中的"重要他人",对学生的影响是终身的,作为一名成熟的教师,在退出与学生正式沟通的舞台时,要有自己独特的方式与技巧,在即将离开学生的学习生活时,要做好告别,善于引导,帮助学生通过分别更好地成长,而不是停留在悲伤和不舍的情绪中。

在职业生涯中,教师只有不断地进行自我更新才能实现师生关系的稳定,才能在各个发展阶段具有不同的沟通意识和动力,主动更新沟通方法,进行沟通反思和行为调节,在职业生涯的不同阶段实现不同的师生沟通效果。教师不仅是学生沟通的主要对象,也是自我沟通的主人,更是学生发展的指导者。教师的发展是促进学生全面发展的前提和基础,教师职业生涯的稳定发展有利于与学生的交往沟通。学校要培养会沟通的教师,让其致力于教学活动和学校管理的稳定发展。

(三)教师领导力的发展有利于创建沟通共同体

教师领导力并非等级制下的政治概念,不以职位高低权衡,无关权力本身,而是一种集体的能力,凝聚教师群体的力量,在集体中促进教师自身专业成长和发展,改善乡村学校教师管理体系,发展师生沟通共同体。

教师领导力的培养是教师领导的核心,是对现有顶层设计的反思,是从自上而下的"集权式"管理过渡到自下而上的"民主式"管理的改革。民主型校长的领导方式、多向平等的交往理念、合作共赢的教师文化及自我更新的主动意识都是催生教师领导力的重要条件。沟通共同体包含"校——师——生"三级两阶中的"校——师"与"师——生"两种沟通共同体,在学校管理中,作为高层管理者的教育行政部门领导和校长需要转变固有的上下级观念,树立沟通互动意识,认识到真正了解学校、学生和家长问题的人是身为中层管理者的教师,每一名教师都是其所负责领域的专家，如班主任对于学生事务的处理，科任教师对于教学法的把握等。因此，相关部门要了解一所乡村学校就要了解它的教师，校长要办好乡村学校就要与乡村教师建立良好的沟通，要使校长垄断逐步让位于与教师共同治理，调动教师参与的积极性，促进教师领导力的发展，使每一名教师都在学校中发挥领导作用。

教师领导的最大获益者是学生。教师领导意味着教师在教学和生活管理上拥有较多的自主权和决策权，在显性层面上表现为教师专业领域内具有教师个人风格特质的教学领导沟通和课程领导沟通，教师领导力的发挥可以让教师直接针对学生的问题进行策略制定、教学安排与实际解决，挣脱烦琐的体制束缚，实现师生沟通交往的畅通。比如教学中教师不受课标限制，结合学生个性，自主设置课堂沟通环节，就能更好地在师生沟通中培养学生的思维能力。教师领导在隐性层面的体现是非正式的领导活动，可以概括为教师生活层面的道德领导沟通，以教师的道德素养水平为前提，发生在师生间的非正式沟通中，没有特定的交往目标，具有及时性、参与性和灵活性，往往在轻松愉快的环境中发生，也许是不经意间的一次问候，也许是窘迫时的一次解围，也许是游玩中的一次邂逅……道德领导沟通渗透在师生日常生活的点点滴滴中，以非正式的沟通方式触动着学生，潜移默化地滋养学生的情感。教师要通过道德领导沟通挖掘学生潜藏的价值观念，回应与联系其真实需要，促进教师与校长、学生和家长的沟通，扩大沟通的领导效能，建构校园内的沟通共同体。

教师能否承担起领导变革的责任，直接影响着师生交往的全过程。采用教师领导，能够使师生沟通指向学生的需求意识更加明显，真正落实"以人为本"，促进乡村学校素质教育的发展。教师作为学校沟通共同体的核心人物，其领导力的发挥是"一种系统而持续的努力，旨在改变校内的学习环境和其他相关因素，最终让学校更有效地实现教育目标"①，实现自上而下改革的转变，延长乡村学校组织发展生命周期，有利于促进学校的可持续发展。学校与教师的沟通需求都是以学生的需求为中心的，即最终目标是学生的全面发展，体现了"以人为本"的教育理念。因此，培养教师领导力是为了实现"学校——教师——学生"沟通共同体的发展（如图5-2所示）。沟通共同体的发展不仅能够直接作用于师生沟通问题的解决，还能够间接地形成"教师专业学习共同体"，提高乡村教师教学水平，合作开展"共享性学习"。

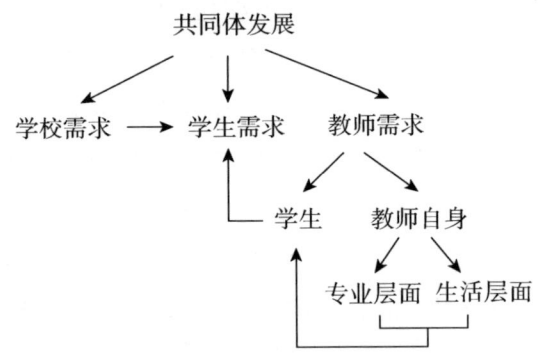

图 5-2 沟通共同体发展结构

（四）及时的家校沟通有利于消除师生间隙

德国哲学家尤尔根·哈贝马斯（Jürgen Habermas）的交往行为理论指出，沟通共同体成员可以通过无穷探究与对话达成共识。师生的交往行为发生于整个教育系统中以教师为中心的多对交往关系中，特别是在乡村学校中，师生沟通的背后隐含着教师与其他对象在不同的语境下交往、对话与合作，除了师生间的协作与师师间的合作，还包含家校间的及时沟通，这些交往关系共同形成合力，营造和谐共生的师生交往

---

① 吴丹：《基于教师专业发展路径乡村学校师生沟通问题及策略研究》，渤海大学硕士学位论文，2018年。

环境。

乡村地区的家长对教师的信任度较高,家校间最大的问题是沟通的断裂和双方的不理解。营造沟通环境,不仅包括师生间的沟通环境,还包括家校间的沟通环境,家长作为第三方进入沟通环境,与教师建立起"默契的合作者"的新型家校关系,对学生学习生活、教师教学研究、学校管理发展都有促进的作用。

教师不仅要关心学生,还要关心学生的父母,主动伸出手去迎接家长,建立相互支持、学习、合作的平等关系,与作为教育支持者、教学学习者和教师合作者的家长一起参与学生的学校生活。随着网络的发展,教师与家长间的交流比以前更加方便,除了班级家长交流QQ群、微信群,家校间的联系也可以从网络走向现实,比如学校定期举办的"家长开放日""家庭教育咨询""家校合作指导讲座"等活动,能够给家长更多的机会和空间去接触和感受教师的教学生活。

家长也要做到理解学生和理解教师。教育环境与时俱进地发生着改变,学生的学习目标和学习任务也与家长儿时的情况截然不同,家长要理解孩子,注重孩子生活、心理、情感、性格等方面的成长,而不是一味地关注成绩而忽视了与孩子的沟通。理解教师则是指家长要理解教师的行为和语言,包括理解教师在教学活动的各个环节中的教学行为,如课前通知与准备、课上因材施教、课后家访跟踪等;同时理解教师的语言,避免"翻译的不确定性"造成家长和教师对语言表达的误解。语言是最有效的沟通工具,语言的使用也直接决定了师生间、家校间沟通的效果,因此,家长只有理解教师的语言才能实现从"助手"到"合作者"的转变,在合作中沟通,在沟通中合作,促进学生的健康成长。

综上所述,学校管理从混沌到清晰的沟通策略是防护型和扭转型的结合,从学校发展角度来看,要以教师力量为策略改革主体,挖掘教师的潜能,发挥教师在学生与社会、家长与学校、知识与生活之间的沟通作用。乡村教师处在乡村教育发展的重要位置,其专业发展有助于学校营造师生沟通环境、发展沟通共同体，消除家校间的沟通间隙，实现师生和谐共生关系的建立。

三、教育主体间创建民主关怀的师生关系

师生沟通从"独白式"向"对话式"的转变也体现了师生的沟通需求。"教育即对话"是一种交往行为，该行为的中介在于语言对话，认可了沟通的地位，也肯定了沟通的作用，即沟通就是教育。师生在沟通对话中，可以探索和寻找教师和学生的发展机会。学校和外界的对话也是通过沟通为学校发展寻找机会的，从而推动学校的交往理性发展，而非工具理性发展。在师生互动沟通的过程中，师生关系是对立统一的，教师是师生关系的权力中心，学生是教育的中心，教师和学生又分别是教育的主导和主体。因此，要使师生关系更加有效且和谐，教师和学生必须共同努力，对教师进行启发，让教师通过多维反思，树立学习观，促进教师之间的合作及交流，建立对话型师生关系，从而使师生关系得以发展并更加和谐，建立民主关怀的师生沟通，达到预期的教育目标。

（一）优化师生沟通样态

美国心理学家波斯纳认为，任何经验如果没有经过反思，都不是真正的经验，这些经验是狭隘的。教师成长的公式应为"经验+反思＝成长"，这能促进新手教师的发展，使其转变成为专家教师，其前提条件在于教师进行有意识的思考和反思。任何沟通如果缺乏反思，都是没有意义的。在师生之间，最普遍的实践活动就是沟通。思维实践活动的过程就是反思，因此要对教师进行启发，让他们进行多维反思，鼓励他们建立沟通情境，并在该情境中进行反思探究，促进师生的沟通交流。

多维反思指的是通过反思的内容、过程、层次等方面来分析师生沟通的过程、问题、结果，从多个角度给出行动策略，使其中的问题得以解决。

　　从反思层次的角度来看，不同层次的反思息息相关，且相互补充，可以有效解决乡村师生的沟通问题。通过技术性反思，教师提出有效的沟通策略，能够使专业沟通知识和技术领域的问题得以解决。理解性反思的核心在于沟通内容之外的乡村社会文化环境及学生家庭生活等，因此教师要对学生提供关怀和帮助，高度重视学生的问题，以情感关怀取代权威压制。解放性反思指开放和探究，在沟通的过程中，教师要让学生有充分的主动权，而不是一味地进行说教，要让学生发挥他们的潜力，表达他们的思想。经过反思后，教师要在沟通中进行自发性、直觉性的决定，无论是在分析问题和语言方面，还是在最终的沟通行为表现方面，教师必须表现出充分的教学机智，以应对和处理随时会出现的各方面问题。

　　从反思内容的角度来看，教师要重视所有和沟通有关的内容，比如对象、目标、方法等。

　　从反思的具体表现来看，教师可以通过几种方式促进反思。比如写反思日记，进行全面的分析和思考，把自己的体会和感受及时记录下来，通过这些方式和自己沟通，进行深刻思考，纠正错误，不断提高自我，改正沟通中的问题，汲取以前的经验，改进当前的不足。同时，通过进行反思，和其他教师共同探讨教学中的一些问题和挑战，分享不同教师的经验和做法，能够增强教师后续的教学效果。此外，还可以建立师生沟通档案袋。这种方式能促使教师充分重视教学和生活中的师生沟通问题，对其进行反思，并且分类整理和记录，形成一种系统完善的结构性反思工具，有利于提高教师自身的沟通能力。最后，教师也有必要进行沟通行动研究，这一研究需要落实到具体的沟通过程中，能够体现反思结果。研究沟通行动，能够让师生的沟通过程更顺畅，沟通效果更好，而这也有利于提高乡村教师的科研水平。

(二) 构建情境化沟通

教师建构学习观是在现实情境中引入师生沟通,让师生更全面地认识沟通内容,重新审视不同师生交往情境下的沟通。从当前的教学情境着手,结合教师的背景,建立独特的沟通情境,有利于帮助教师获得个人沟通技巧。教师建构主义观明确提出,师生沟通的过程也是建构的过程,师生以已有的经验为前提条件,使用双方都可以接受的方法,积极主动地建构心理表征,以此来推动情境化沟通(如图5-3所示)。

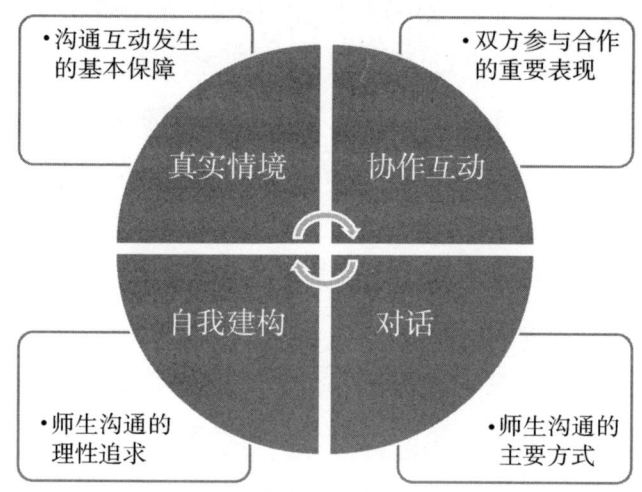

图5-3 师生构建情境化沟通的过程

真实情境在师生互动沟通中起保障性作用,给双方的沟通经验建构提供了重要的基础,任何沟通都与真实情境息息相关。即使师生的沟通是通过网络平台进行的,前提条件也是沟通真实的生活情境或者情感。除此之外,真实情境体现了乡村学校教学活动中可能会出现的沟通问题,或者已经出现的沟通问题,这能够让教师开展针对性的分析和探索,从而解决问题。真实情境能够让学生和教师快速进入角色,通过使用沟通理论,教师对学生进行指导和启发,在特定的乡村教学情境之下,结合原有的经验和知识,建立新的沟通技巧。以课堂教学为例,针对不同的教学内容及学生课堂情况，教师选择提问或者引导学生进行讨论等不同沟通方法，这有利于促进师生的交往，推动彼此的了解。

协作互动是双方参与合作的一种重要表现。这也是教师应该掌握的一种重要的沟通技巧，有利于建构多元化的沟通意义。沟通至少有两人，一人是不能进行沟通的。所以，沟通是有社会意义的，这体现了社会互动。在协作互动的背景下，师生沟通不仅体现了教师的地位，同时也体现了学生的地位，教师关注学生、回应学生、认可学生的个人观点，能够推动沟通问题的解决。教师要在发挥主导作用的同时坚持"以人为本"，创设合理的情境，激发学生的合作兴趣，使学生和教师的距离更近，并在必要时设置悬念，将学生引入特定的情境，对学生进行启发诱导，鼓励他们进行主动沟通，消除传统的"教师中心"及"班干部中心"的沟通模式，高度重视班级"边缘人"，提高师生沟通效益，寻求一种"共同体中心"，实现多向沟通。

师生沟通的主要方式是对话。对话是人与人之间的一种互动关系，没有对话就没有沟通。作为教师，应该自觉成为对话的主体，主动和学生沟通，提高自身的沟通能力，提高自己对学生的敏感度。教师要重视另一对话主体，和学生建立良好的对话情境，从而和学生进行有效对话。对话完成之后，教师要积极反思并总结经验。对话也是积累经验的一个重要环节，促进了新旧知识的同化和平衡，在这一过程中，学生也可以习得不同情境下的沟通方法。

师生沟通的一项理性追求是自我建构。自我建构是对事物的自我理解，是建立在真实情境、协作互动和对话基础上的，并不具备唯一的、标准的理解，其主要特征是多样性。自我建构首先是建构教师角色。在教学活动中教师并不是进行单向沟通，而是提前设计好沟通内容、沟通目标、沟通对象等，对学生进行引导和启发。其次是建构学生知识。师生沟通并不是让学生全盘接受教师陈述的内容，而是要让学生发挥自己的主观能动性学习并对话。在师生沟通中，教师角色建构提供了重要的沟通条件，而学生知识建构创造了沟通的可能性，这两方面共同推动师生沟通的情境化。良好的自我建构能力也体现了自我沟通水平，师生可以从理性的角度反思，了解自己的问题和不足，合理控制情绪，通过理性乐观的心态推动个人思想及行为方式的发展。

（三）学习沟通技巧

教师之间的有效合作也可以在一定程度上帮助乡村教师突破自身的限制和约束，让他们的沟通视野更开阔。促进教师之间的沟通交流，让教师及时更新理念、提高教学能力、掌握更多的教学技巧，有利于提高乡村教师的整体水平，进而推动整个乡村教育教学的发展。

1. 营造民主平等的合作环境

教师群体和学生群体是具有一定的相似之处的，要进行民主性合作，前提条件是教师要以平等的身份对待自己和其他教师，与其他教师相互沟通，相互尊重，和大家建立良好的关系，形成集体共识等。教师之间相互学习、相互了解、相互沟通，有利于新手教师从其他教师身上迅速习得更专业的知识和技能，有利于推动教师之间的教学反思，促进教师的成长。除此之外，还能够消除教师在沟通中对权威人物的盲从或者依赖的现象，因为所有人都是沟通的主体，而且相互平等。校长在教师群体中扮演着非常重要的角色，需要以身作则，发挥带头作用，强化自身的沟通协调水平，积极融入教师群体，建立民主平等的合作氛围，推动教师之间的合作和沟通。

2. 创建合作型教师文化

教师文化是学校文化的象征，创建合作型教师文化的核心就是要突破教师的保守观念，促进不同年级和不同学科之间的衔接，实现教师之间信息和资源的共享和传递。学校应转变单一学科沟通模式，实现多学科沟通交流；还应转变单人沟通模式，实施多人小组沟通模式。各学科教师发挥各自的力量，和学生一起合作沟通。学校通过开展教师团队活动,可以提高教师的沟通积极性,扩大沟通范围。学校要建立民主的合作氛围,让所有的沟通主体都能够及时表达自己的想法和意见,促进不同想法的碰撞,打造合作型教师文化,让这种文化渗透于教师的教学工作中,从而建立合作型师生文化及合作型学生文化。

3. 提高教师自身沟通合作的能力

教师之间的合作也可以提高教师自身的沟通能力。在沟通的过程中,教师可以学习对方的优点,从而提高自己的能力。在沟通中灵活运用聆听、赞美、合理批评、适当激励等方式,可以推动教师之间进一步的交流沟通。首先,沟通时对方的积极聆听可以让沟通者充分感受到对方的尊重,增强沟通意愿。其次,相互赞美可以使双方对彼此都有好感,更能够接受对方的观点。再次,要注意合理批评,在展开批评之前需要进行充分思考,抱有客观的批评态度,否则对方的沟通体验感可能会打折扣,批评者需要采取一种能够让人接受并且有效的方式来沟通,使得沟通顺利开展。最后,适当激励也能够提高沟通效果,使沟通者产生积极行为。这些方式不仅适用于教师之间的合作沟通,在师生沟通中,教师也需要善于聆听、赞美、合理批评、适当激励等,要正确使用不同的沟通方式。

4. 转变思维定式,与校外教师合作沟通

教师在一个环境内的组织生命周期大约是 5 年,在此之后,其发展就会越来越平缓,还可能下降。在这样的情况下,教师必须更新观念和思维。随着乡村学校环境的改善,以及城乡一体化发展政策和教师流动制度的落实,乡村学校的发展受到了一定的刺激,促使乡村教师主动学习新的工作技能和知识,突破传统的思维和观念,建立跨校沟通的新环境。

(四)创造民主关怀沟通

我国实施了一系列促进乡村学校发展、推动乡村教师专业成长的乡村教育改革政策。乡村学校要实现可持续发展,就应该把握住机遇,打造更平等的新型师生关系，促进师生的互动沟通，确保教师在教学的过程中能够尊重所有学生，做到对所有学生一视同仁。每一个学生都是独立的，在沟通的过程中，教师需要注意把学生的主体性发挥出来，采取启发式的沟通方式，让学生找准自己的定位。学校要明确教师和学生沟通交流方面的需求，明确他们具备合理沟通的权利，从而解决学生在师生沟通中主体性缺失的问题，以及教师在自我沟通中认知异化的问题。

在师生沟通中，对话如果脱离了生活形式的语境，就没有任何价值和意义。所以，建立对话型师生关系首先要建立民主关怀的对话气氛。学校要进行引导，确保学生和学生、教师和学生之间都能够进行正向循环沟通，让师生都能够敞开心怀，"愿说话"。乡村学校的管理人员也要不断转变自己的管理思想，树立关怀教育理念，引导教师提高自己的关怀能力，建立关怀课堂，为学生开展关怀教育。在民主关怀的气氛中，教师应该尊重校园里的全体学生，关注他们的自主权，在沟通中不仅要发挥自己单方面的作用，也必须提高学生的沟通积极性，引导学生主动参与实践过程，通过双向互动促进彼此的交流。此外，学校还要增强师生自我表达和对话的能力，让师生"能说话"。民主关怀的沟通不能只表现在形式上，必须保障其持久性和稳定性。乡村学生尤其需要获得教师在精神层面的关怀，教师主动给学生提供关怀，并获得学生的积极回应，才能够保障师生沟通的民主性。这种双向沟通能够体现对话的价值，还能够提高双方的对话能力。同时，师生之间还要建立稳定且持续的对话关系，让教师"多说话"，形成对话型师生关系的校园文化，这种文化本质上是发展和升华了师生之间的民主关怀沟通。民主关怀的思想除应用于师生沟通之外，还可以在教学设计和德育方面发挥作用。

师生沟通中的对话并非简单的语言交流或者眼神交流，关键在于超越心灵的交流，也就是思想方面或精神方面的交流。这种深度交流的前提是师生之间相互尊重、相互理解、相互支持，真诚地帮助彼此。教师的必修课之一就是掌握沟通交往的艺术，包括接纳、眼神接触、怀有同理心、积极聆听等。所有师生对话的理想状态都是进行民主关怀的沟通，只有师生之间以心换心，才能够实现无限沟通。

师生对话模式从独白到对话的转化不仅涉及开拓和觅机措施，也涉及防护和扭转措施，通过多元化策略的作用，师生沟通样态得到了优化和完善，同时还推动了情境化沟通，提高了教师的沟通能力，打造了一种民主关怀的沟通类型。师生沟通的目的不仅是提高教学效果，还有让学生学会做人，即提高学生的思想品质，让学生把沟通、反思、合作等理念延伸到生活中，学会和他人交往。从短期来看，师生沟通能在一定程度上解决师生之间暂时性的分歧或矛盾；从长远来看，这种沟通形式进一步扩大了教育格局，以个人、学校、社会三个层面为切入点，通过使用三个层面的策略，共同打造一种师生和谐共生的局面，而这种局面正是一种理想状态下的教育愿景。

第二节　在自我行动中获得自主性专业发展

自主性虽然是个体主观的行为倾向，但绝不是纯粹主观的产物。教师是社会中的人，教师专业发展的自觉性必然受到其生存的社会环境的影响。因此，要提高乡村教师专业发展的自主性，不能仅仅要求教师自身的修养和完善，还要注重改善教师的生存环境。

一、完善支持教师专业发展的制度

（一）加大对乡村教师专业发展的政策扶持

从古至今，尊师重道都是我国的传统美德，"程门立雪""一字之师""古之圣王，未有不尊师者也"等经典故事和语句被代代传承下来。中华人民共和国成立以来，国家重视教师的社会地位，倡导营造尊师重道的良好社会风尚。当前，在我国城乡发展不平衡、乡村发展不充分的情况下，应向乡村学校进行政策扶持，促进乡村教师专业发展的自觉性。

首先，在现有的"国培计划"等乡村教师专业发展措施的基础上，继续加大扶持力度，促进乡村教师的专业发展。例如，扩大城乡小学的校际交流，促成城乡学校间的结对帮扶，鼓励城市小学的优秀教师和骨干教师到乡村小学交流，引领乡村教师专业发展；鼓励高校的教育教学专家走访乡村小学，与乡村教师共同开展针对乡村小学教育教学实际问题的行动研究，帮助乡村教师在研究中成长和提高，等等。

其次，在专业发展资源上向乡村教师倾斜，增强其专业发展动力。如参考国家社科基金评审的做法，在各级教研项目申报上，对城乡教师分开评审，给予乡村教师一定的份额；在职称评审上，进一步向乡村教师倾斜，使乡村教师觉得高级职称"看得见，够得到"。

再次，大力宣传"最美乡村教师""教师楷模"等优秀教师，营造良好的社会舆论氛围，让广大乡村教师认识到自己的人生价值和社会价值，拥有职业的荣誉感和成就感。让乡村学校优秀教师成为人人敬仰的对象，有效减少乡村教师的流出，吸引更多优秀教师进入乡村学校。

（二）提高乡村教师的工资待遇和生活保障

近年来，乡村教师的工资待遇明显提高。然而，相比于日益增长的物价，乡村教师工资收入仍显得很微薄。马飞调查了全国11个县220所乡村中小学的2888名教师，发现有53.3%的乡村教师对工资待遇表示不满意。[①]

教师作为一种职业，意味着从业者养家糊口的方式。马克思曾经指出，我们必须明确一切人类生存的首个前提，也就是所有历史的首个前提，即人们能够生活是"创造历史"的前提。而要生活，首先必须有

[①] 马飞、张旭：《〈乡村教师支持计划〉背景下的教师工资待遇满意度调查——基于全国11个县2888份问卷的分析》，载《上海教育科研》，2017年第7期，第10页。

衣食住行等方面的满足。① 倘若我们希望广大乡村教师把精力和时间聚集到专业发展上来，就不能让他们整日考虑如何"为稻粱谋"。因而，进一步提升乡村教师的工资待遇和生活保障，包括提高工资水平，绩效奖励常态化，增加交通、午餐补贴等，是提高其专业发展自觉性必不可少的措施。

二、构建激励教师专业自我发展的管理方式

（一）构建教师专业自我发展的民主化氛围

如前所述，当教师处于民主化的学校氛围中时，更倾向于寻求专业发展。因此，要提高教师专业发展的自觉性，应该采用民主化的学校管理方式。第一，学校管理者要尊重教师。学校是一个专业性机构而非行政性机构，学校管理者和教师首先是同事关系。学校管理者应充分意识到，教育是一项需要激发教师内在自觉性才能做好的事业，如果一味依赖制度权威来领导学校，或许可以使学校的各项工作规范有序，但很难造就一所高水平的学校。学校管理者应从学校的规章制度、工作方法和人际关系等各个方面体现出对教师的尊重和信任。第二，学校管理者应与教师平等相处，充分发挥模范带头作用。学校管理者要与教师建立起良好的人际关系，在决策问题上要停下脚步，耐心地听听教师的心声，平等交流，而不是一味地要求教师无条件执行。只有当教师在工作中感受到平等和尊严，才会发自内心地热爱学校，才能为学校的发展和教育质量的提高尽心尽力。反之，则会造成教师的逆反心理或消极情绪，对学校布置的各种工作任务、所做的各种决定进行消极抵抗。第三，关心教师的工作和生活。管理者拥有学校各种资源的调度权和分配权，应主动关心和帮助教师的工作和生活。学校管理者对教师的工作和生活方面

---

① 中共中央马克思恩格斯列宁斯大林著作编译局：《马克思恩格斯选集（第一卷）》，北京：人民出版社1995年版，第79页。

的关心和帮助，可以在一定程度上解决教师的现实困难，更重要的是，可以让教师感受到学校的关怀，提高其对学校的归属感，从而激发其专业发展的动力和自觉性。

学校的环境氛围对教师个人专业发展的自觉性有很大影响。建立乡村教师的学习型组织，是营造学习文化的前提。浓厚的学习氛围，会潜移默化地影响群体里的每个成员的行为习惯，促进教师个体自觉寻求专业发展。学校要以提高教师的专业发展水平、促进学校各项工作提升为目标，在教师中营造学习氛围，竭尽全力构建一个学习型的大家庭。学校要鼓励、支持全体教师学习，构建教师学习制度，要求所有教师都全身心地投入学习，学习的内容就是教师日常的教育教学。每一项教学研究活动或每一周的工作结束后，教师都要对工作结果进行反思，并在反思中学习，在反思中成长。此外，学校可以邀请各学科的教学名师介绍教育行业的现状和专业前景；带领教师观看优秀教学视频，并讲解专业技能；依托教师学习制度，为教师补充专业理论知识，进行专业指导，引导教师感知专业领域的发展。这些做法不仅能促进教师对专业的理解，还有利于培养教师专业发展的自觉意识。

（二）以科学的评价方式促进教师专业自我发展

教师评价方式主要包括两种类型，一种是结果性评价，强调结果；另一种是过程性评价，强调过程。许多学校对教师评价都采用结果性评价的方式，不注重教师专业发展水平是否有所提高和如何提高，只关注教师是否提高了学生的成绩、是否在各种比赛中为学校争得了荣誉。在这种教师评价方式的指挥下，教师通常只会把精力放在如何提高学生的考试成绩，或如何在比赛中拿奖上，导致教师为了提高学生的成绩，大搞"题海战术"甚至为了比赛拿奖不惜作假。一个优秀的教师，其教学成绩一定是优秀的，参加比赛也一定会拿奖，但这应该是专业水平提高的结果，而不应是以学生身心健康和自身道德品质为代价的"专业投机"。因此,促进乡村教师自我发展,需要改变教学评价方式。时代在进步,评价方式不能一成不变,要与时俱进,不断创新,从重视结果性评价转变为重视过程性评价,坚持个人评价和集体评价相结合,从坚持单纯看学生成绩的量化评价转变为深度关注教师各方面发展的质性评价。面对学生的成长要有"静待花开"的耐心和智慧,面对教师的成长又何尝不需要呢?采取多元化的教师评价方式,有利于缓解教师的焦虑,调动教师寻求专业发展的内在动力。

三、唤醒教师专业自我发展的意识

(一)树立专业理想和信念

第一,要促进自我意识觉醒。如果说在教师专业发展中,外部行政安排是一种必不可少的组织形式,那么内部意识觉醒就是核心前提。教师需意识到"我正在做什么""我将要做什么""我可以做什么",然后为此制订计划,增加自我压力,强化意志力量,从而提高专业发展行动自觉性。如此一来,教师将会获得更大的发展,也会对自己的教学行为有着更清楚的认知。同时,教师要认可自身的职业,明确自己的定位。职业价值认同是影响教师工作努力程度一个非常重要的因素,所以教师应该有正确的职业价值认同。这会促进教师的专业发展,让教师体会到教学中的成就感和成长中的幸福感。

第二,要树立专业理想。教师对专业知识和技能的追求及向往就是专业理想,也是教师自身的专业追求。专业理想是教师职业理想的重要组成部分。既然选择成为一名教师,那么就要热爱教师这一岗位,将成为一名优秀的人民教师作为自己的人生目标,对待自己的事业必须积极乐观并且充满斗志,这样才会感受到人生的幸福。总而言之,专业理想具有引领作用,对教师教学水平的提高起到有效的促进作用。

第三,要坚定专业信念。教师应坚信自己所从事的职业具有重要的社会价值，也要坚信可以通过自身的努力实现专业成长，从而实现教育的社会价值。只要教师拥有专业信念，拥有百折不挠、坚持不懈的心态，就会坚守教育阵地，不断学习、不断实践、不断反思，为提升自己的专业水平不遗余力。

（二）提高自我管理能力

许多人认为他们的工作不能高效且快速地完成是因为缺少时间。但是，充足的时间并不是提高教师专业发展自觉性的必备条件，时间管理能力才是。研究表明，每个教师拥有的业余时间都是差不多的，优秀的教师将业余时间用于自我发展，而平庸的教师则用来进行娱乐或处理其他琐事。没有教师的主动参与和自主发展，就没有教师的专业化发展。因此，乡村教师应努力提高自己的时间管理能力，只有对自己的学习、工作和生活进行统筹的安排计划，才能高效地完成各项教学工作，将更多的时间用于专业发展活动，不断提高自身的专业水平。

读书，是教师提升自身专业发展水平最基本和最重要的方式。苏霍姆林斯基认为，教师之所以觉得很繁忙，是因为不能游刃有余地备课和上课。而要改变这一点，只能读书。他提出，假如你想让自己的空闲时间更多，让备课更加有趣，而并非枯燥地停留于教材层面，那么就需要多读学术著作。教材中的内容只不过是入门级别，也是给学生传授的最基础的知识。[①] 也就是说，教师要摆脱烦琐、忙碌、低效和平庸的工作状态，就必须多读书。对于教师而言，读书不是占用和浪费时间，而是可以让其拥有更多的时间。教师越是自觉读书，就越是自由。我国著名特级教师李镇西在谈及教师成长的关键因素时指出，对于教育者来说，阅读确实非常重要，无论怎样强调其重要程度，都是合理的。阅读习惯

---

① ［苏］B. A. 苏霍姆林斯基：《给教师的建议》，杜殿坤译，北京：教育科学出版社1984年版，第7页。

陪伴了他三十多年，是他的一种重要的生活方式。①

（三）积极参加教研活动

人是社会性动物，在与其他人的相互联系和相互比较中，形成对自我的认识，确定自我在群体中的位置，教师也不例外。教研活动作为一种同行之间相互学习的方式，有利于激发教师对专业自我发展的需求。通过与其他教师进行比较，可以发现自身的不足，有利于激发教师专业发展的自觉性，使其竭力学习专业方面的知识和技能，提高自身的专业水平。世界上并不存在绝对优质的教学工具，专家的指导也并不会始终发挥明显的作用。教师要想在实践中不断提高自己的能力，首先，需要达到优质教学的内心世界；其次，依托同行所组成的共同体，积极向他人学习，获得更多的经验和技能；最后，要不断探究自身的内心世界。当然，教师有可能在这一环节中迷失自我，或者故步自封。为避免这样的情况，教师之间必须相互交流、相互沟通，发挥集体智慧的作用。②

如何参与教研活动才有利于教师的专业发展呢？首先，应控制好参加教研活动的次数。参与教研活动并非多多益善，而要重在质量。只有在高质量的教研活动当中，教师才能真正学到有用的东西，得到成长。其次，参加教研活动时，教师应该尽量贴近学生，融入其中，体验真实的课堂。最后，教研活动结束后，教师要对所参加的教研活动进行评价和反思，最好通过写反思笔记或评课笔记的方式将思考的成果书面化。通过对教研活动的评价、反思和剖析，在自己或他人的课堂中找出问题、总结经验。

---

① 李镇西：《给教师的36条建议》，武汉：长江文艺出版社2018年版，第87—88页。
② [美]帕克·帕尔默：《教学勇气：漫步教师心灵》，吴国珍、余巍译，上海：华东师范大学出版社2005年版，第142页。

第三节　在培训与研修中提升专业能力

乡村教师专业发展和教师专业发展这两个概念既有区别，也有联系。国内外有大量学者从不同的角度对后者进行了分析研究，并提出了自己的见解。国外学者佩里（Perry）指出，在教师个体专业成长的过程中，教师专业发展贯穿于每一个环节，涉及提高信心、增长技能等。哈格里夫斯（Hargreaves）认为，教师专业发展指的就是教师在专业知识、技能、情谊等方面持续自我更新的过程。国内学者叶澜等人一致认为教师专业发展是内在的不断丰富与更新，更侧重于教师专业成长。肖丽萍则强调，教师专业发展是教师以自我愿望为基础对自己的职业发展进行规划，通过自我深造或者进修提高自己的教育教学水平和职业素养进而达到自我发展。由此，我们不难看出，教师专业发展是教师通过持续有效的个性化训练和独立学习以提高知识技能和升华情感价值，进而成为专家名师的动态发展过程。

一、乡村基础教育教师专业发展培训的概况

在培训类别方面，新时代的乡村教师有机会参与更多类型的培训，包括省级培训、国家级培训等。培训项目越来越多，类型也更丰富多样，这使乡村教师有了更多的培训和学习机会。2001年，我国正式开始实施国培计划，到目前为止，这一计划对乡村教师的专业发展依然发挥着重要作用。

在培训内容方面，乡村教师专业发展培训包含知识深化拓展、专业技能提升和职业品格锻造。知识深化拓展涉及教育教学理论学习、政策性文件解读、心理健康教育等，专业技能提升涉及新媒体技术应用、教学科研提升、管理能力提高等，职业品格锻造涉及师德师风教育、职业

素养造就，等等。当然，培训内容也会因学段和地区的差异做相应的调整。如《乡村教师支持计划（2015—2020年）》强调，要在乡村教育的发展过程中促进远程教学，推动课程的数字化发展，为乡村注入更多的优质资源，首先要提高广大教师使用新技术的水平。随着社会的发展及科学技术的不断进步，新的技术已经应用于各行各业，其中自然包括教育领域，而这些技术的使用在一定程度上对传统的教育方式产生了冲击和影响，这也对教师提出了更高的要求，乡村教师也应该提高自己使用新技术的能力。

二、乡村基础教育教师专业发展培训的困境

新时期，国家围绕乡村教师专业发展已实施多项支持政策和工程，尤其重视乡村教师培训，强调要紧紧围绕乡村教师，有步骤、有计划地开展全员培训，进一步加强培训力度。各地都在国家的积极推动下开展侧重于乡村学校的中小学教师全员培训，然而并没有达到预期培训效果，原因在于项目设计针对性弱、培训过程走样等问题。

（一）培训目标与培训实际之间的矛盾

国家出台乡村教师培训政策，目的在于提升乡村教师理论知识、教学技能、职业品格等方面的综合素质。然而在实际的培训过程中，培训的宏观目标与实际情况产生矛盾，培训实施出现偏差，如形式化培训、机械式培训、替代式培训等，违背了国家实施培训计划的初衷。一方面，乡村教师生活区域有特殊性。相关培训实施的场域往往是欠发达区域甚至是贫困区域，生存发展条件较为简陋，制定培训政策的上级工作者并不了解乡村教师的发展现状，也不了解开展培训的问题和难度，影响了培训效果。另一方面，乡村地区的培训经费、人员、技术等资源不够充分，影响培训的正常开展，导致乡村教师专业发展明显滞后于城市。

(二) 培训内容与乡村教师参训需求之间的矛盾

传统的教师培训一般视教师学员为实现教育目的的机器，强调内容和标准的统一性，侧重培训的社会作用而忽视了教师学员的个体需求差异性。新时代，乡村教师专业发展内容丰富，既包括一般意义上的专业知识和技能的积累和提高，也包含职业品格素养和管理能力的提升等。就现阶段乡村教师专业发展政策和实践情况而言，乡村教师的专业发展现实需求不同于以往，如果培训内容针对性较差，就很难实现预期效果。即便国家和地方推行各类办法措施大力推进乡村教师专业发展，还是会出现供需不对称的问题。

(三) 培训覆盖面与乡村教师参训需求之间的矛盾

乡村教师专业发展进一步提升的机会和资源是非常宝贵的，在经济学意义上是存在竞争性和排他性的，参与培训的名额往往并不充足，无法覆盖每一名乡村教师。所以在开展培训时，学校就会把名额优先分配给重点培养的教师和对象，导致大部分教师都没有机会参加培训。比如国培、省培项目名额较为稀缺，且参训门槛较高，能够达标的教师一般较少，令广大的乡村教师只能望洋兴叹。另外，培训时间一般集中且固定，这意味着教师不仅要有能力，还要有充裕的时间才能获得培训机会，即便再优秀，机不逢时也是枉然。

三、乡村基础教育教师专业发展培训困境的原因分析

以上所述种种矛盾问题都是乡村教师"孤岛"困境的体现。乡村教师长期被限制在乡村范围内，难以同外界进行充分的交流对话，无法顺利融入整个社会发展大局或同步社会发展，日渐形成"孤岛效应"。这里并不是指乡村地理环境造成的孤岛效应或信息不对称，而是指随着城镇化的稳步推进，大量农村居民迁往城市发展，乡村在社会主义经济市场化、信息化和社会化的背景下日益弱化，乡村发展滞后甚至出现

"空心村"现象。虽然乡村教师渴望进步与提升,但现实存在大量的阻碍。首先,当前的培训体系并不完善,主要以国家级和省市级培训体系为主,县级和乡级培训体系并不健全。其次,从培训范围来看,乡村地区缺乏充分的培训资源,也没有多元化的培训计划,乡村教师培训的覆盖面依然与城市有很大差距。最后,培训内容缺乏适应性,培训模式具有显著的城市化特征,导致乡村教师对培训内容的接受度不高,培训效果较差。长期以来,乡村教师没有广阔的发展机会和空间,专业发展受到制约,影响了乡村教育的高质量发展。

要化解乡村教师专业发展的困境,关键在于消除乡村教师的孤岛效应,解除乡村教师在自然环境、技术等方面的约束,打造融合、开放、共享、发展的内外互联互通局面。一方面乡村教师要坚持内涵式自我发展,另一方面上级教育部门要打破乡村教师的孤立处境,紧跟当前的社会发展潮流,促进乡村教师和外部世界的联系互动,通过内外融合、内外渗透,提高乡村教师的专业能力,推动乡村教师的专业发展。在城乡一体化的发展背景下,努力促进乡村教育发展,推动教育供给侧结构性改革,促进高质量教育资源的共建和共享。

四、乡村基础教育教师专业发展培训的对策

(一)破除体制障碍,搭建资源融通机制

建立科学规范的城乡教师教育资源融通机制,既能促进授课师资力量的有效流动,也能增强教师之间的交流互鉴,提升乡村教师的整体素质。教育部门可以通过搭建绿色通道,促使城乡学校共建教师专业发展升级平台,相互交流培训手段、培训模式,拓宽培训视角,取长补短,在互学互鉴中合作发展,共同探讨"什么是教师教育培训""怎样教育

培训教师"，共商共建双高专业化的教师队伍。① 还可实行乡村教师硕士培养深造计划、免费师范生等乡村教育支持政策，吸纳更多的优秀人才到乡村任教，优化乡村教师的年龄层次和学历结构，全面提升乡村教师的素质水平。还可以建立健全城乡教师交流制度，采取接地气的方法吸引城市优秀教师下乡研学并传授先进的教学方法等，同时大力支持乡村教师进城学习，结合本土实际，更新教育理念，创新教学模式和方法。

（二）开放培训权限，健全教师培训体系

我国的教师培训体系主要包括两种类型，其中之一是国家级培训体系，另外一种是省市级培训体系。可见，在县区级以下，教师培训体系并不健全，这影响了教师培训的质量，导致培训效果不佳。所以，必须优化和完善县区级以下教师培训支持服务体系，将培训体系的作用发挥出来，解决乡村教师培训供需存在矛盾的问题，提高教师的质量，提高教学效率。首先，要以县区为核心，优化完善教师教育制度体系。教育部门要考虑县区乡村学校的具体发展现状，结合广大乡村教师的情况，建立科学有效的培训计划，从多个角度进行调研，合理安排培训内容和培训模式，确保培训效果达到预期。其次，要合理使用当前已有的资源，把握住每一次机会，因地制宜，循序渐进地促进县区教师的发展机构改革。同时推动培训机构改革，把教研部门、培训部门等相关部门紧密结合起来，明确不同主体的责任，以县区为重点，打造健全的教师教育平台机制，促进教师教育资源的共享。最后，要完善县区专业名师培训团队，与师范院校或者专业培训院校建立合作关系，共同培养优质的本土教师，为进一步推动乡村教师专业发展奠定坚实的基础。

---

① 王皓月、彭庚：《推动乡村教师专业发展的培训审视与路径探析》，载《福建教育学院学报》，2020年第5期，第114—116页。

（三）优化配置财政资源和数字教育资源

《乡村教师支持计划（2015—2020年）》强调，乡村教师培训将成为基本公共服务的重要组成部分，必须为其提供充分的财力保证。教育部门应该结合乡村地区的教育发展现状，完善财政配置机制，并确保该机制的公开和透明。在乡村义务教育管理中，除地方政府负责拨款外，还需形成中央政府、省市、县区各级财政资源多元化的有效机制，对偏远农村地区和贫困区域进行有重点、有优先的政策倾斜，以需求为导向计划组织实施乡村中小学教师全员培训。县区级教育局要对迷你型乡村学校适当放宽参训条件，或者直接给予其参训名额，保证迷你型乡村学校的教师与其他教师拥有同等的参训机会。另外，面对新一代信息技术带来的挑战，促进乡村教师专业发展还要强化现代信息技术应用能力培训，利用网络培训模式，拓宽教师获取培训资源的路径，发挥网络资源的广泛辐射作用，使更多的乡村教师可以随时随地进行培训提升。

（四）加强资源倾斜，提升个人发展意愿

"自主+行动+合作"的乡村教师共同体专业发展模式强调尊重教师的个人发展意愿，要求提高乡村教师待遇、做好教育资源拓展，因此在专业发展的过程中要注重资源的倾斜，扶持乡村教师发展，激发乡村教师的个人发展意愿，帮助乡村教师坚定理想信念，将自身发展与乡村振兴结合，增强乡村教师的职业荣誉感和使命感。

基于乡村教师发展的需要，进行教育资源倾斜时应注重使用以下策略。首先，在职称评聘、表彰奖励等方面向乡村一线教师倾斜，为乡村教师的发展提供更有效的资源，这些资源对教师的个人发展意愿具有很强的指导性作用，比如职称评聘、表彰奖励等资源的倾斜。青年教师往往更愿意主动承担起课题研究的工作，结合乡村学生实际情况开展调研，在自身工作过程中努力提升自身的学习能力；由于高级职称评定的倾斜和名额的增加，中年教师自然也会更加积极地融入工作岗位，在发

展的过程中贡献自己的力量，从而推动乡村学校教师的专业发展。这样，在资源倾斜的条件下，乡村学校教师在各个方面都可以获得更好的专业发展。此外，教育资源的倾斜还体现在教师的补助上，包括在生活上给乡村教师提供特殊津贴、住宿等，增加对乡村教师的待遇补贴，包括岗位津贴等。乡村教师的所有待遇都要与城市教师相同；还要额外制定特殊的补助，让乡村教师在待遇方面不会产生心理落差，认同乡村教育，自主投身于乡村发展建设。总之，必须进一步加大教育资源的倾斜，不断提升乡村教师个人发展的意愿，让乡村教师积极投入乡村教育事业，积极提升自身专业水平，实现自主专业发展的目标。

（五）创新培训方法，提升培训实效

培训是提升乡村教师专业发展水平的有效方式，但在实施过程中应注重培训的实效，帮助乡村教师更好地实现快速发展的目标。培训方法的选择应以乡村地区的实际情况为主要考量因素，认真听取当地教师的需求，做好培训方法的创新，提升培训的实效和质量。

培训方法的创新应结合乡村实际情况，积极利用线上和线下两种模式推动培训的高质量发展，增强培训的实效。近年来，依托"班班通"为代表的信息化建设，绝大部分乡村学校的基础网络已经完成构建，线上培训的基础条件已经成熟，且教师已经适应了线上培训模式。乡村学校教师的数量较少且承担的教学任务较重，单独组织一所学校某一学科教师培训显然不符合乡村地区教师的实际情况，因此可以通过远程培训的方式实现教育资源的整合，满足教师个性化专业发展的需要。负责培训的部门要做好前期的调研工作，了解农村一线教师的培训需求，针对教师需求定制远程培训内容，实现培训内容与教师需求相适应。此外，可以把培训的内容、资料录制成视频，方便教师通过看视频的方式参加培训，确保培训的灵活性。线下培训应以集中培训为主、短期培训为辅的方式进行。集中培训主要以研究课题为中心开展，必须将学科教师集中到中心校开展培训，在集中培训的过程中教师不承担教学任务；短期培训则是围绕某一特定内容开展的培训，教师在参与培训的同时也承担着教学任务。集中培训和短期培训相结合的方式能更好地助力教师的专业发展，提升培训的实效。总之，要促进乡村教师专业发展，必须做好培训创新，要了解一线教师的实际需求，将培训与教师实际需要相联系，为教师提供更多、更丰富的培训内容，确保培训的方向、主题、时间、模式符合乡村教师专业发展要求，最大限度地保证培训的效果，让乡村教师能在培训的过程中获得专业发展所需。

（六）推动统筹合作，提升培训多元化发展

"自主+行动+合作"的乡村教师共同体专业发展模式强调了合作的重要性，也体现了培训多元化发展的重要理念。乡村地区教育资源相对比较匮乏，除了通过倾斜教育资源提供扶持，在培训的过程中还需要注重推动统筹合作，实现培训的多元化发展。

在乡镇振兴的发展背景下，乡村教师发展在各个方面进一步合作的同时，要更加注重对教师发展过程的评价，形成专业发展的新策略。一方面，要积极总结乡村学校现有的合作培训机制，包括青年教师自学小组、老带新、名师指导、工作坊混合研修等。结合现有的合作培训内容分析存在的问题并提出针对性的解决方案。如老带新模式的本意是将老教师的丰富经验与新教师的工作热情相结合，加强对新教师的培训力度，促进其更好、更快地成长；但在实际培训过程中，老教师的积极性并不高，有时全凭新教师自主摸索，合作效果不是很好。因此，在实际工作过程中应加强针对老带新模式的评估工作，完善相关的制度，提升老带新合作培训的实效。如每一年一名老教师需要带一名新教师，老教师可以获得职称、薪酬方面的回报，以三个月为一个周期，新教师在四个周期内通过考核，可以为老教师取得额外的回报；如果新教师没有达标，则会追究老教师的连带责任，影响其职称评选、薪酬待遇等。另一方面，应激励青年教师自主发展，包括鼓励青年教师开展课题研究，打破课题只能由高年资教师参与的固有思想，并积极扶持青年教师的课题。如部分青年教师开展课题研究，按照惯例只能由高年资教师担任组长，但根据合作培训的指导要求，青年教师可以自主申报并组建课题小组，不需要由高年资教师担任组长，这类课题组也会得到上级部门的优先指导和培训。学校通过打破固有的专业发展模式，有效促进青年教师的发展，也让多元化合作培训成为青年教师的首选，最大限度地提升青年教师专业发展与合作发展水平。总之，教育部门必须坚持合作发展的理念，积极做好乡村教师培训指导工作，让乡村教师实现集体发展，在发展过程中注重学习共同体的建设，积极发挥共同体的优势，为乡村教师发展提供更为广阔的发展空间。

（七）完善评审机制，实现学历与职称挂钩

要促进乡村教师专业发展，需要进一步完善评审机制，实现学历与职称的挂钩，提升乡村教师的有效专业发展。乡村地区教师的先天条件存在一定的缺陷，一些老教师只有专科学历，部分新入职的教师也只有本科学历，基本没有研究生学历，这些都是乡村教师专业发展的制约条件。教育部门应基于乡村地区教师专业发展的实际情况，积极做好职称评审工作。一方面，通过鼓励教师积极提升学历，可以增强其在自身专业发展中的参与度和成就感。政府部门应积极为乡村教师提供学历扶持政策，包括报销部分学历提升费用、学历提升与职称评审挂钩等，帮助乡村教师实现高水平发展。应坚持乡村教师的学历提升与乡村教育需求相匹配的原则，小学教师学历应以本科为主，高中教师学历应以研究生为主，各乡村学校和当地教育局还应积极地到高校进行定向招聘，以提升乡村学校教师的整体专业水平。另一方面，要规避政策评定的局限性，通过积极指导帮助乡村教师更好地参与发展，提升教师的发展能力，实现有效指导，杜绝发展漏洞。学校要帮助教师实现正常发展，减少职称评定的漏洞，帮助教师获得更好的发展。比如部分教师投机取巧，通过不实的方式获得学历。针对这种问题，相关部门要制定学历评鉴机制，对教师的学历提升进行严格的审查，规避乡村教师发展中的不合理、不合法现象。总之，乡村学校要积极改进评审机制，积极实现学历与职称挂钩，提升乡村教育的实效，培养高质量的乡村教师。

第四节 利用信息技术促进专业发展

一、教师要主动提高自身信息素养

乡村教师在专业发展上处于被动状态，缺乏自主专业发展的意识。要调整这一状态，就要提高终身学习意识，培养终身学习能力。首先，要纠正对信息技术的片面认识，增强利用信息技术进行专业发展的自主意识；其次，要养成信息化思维习惯，主动提高自身信息素养；最后，要在信息技术的支持下对自身的职业生涯做出明确规划，保持发展的脚步，积极学习，满足当前时代对个人发展的要求。

（一）唤醒乡村教师利用信息技术的自觉性

为了满足教育信息化改革的要求，乡村教师必须提升自身的信息化专业素养，即教师的专业理念需要具有信息化思维的特征。教师必须具有较高的信息素养，以获取和处理网络中形形色色的信息；并且应具有更高的道德素养，恰当地利用这些资源。这些新要求对教师的专业素养是巨大挑战，推动教师不断学习，实现自我专业发展。

现阶段乡村教师的待遇逐步提高，低层次需要逐步得到满足。自我实现理论指出，在低层次需要得到满足之后，人们会拥有自我实现的需要，不再满足于生存的基本条件，而是主动寻求发展。因此，乡村教师会更加热爱工作，享受学习过程，这些都是他们主动实现人生价值的体现。但由于乡村学校的条件有限，乡村教师自我发展的基本条件不足，而信息技术的出现为乡村教师的自我实现与发展带来了更多可能。

信息技术的出现带来了丰富的线上学习资源和多样化的学习方式，让乡村教师的专业发展不再受到时间和空间的限制，充分满足了乡村教师追求发展的条件。能否有效运用信息技术，取决于乡村教师是否具有专业发展的自主意识。所以乡村教师要对自己有充分的认识，主动面对自己的不足之处，利用信息技术的便利条件进行自我充实。

乡村教师要主动寻求知识，充分利用信息技术，通过不同渠道满足自己对教育教学理念的学习需求，提高自己的专业能力，丰富自己的专业素养，完成自我实现与专业发展。具体来说，利用信息技术增强乡村教师对专业发展的自主意识，需要满足以下几个基本条件。

首先，教师要贯彻终身学习理念。信息技术一直处于发展状态，教师想要充分驾驭信息技术，必须使自己处于持续学习的状态。在信息技术环境下，知识更新日益频繁，教师需要贯彻终身学习精神，不断学习新的经验知识，才能更好地胜任教师这份工作，真正对学生负责。

其次，教师要学会构建或参与学习共同体。信息技术的应用提供了资源共享的平台，使资源流通更加便捷，让乡村教师能接触到大量优质教育资源。信息技术也缩短了沟通互动的距离，促进了全体教师合作共赢、共同进步的可能。乡村教师可以通过网络平台与专家、同行实现大量的资源共享和零距离交流，合作解决问题，互相督促进步，实现共同发展。

最后，教师要保持自我反思的习惯。信息技术为教师带来大量优秀资源的同时，也会带来不良诱惑和复杂信息。教师要时刻保持清醒的头脑，对信息资源进行分析，对自己进行反思，对自己的教学工作进行经验总结，及时发现不足之处并予以改进。

（二）提高乡村教师自身的信息技术素养

信息素养逐渐成为教师专业素养的重要组成部分，也成为对新时代教师的必然要求。信息素养主要体现在教师对于信息知识与技能的掌握能力上，并且要求教师具有一定的信息思维。提高乡村教师的信息素养，对信息技术支持乡村教师专业发展具有关键性作用。

首先，乡村教师要熟练掌握和应用信息技术相关知识。教师的信息素养建立在其拥有信息知识、掌握信息技能的基础上。乡村教师要深入了解教育信息化的相关政策，了解信息技术的相关概念，并且对网络资源的合理性、合法性有一定的认识和辨别能力。只有对信息技术和教育信息化有充分的认识，对信息技术带来的教育模式和教育理念的变革有充分的了解，教师才能熟练掌握信息技术相关技能，在教育教学过程中充分发挥信息技术的作用。信息技能是教师在信息时代的必备能力。教育信息化的推进为教师专业发展提供了平台与丰富的教育资源，这要求教师要具备在教育教学中熟练使用信息化设备的能力。信息技能的提高，体现在教师能清楚地认识到信息技术知识与资源的价值并在教育教学活动中有效运用上。乡村教师对信息技能的掌握既能使教学实践变得高效，也能促进自身专业发展。

其次，乡村教师要具有信息思维，这是运用信息知识与技能的基本保证。信息思维具有共享、整合的特点，是教师对信息知识与技能有效运用的表现。信息技术平台为所有人开拓了一个跨时空共同学习的平台，其重要属性之一就是资源共享。通过此平台，乡村教师不仅能够学习到他人优秀的教育教学经验，也可以向他人分享自己的观点，实现共同发展、共同进步。也正因为信息技术平台是一个开放性的平台，所有人都能分享自己的观点，因此就要求教师具备信息整合能力。乡村教师可以对网络资源进行多维度思考，对信息进行搜集与整理、分析与改进，合理利用信息技术高效、便捷的特点，形成适用于自己的信息化教育理念和教学模式，从而促进学生发展，同时满足自身发展需求。

（三）制定信息技术支持下的自身职业生涯规划

信息技术为乡村教师专业发展提供了有利条件，但乡村教师专业素养的提高还需要进行合理的职业生涯规划。乡村教师要对自己的专业发展现状有清晰的认识，客观全面地对其进行分析，制定合理的职业生涯规划。制定乡村教师职业生涯规划的目的是明确乡村教师专业发展的目标，以及合理安排教师的教学工作和专业发展。以教育信息化为背景、以信息技术为手段、以专业发展为目标的职业生涯规划，是乡村教师自我实现的基本保障。

首先，乡村教师要全面认识自己，对自己进行客观的评价，对自身的优劣势进行分析，并且对信息技术有一定的认识，以此为基础制定适合自己的职业生涯规划。否则，乡村教师会出于对自己的错误认识，制定缺乏针对性和可行性的职业生涯规划。

其次，乡村教师要通过对专业标准和自身素养的认识与把控，制定一个合理的发展目标。这个目标要具有切实可行性，教师通过树立目标进行自我督促和自我完善，不断朝着目标进发，最后达成目标，实现专业发展。

再次，乡村教师要根据总目标划分每个阶段的目标，借助信息技术手段逐步完成阶段性目标，进而实现总目标。乡村教师要利用信息技术平台，获取教育教学资源并学习教学实践手段，汲取相关知识充实自己，利用平台监督和鞭策自己，使自己逐步达成目标。

最后，乡村教师要对自己进行评价反思。乡村教师要根据实际情况，对自己进行真实客观的评价，检查自己是否达到了自我期望，并对自己的表现进行反思，分析原因并及时调整计划，使生涯规划紧跟时代步伐，且与自身发展高度契合。

二、学校要改善信息化学习条件

调查显示，乡村学校对教师专业发展的重视程度不够，缺乏对教师专业发展的激励性政策；给教师布置过重的工作任务，使其没有空余时间进行专业发展；投入信息化设备的力度不够，不能满足乡村教师的信息化需求。对于以上问题，首先，学校要合理安排工作，保证教师的专业发展时间；其次，学校要为教师提供多样化的学习途径；最后，学校要做好相应的后勤保障工作，改善学校信息化条件。

（一）保证教师专业发展时间

调查显示，乡村教师在完成自己日常授课工作之余，还要兼顾学校的其他工作，并且由于部分学科缺乏专职教师，乡村教师需要同时教授两门及以上学科的课程，每天忙于工作，缺乏专业发展的时间条件。乡村学校应从以下几个方面采取措施，保证教师专业发展的时间。

首先，乡村学校应及时补足教师缺口，这样不仅能降低教师的工作强度，减轻其压力，更能保证其专业发展时间。采用专职教师模式也有利于促进学生的专项发展，为学生的全面发展提供保障。以乡村小学为例，由于缺乏音乐、体育、美术、英语及信息技术学科教师，乡村小学对学生艺术素质的发展与探索严重不足。此外，由于信息技术与体育学科教学设备的缺失与损坏，以及音乐、美术等学科的简单化教学，乡村小学这些学科的教学方式保守且缺乏新的教学理念，使学生对于这些学科的学习缺乏积极性，严重影响了小学生的全面发展。所以乡村学校要特别关注留住和补充乡村教师，根据当地教育现状，开展教师入职培训，激发教师与乡村教育的共鸣，培养乡村教师对本土文化的认同感与情感，并加强保障乡村教师的基本权益，使其无后顾之忧，自愿投身于乡村教育。

其次，乡村学校要配备足够的后勤工作人员，分担教师在课堂外的工作，保证教师有充足的专业发展时间。乡村学校一般缺少能够随时支配和调动的后勤机动人员，导致许多工作任务只能由任课教师来完成。任课教师在完成正常教学任务之余，还需要关注别的工作，负担太重、工作量过大，就会缺乏自主专业发展的时间。

最后，乡村学校应该保障乡村教师的专业发展时间。学校应以教学为主，减少其他不必要的任务，不强行占用教师工作以外的时间，使其有充足的专业发展时间。乡村教师也要合理分配工作时间，努力实现自我专业发展，保证教育教学质量。

（二）为教师提供多样化的学习途径

1. 创设混合式培训模式

混合式培训，是以信息技术与学科教学融合为目的，将传统的课堂式培训与在线培训结合为一体的新型培训模式。混合式培训打破了传统培训模式在时间和空间上的局限性，弥补了传统课堂式培训和在线培训的不足。

传统教师培训和在线培训各有优缺点。传统教师培训对所有教师统一进行培训，采用面对面教学的方式，培训者能及时解决参训教师对于培训内容的疑问。但是，每一名教师的教学水平与知识储备都是不同的，而传统教师培训对每一名教师并没有区别，所有教师接受相同的培训内容与方式，导致培训者不能因人而异、因材施教，无法解决教师之间的个体差异性问题。所以传统教师培训对于教师的个体发展具有局限性。而在线培训则能打破这种局限。相较于传统教师培训，在线培训更有针对性，因为教师可以根据自身条件，基于自身教学水平与不足之处，寻找相应的培训教程。但由于在线培训是远程教学，培训者无法及时解决参训教师在实践性知识方面的相关问题。随着信息技术和教育教学的深度融合，教师专业发展不应拘泥于单一的培训模式。同时，为了弥补上述两种培训模式的不足，应创设混合式培训模式。

结合传统课堂式培训和在线培训的优缺点，可以把两种培训模式进行整合，在培训过程中针对实际情况分别应用。对于理论性知识的学习，可以采取在线培训的方式，教师可以根据自己的时间安排与教学水平选择适合自己的培训内容；而对于培训中产生的疑问与实际操作方面的问题，则可以采取传统的培训模式，培训者可对参训教师进行答疑和实践指导。两种培训模式结合的混合式培训模式，对于参训教师来说省时省力，效率更高。

信息技术支持下的混合式培训，重点应该放在信息技术和教师教育的一体化方面。混合式培训模式的培训内容可以针对两种培训模式的特点分别设计，开展针对性培训。首先，可以充分发挥线上培训的优势，主要培训教学知识和教育理念等理论性知识，由参训教师自主选择时间和地点展开学习。其次，可以通过线上收集信息，举办具有针对性的课堂式培训，解决参训教师在线培训时产生的疑问并对教学实践等具体问题进行指导。合理使用混合式培训模式，对教师成长有事半功倍的效果，更有助于教师专业发展。

2. 构建教师网络学习共同体

教师以网络平台为基础，构成的共同学习群体就叫作教师网络学习共同体。信息技术消除了时间和空间上的差距，为不同地区的教师提供了一个共同活动的平台。因此，天南海北的教师可以依托网络平台进行教育资源的共享和教育思想的碰撞，彼此交流、相互学习，教师可以互帮互助、共同发展。网络学习共同体突出了教师之间合作的巨大作用。

传统的教师学习模式是教师独自进行资料搜集学习、发现问题、解决问题的过程，效率较低，且容易倦怠。而网络学习共同体让教师之间可以自由交流互动，进行学术探讨，提高了教师的学习效率。另外，在网络学习共同体中，教师之间相互督促与鼓励，更能激发教师对学习的兴趣，促进彼此的专业成长与发展。在网络学习共同体中，教师之间会形成良性的合作与竞争关系，可以消除教师在专业发展中的倦怠情绪，实现共同发展。

在网络学习共同体中，每一名教师既是知识的接收者，也是知识的传播者。这样能促进教师不断学习、自我提高，既有益于教育教学知识的传播，又对教师的自我发展起到巨大的作用。网络学习共同体可以为乡村教师提供先进的教育理念，乡村教师可以通过与其他教师进行交流探讨，对知识进行内化，结合当地的教学条件和学生情况，形成自己独特的教育教学方式。网络学习共同体为乡村教师打破了地域的壁垒，拓宽了乡村教师的视野，为乡村教育发展提供了更多可能性。

网络学习共同体不是普通的教师群体，其中不乏能力的管理者和教育专家。专家是教师网络学习共同体的核心，可以为共同体提供理论支持和技术指导，指引教师进行正面、有效的探讨，并及时解决教师遇到的问题。管理者负责该学习共同体的正常运行，包括整合教育教学资源、收集教师在教学实践中遇到的问题、组织交流活动、提供技术支持等。学习共同体不仅仅是教师之间资源共享和讨论的平台，更是紧跟教育热点、持续促进教师专业发展的平台。为了进一步消解教师对专业发展的倦怠情绪，管理者在对学习共同体进行构建的过程中，也需要采取一些措施来提高教师对学习的积极性，比如制定相关的奖励机制和评价系统等。乡村教师则应该有效利用业余时间，积极参与网络学习共同体的各项活动，及时更新教育理念，主动实现自我专业发展。

（三）改善学校信息化条件

乡村学校要加强软硬件设备方面的信息化建设。

首先，学校应为满足教师对电脑数量的需求以及创设高效便捷的网络环境做出一定努力。学校应提供部分资金用以购入足够数量的电脑设备，建设稳定的校园网络环境，保证学校教师实现上网自由，并做好设备后期维护工作，同时注意培养教师上网检索信息的能力。

其次，在保证硬件设备到位的基础上，乡村学校可根据自身情况，因地制宜地建立适应本土需求的乡村教师网络平台。

再次，乡村学校要加大对教师信息技术能力的评测力度，督促乡村教师对信息技术能力进行学习与掌握。改进学校对教师的评价机制，增加对教师信息技术能力的评价参项，提高乡村教师对信息技术能力的重视。

最后，学校要尽快完善乡村教师专业发展电子档案袋等相关制度，为乡村教师的各项专业发展活动提供政策保障。

三、政府要优化投入，搭建信息化平台

调查显示，政府有关部门对乡村学校的信息化建设方面投入力度还不够，并且缺乏适配乡村教师专业发展的平台。所以政府有关部门仍需要增加资金投入，优化资源配置，搭配建设乡村学校的信息教育网络平台。

（一）加大资金投入，优化资源配置

充足的硬件设备和配套的软件资源是信息技术支持乡村学校教师专业发展最基本的前提条件。近年来，乡村地区基础教育得到了国家的大力扶持，着力推进了教育信息化，乡村学校的信息化设备也在逐步完善，乡村教师配备的软硬件设施都有所改善，但是依然存在不足。对此，政府有关部门需要合理分配资源，继续增加对乡村学校信息化建设的投入。

首先，信息化建设的完善是信息技术支持乡村教师专业发展的基础。对于信息化教育发展薄弱的地区，有关部门需要多加关注，适当增加资金投入。有关部门还要对不同学校的信息化建设进行调查统计，依据实际需要进行合理规划，按需分配，秉持公正、公平、公开的原则，不能对非重点学校有所忽略，失之偏颇。

其次，在乡村学校得到信息化硬件支持之后，还需要提高乡村教师对信息化硬件的使用率。在信息技术支持乡村学校专业发展的过程中，硬件设备和软件资源是相辅相成、缺一不可的。硬件设备是基本条件，决定了信息技术支持乡村教师专业发展的下限；而软件资源则决定了信息技术支持乡村教师专业发展的上限。所以，要保证信息技术支持乡村教师专业发展，除了要投入足够的信息化设备，还要丰富软件资源的种类与数量。此外，调查显示，设备的运行不便与维护不到位也是运用信息技术支持教师专业发展的一大阻碍。因此，对信息化设备的维护也不可或缺，学校需要注意负责相关设备的后勤保障。信息化硬件设备与软件资源的投入与维护，对信息技术支持乡村教师专业发展有着不可或缺的作用。

（二）统筹建设信息化教育平台

信息技术突飞猛进，为教育信息化带来了蜕变的契机。"智慧教育"开启了教育信息化的新时代，也对教师的信息技术能力提出了更高的要求。信息更新速度快是信息时代的一大特点，这要求乡村教师不能满足于现状、止步不前。为了改善乡村基础教育的落后情况，乡村教师对于信息技术的学习、掌握与应用都要满足信息时代的要求。努力提升自身的信息技术能力，是乡村教师在教育信息化背景下的必经之路。由于近年来我国对乡村基础教育的关注与扶持，大部分乡村学校的信息化教学环境已经得到较大改善，但是乡村教师在日常教学活动中对电子设备的实际使用率极低，很多信息化设备基本都是摆设，没有发挥出应有的作用。究其原因，与教师的信息素养落后有较大关系。所以，提升乡村教师信息技术能力已刻不容缓，有关部门应投入资金建设信息技术相关的教师培训平台，为提升乡村教师的信息技术能力提供资源与技术支持。

乡村基础教育滞后的主要原因是经济的落后和交通的不便，而信息技术正好能解决这一问题。信息技术使乡村教师足不出户便能接触到优

午间学习

译工作当中感觉哪个方面缺，晚上就补什么。我当时觉得我对欧洲近代史，还有希腊罗马史不太熟悉，我就读它。另外我在翻译当中，经常会遇到《圣经》，《圣经》我不懂，还有希腊罗马神话、北欧神话、印度神话，这些我都不懂，如果白天遇到这些，晚上就找书来看。咱们图书馆特别好，这方面资料都有，而且主动为大家服务，中午和晚上，甚至休息日，阅览室都开放，方便大家借书读。

这还不算，夏天的时候，局里在三号楼上面安排乘凉晚会，大家坐那。姜椿芳在科学界和文艺界认识好多人，就请过来好多专家，给大家讲专业知识，还有建筑学专家，都讲过，我们就坐那一边乘凉，一边听专家讲，丁玲、艾青、赵忠尧都来过，赵忠尧讲原子弹，我才知道什么核聚变，什么核裂变，都是那时候学的知识。丁玲给大家讲《红楼梦》，讲完我们就问丁玲，她读《红楼梦》是怎么读的，她说读三遍，然后我们又问她，怎样读《红楼梦》效果更好啊，我们年轻人学《红楼梦》怎么学，我们年轻人都等着她回答。丁玲回答说，读《红楼梦》还要问怎么学啊，你就读就行了嘛。她说，我那时读《红楼梦》，吃饭的时候我都哭，吃午饭都吃不下去，哭完痛快了才能吃饭。大家当时嘀咕，丁玲怎么这样教我们读《红楼梦》。仔细想想，她意思是要全身心投入进去读《红楼梦》，把你感情全部投入进去，它里边哭你也哭，这就对了。你还要怎么琢磨，从《红楼梦》里学什么？这么讲挺有意思的。艾青还讲过诗。这就是晚上的乘凉晚会。

质教育资源，这意味着建设一个优秀的信息化教育平台至关重要。

首先，信息化教育平台能够为乡村教师提供大量高质量教育教学资源，并提供在线教师培训，这是乡村教师专业发展的重要保障。为提高对信息化教育平台的有效利用率，乡村教师必须提高自己的信息素养，不因自身信息技术能力水平低而影响学习效果。

其次，信息化教育平台能对网络中繁杂散冗的教育资源进行整合，省去了乡村教师对网络中的大量杂乱资源进行搜集、筛选、整理的过程，为乡村教师争取了更多自主学习的时间。

最后，信息化教育平台为每一名乡村教师建立了电子档案袋，详细记录了乡村教师在专业发展过程中的成果和不足之处，帮助教师进行反思，使其更好地认清自己，从而制定切实可行的目标，督促乡村教师实现自我专业发展。

依托信息化教育平台，乡村教师可以摆脱乡村地区的地域劣势，实现与城市教师的资源共享，使城乡教师所拥有的教育资源趋于公正、公平，进一步缩小城乡教育差距。

附录　乡村基础教育教师人格的心理检核

人们经常会产生这样的困惑：我是乐观主义者还是悲观主义者？乐观主义者和悲观主义者对喜事和好运的态度有什么区别？乐观主义者和悲观主义者的行为有什么区别？乐观和悲观如何决定不同的命运？我们如何以乐观和希望的眼光展望未来？下面的乐观测验可以帮助你了解自己的乐观程度。

该测验没有时间限制，通常需要10分钟完成。答案没有正确和错误之分。请想象自己身处其中，仔细阅读测验中的每种情况。你以前可能从未经历过这种情况，但没关系；也许你认为没有一个答案是正确的，也没关系。只要选择最接近的答案即可。你可能不喜欢有些问题的答案，但不要去选择你觉得应该做到或你认为会得到别人认可的那一个，请选择你最可能做的。每一个问题只选一个答案，不要去管问题后面的字母。

乐观测验

1. 你和你的配偶（男/女朋友）在一场争吵后和解了	PmG
A. 我原谅了他	0
B. 我通常是个宽宏大量的人	1
2. 你忘掉配偶（男/女朋友）的生日	PmB

续表

A. 我不擅长记生日	1
B. 我全神贯注于其他事情	0
3. 有人匿名送你一束鲜花	PvG
A. 对他/她而言，我是有魅力的	0
B. 我是一个受欢迎的人	1
4. 你竞选一个职位且当选了	PvG
A. 我花了很多时间和精力在竞选上	0
B. 我对每一件事情都会全力以赴	1
5. 你忘记了一个重要的约会	PvB
A. 有时我的记性不好	1
B. 有时我忘了查看我的记事本	0
6. 你的晚宴很成功	PmG
A. 我那天晚上把大家招待得很到位	0
B. 我是个很好的主人	1
7. 你因为开车闯红灯而被罚款	PmB
A. 我喜欢开快车	1
B. 我当时太疲劳了	0
8. 你的下属帮你赚了很多钱	PmG
A. 我的下属决定冒险试试新的营销方法	0
B. 我的下属是一流的营销人才	1
9. 你赢了一项运动比赛	PmG
A. 我当时感觉自己所向无敌	0
B. 我训练很刻苦	1
10. 你未通过一个重要的考试	PvB
A. 我不够聪明，比不上其他同学	1

续表

B. 我没有好好为这次考试做准备	0
11. 你特地为朋友准备了一道菜，但朋友连碰都没碰	PvB
A. 我不是个好厨师	1
B. 我准备那顿饭太匆忙了	0
12. 你输掉一场准备已久的比赛	PvB
A. 我不是很擅长运动	1
B. 我并不擅长那项运动	0
13. 你对朋友发了脾气	PmB
A. 他/她总是唠叨我	1
B. 他/她当时有敌意	0
14. 你因违章停车而被罚款	PmB
A. 我总是对交通法规不是很清楚	1
B. 我最近工作太忙没有注意这个问题	0
15. 你想与某人约会，但他/她拒绝你了	PvB
A. 我不擅长约会	1
B. 我去约他/她时，紧张得说不出话来	0
16. 在聚会时常有人邀你跳舞	PmG
A. 在聚会时我很擅长交际	1
B. 那晚我表现得很完美	0
17. 你在面试时表现良好	PmG
A. 面试时我很自信	0
B. 我很会面试	1
18. 你的领导没有给你足够的时间去完成那项工作，不过你还是按时完工了	PvG
A. 我对我的工作很在行	0

续表

B. 我是个很有效率的人	1
19. 你最近感到精疲力竭	PmB
A. 我从来就没有休息的机会	1
B. 这个星期我实在太忙了	0
20. 你挽救了一次低效的会议讨论	PvG
A. 我知道提高会议效率的技巧	0
B. 我知道在危急时刻该如何处理	1
21. 你的男/女朋友想暂时冷却一阵子你们的感情	PvB
A. 我太自我中心了	1
B. 我冷落了他/她，没有花很多时间在他/她身上	0
22. 朋友的一句话伤了我的心	PmB
A. 朋友每次都是这样脱口而出，不考虑对方的感受	1
B. 朋友今天心情不好，拿我撒气呢	0
23. 你的领导向你寻求建议	PvG
A. 我是这个领域的专家	0
B. 我很会提出有用的建议	1
24. 你的朋友感谢你帮助他/她度过了一段困难的时光	PvG
A. 我喜欢帮助人渡过难关	0
B. 我关心别人	1
25. 你的医生告诉你，你的身体状况很好	PvG
A. 我经常运动	0
B. 我非常在意健康	1
26. 你的配偶（男/女朋友）带你度过了一个浪漫的周末	PmG
A. 他/她需要休息几天	0
B. 他/她喜欢去探索新的地方	1

续表

27. 你被请去主持一个重要项目	PmG
A. 我最近刚完成一个类似的项目	0
B. 我是一个很好的项目主管	1
28. 你滑雪时常摔跤	PmB
A. 滑雪是项很难的运动	1
B. 滑雪道上有冰	0
29. 你赢得了一项很有声望的奖项	PvG
A. 我解决了一个重要的问题	0
B. 我是最好的员工	1
30. 你被领导批评了	PvB
A. 我当时做错了一件事情	1
B. 我的能力有限	0
31. 你放假时胖了，现在瘦不下来了	PmB
A. 从长远来说，节食其实没什么用	1
B. 我试的这个节食方法没有用	0
32. 你组织的一次集体活动效果不佳	PvB
A. 我跟有些人的关系不好，他们对我不认可	1
B. 我有时高估了我的组织能力	0

按下面的规则计分：

你的解释风格有两个维度——永久性和普遍性。永久性是时间维度上的指标，普遍性是空间维度上的指标。永久性维度决定了一个人会放弃多久——对坏事永久性的解释会造成长期的无助，而暂时性的解释则可以迅速恢复。普遍性维度决定了一个人会把无助带到生活的各个层面，还是只维持在原来的地方。

PmB（Permanent Bad，永久性的坏事）：2+7+13+14+19+22+28+31=

PmG (Permanent Good，永久性的好事)：1+6+8+9+16+17+26+27=

PvB (Pervasive Bad，普遍性的坏事)：5+10+11+12+15+21+30+32=

PvG (Pervasive Good，普遍性的好事)：3+4+18+20+23+24+25+29=

	非常乐观	中等乐观	平均水平	悲观	非常悲观
PmB	0 或 1	2 或 3	4	5 或 6	7 或 8
PmG	7 或 8	6	4 或 5	3	0、1 或 2
PvB	0 或 1	2 或 3	4	5 或 6	7 或 8
PvG	7 或 8	6	4 或 5	3	0、1 或 2

HoB = PmB+PvB（无望分数）

HoG = PmG+PvG（希望分数）

	满怀希望	中等希望	平均水平	中等无望	非常绝望
HoG-HoB	10—16	6—9	1—5	-5—0	<-5

容易放弃的人认为发生在他们身上的坏事会持续下去，而具有反抗精神的人则认为不幸的事情只是暂时的。如果你把不幸的事情想成"总是""永远""从来"，并假设它们是基于性格特征的，那就表明你是一个悲观主义者。如果将不幸的事情视为"有时""最近"，并将它们视为偶然事件，则表明你很乐观。

悲观型（永久的）	乐观型（暂时的）
我完蛋了	我累坏了
节食根本没有用	如果出去吃饭，节食肯定成功不了
你总是很唠叨	我一不打扫房间，你就会唠叨
我的领导是个讨厌的人	领导现在情绪不佳
你从来不跟我交流	最近你没怎么跟我聊天

乐观主义者对好事的看法正好与坏事相反，好事是永恒的。乐观主

义者认为好事来自自己的性格或能力，所以是永久的；悲观是由情绪和努力等暂时性因素引起的。对于那些认为好运是永久的人来说，成功后他们会更加努力；而对于那些认为成功只是暂时的人来说，即使他们成功了，也会放弃，因为他们认为那只是巧合。知道如何利用成功来乘胜追击的人是乐观的。

悲观型（暂时的）	乐观型（永久的）
今天是我的幸运日	我一向运气很好
我很努力	我很有才干
我的对手累了	我的对手水平不行

参考文献

一、专著

[1] 陈上仁：《乡村教师成长的理论与实践模式》，南昌：江西高校出版社 2014 年版。

[2] 李存生：《乡村教师专业发展引论》，北京：人民出版社 2018 年版。

[3] 李家成、赵福江：《中国乡村班主任发展研究（第一辑）》，上海：上海交通大学出版社 2018 年版。

[4] 李进金：《中国乡村教师职前培养研究》，厦门：厦门大学出版社 2017 年版。

[5] 李镇西：《给教师的 36 条建议》，武汉：长江文艺出版社 2018 年版。

[6] [美] 帕克·帕尔默：《教学勇气：漫步教师心灵》，吴国珍等译，上海：华东师范大学出版社 2005 年版。

[7] [美] 约翰·罗尔斯：《正义论》，何怀宏、何包钢、廖申白译，北京：中国社会科学出版社 1988 年版。

[8] 秦红芳、刘晓明：《乡村教师心理健康教育》，长春：东北师范大学出版社 2016 年版。

[9] 石中英：《知识转型与教育改革》，北京：教育科学出版社

2001年版。

［10］［苏］苏霍姆林斯基：《给教师的建议》，杜殿坤译，北京：教育科学出版社1984年版。

［11］［苏］斯卡特金：《现代教学论问题》，张天恩译，北京：教育科学出版社1990年版。

［12］项家庆：《乡村教师教学能力提升策略》，长春：吉林大学出版社2016年版。

［13］谢焕忠：《中国教育统计年鉴（2013）》，北京：人民教育出版社2013年版。

［14］严先元：《乡村教师如何提升教学能力》，长春：东北师范大学出版社2016年版。

［15］于海洪：《西部乡村教师队伍建设研究》，成都：西南交通大学出版社2012年版。

［16］于海英、郭择汗、张索勋：《乡村教师质量监控问题研究》，北京：冶金工业出版社2018年版。

［17］张大均：《教学心理学》，重庆：西南大学出版社1997年版。

［18］中共中央马克思恩格斯列宁斯大林著作编译局：《马克思恩格斯选集（第一卷）》，北京：人民出版社1995年版。

［19］周晔：《乡村教师发展》，上海：华东师范大学出版社2020年版。

［20］朱启臻、赵晨鸣、龚春明：《留住美丽乡村：乡村存在的价值》，北京：北京大学出版社2014年版。

二、期刊

［1］毕田增：《教学模式选择范型试析》，载《教学理论与实践》，1994年第4期，第53—57页。

［2］陈延龄：《农村中学信息技术教师专业发展存在的问题与对策

初探》，载《成才之路》，2021年第6期，第56—57页。

[3] 程良宏：《成为文化理解型反思性实践者：教师角色的新定位》，载《课程·教材·教法》，2017年第11期，第108—114页。

[4] 戴云、李方安：《社会主义核心价值观融入乡村教师定向师范生培养的机制与策略探究》，载《当代教育科学》，2018年第9期，第56—60页。

[5] 樊改霞：《乡村教师职业发展及其前景分析——兼议乡村教师队伍建设的路径》，载《中小学教师培训》，2019年第8期，第15—20页。

[6] 范艳慧、陈德胜、聂瑞等：《新生代乡村教师的人格特征及重塑——基于文化与人格理论视角》，载《汉江师范学院学报》，2020年第1期，第117—121页。

[7] 付淑琼：《美国乡村教师保障机制研究——以弗吉尼亚州家乡教师项目为例》，载《中国教育学刊》，2012年第2期，第78—81页。

[8] 金金、柳海民：《"为承认而斗争"：论教育场域中"蔑视"的祛除》，载《教育科学》，2019年第4期，第7—13页。

[9] 李斌辉、李诗慧：《新生代优秀乡村教师主动入职动因与启示——基于全国"最美乡村教师"事迹的质性研究》，载《教育发展研究》，2018年第20期，第25—33页。

[10] 李鑫：《农村小规模学校教师培训的问题及改进策略——以甘肃省岷县为例》，载《教育参考》，2020年第6期，第108—112页。

[11] 栗波：《获得感：教师职业认同的时代构建》，载《教育理论与实践》，2018年第29期，第36—38页。

[12] 凌云志、邬志辉：《城镇化背景下乡村教师的身份挣扎及其融合——对4省9位乡村教师的访谈研究》，载《教育理论与实践》，2019年第7期，第33—37页。

[13] 马飞、张旭：《〈乡村教师支持计划〉背景下的教师工资待遇

满意度调查——基于全国 11 个县 2888 份问卷的分析》，载《上海教育科研》，2017 年第 7 期，第 10—14 页。

[14] 漆爱平：《乡村振兴背景下乡村教师专业发展路径探究》，载《考试周刊》，2021 年第 47 期，第 4—6 页。

[15] 钱芳：《地方性知识与乡村教师专业发展——教育场域的视角》，载《教育学术月刊》，2018 年第 10 期，第 98—103 页。

[16] 邱昆树：《形塑"文化记忆"：当代教育的文化使命》，载《教育发展研究》，2017 年第 3 期，第 75—80 页。

[17] 屈宸羽：《农村中小学教师专业发展的觉醒与赋能——基于 CNKI 数据库 CSSCI 论文的质性文本分析》，载《辽宁教育行政学院学报》，2020 年第 5 期，第 77—82 页。

[18] 容中逵：《中小学教师身份认同危机产生的精神来源及其解决》，载《课程·教材·教法》，2017 年第 3 期，第 103—109 页。

[19] 桑国元、叶碧欣等：《社会支持视角下的乡村教师专业自主发展——基于云南省 H 中学的田野研究》，载《教师发展研究》，2019 年第 2 期，第 87—94 页。

[20] 尚继武、刘燕、赵建国：《行为主体语境下农村小学教师专业发展现状与改善策略》，载《连云港师范高等专科学校学报》，2020 年第 4 期，第 48—54 页。

[21] 王皓月、彭庚：《推动乡村教师专业发展的培训审视与路径探析》，载《福建教育学院学报》，2020 年第 5 期，第 114—116 页。

[22] 王吉康、李成炜：《乡村教师视角下〈乡村教师支持计划（2015—2020）〉实施效果研究——基于甘肃省 G 县的调研》，载《当代教育论坛》，2019 年第 8 期，第 99—107 页。

[23] 王利欣：《农村中小学教师在专业发展中的困境和对策探讨》，载《科学咨询（教育科研）》，2021 年第 3 期，第 73—74 页。

[24] 王卫华：《教师角色转换过程中的人格误区——兼论教师健

康人格的建构》，载《中国教育学刊》，2010 年第 11 期，第 80—83 页。

[25] 王肖星：《我国乡村教师职业认同的现实困境及其突破》，载《教学与管理》，2020 年第 24 期，第 50—53 页。

[26] 徐强：《社会人格与个体人格——林顿人格理论与别尔嘉耶夫人格理论的比较研究》，载《江苏社会科学》，2015 年第 2 期，第 61—66 页。

[27] 杨秀莲：《文化与人格关系研究的若干问题》，载《教育研究》，2006 年第 12 期，第 79—83、96 页。

[28] 张晥、张晓辉：《工作角色与社会身份：教师职业认同的双重内涵及其价值审视》，载《教师教育学报》，2018 年第 5 期，第 22—30 页。

[29] 张强：《乡村学校教师专业发展的困境及对策研究——以平川区为例》，载《中学课程辅导（教师教育）》，2021 年第 2 期，第 49—50 页。

[30] 朱明、周鹏：《乡村振兴战略背景下农村幼儿教师专业发展的有效途径》，载《太原城市职业技术学院学报》，2021 年第 2 期，第 87—89 页。

三、论文、报纸及电子信息

[1] 凌硕：《乡村教师专业成长的困境与对策研究——以广西 P 县乡村教师为例》，广西师范大学硕士学位论文，2020 年。

[2] 刘冉：《信息技术支持陕北乡村小学教师专业发展现状与对策研究》，延安大学硕士学位论文，2020 年。

[3] 吴丹：《基于教师专业发展路径农村学校师生沟通问题及策略研究》，渤海大学硕士学位论文，2018 年。

[4] 吴双双：《乡村小学教师专业发展自觉性研究——以安庆市 Y 乡村小学为例》，安庆师范大学硕士学位论文，2020 年。

［5］杨喻乔：《L省乡村小学教师专业发展影响因素的质性研究》，沈阳师范大学硕士学位论文，2020年。

［6］余宇：《新时代乡村教师职业认同研究——以安徽省B市为例》，合肥师范学院硕士学位论文，2020年。

［7］袁桂林：《如何重新唤起农村教育的活力》，载《中国教育报》，2015年2月17日。

［8］刘云杉：《乡村学校：村落中的国家》，载《中国教育报》，2012年12月8日。